내면가족체계IFS 기반 커플 및 부부치료IFIO

내면가족체계IFS 기반 커플 및 부부치료IFIO

수치심의 트라우마에서 친밀감 회복으로

Intimacy from the Inside Out

토니 허바인-블랭크 · 도나 커플맨 · 마사 스위지 지음
김아신 · 신인수 옮김

圖書出版 하나醫學社

Intimacy from the **Inside Out:**

Courage and Compassion in Couple Therapy
by © 2016 Toni Herbine–Blank, Donna M. Kerpelman and Martha Sweezy

Authorized translation from the English language edition published by Routledge,
a member of the Taylor & Francis Group LLC.
Korean language edition © Hana Medical Publishing Co. 2021

내면가족체계^IFS 기반 커플 및 부부치료^IFIO

고통에 빠져 있는 커플은 지금 상호 배타적이라고 생각하고 있는 두 가지 목적을 가지고 치료에 온다. 하나는 사랑받는다고 느끼는 것, 다른 하나는, 이해받는다고 느끼는 것이다. 토니 허바인-블랭크의 새로운 커플치료 브랜드인, 『**내면가족체계**IFS **기반 커플 및 부부치료**IFIO: Intimacy From the Inside Out(IFIO)』는 두 가지 목적을 만족시키는 포괄적인 개념적 지도를 제공한다. 분명한 지시문으로 세련되게 작성한 사례들을 살펴보게 되면, 이 책은 IFIO 치료사들이 자연발생적인 하위체계 즉, 부분들과 멋지게 작업하는 것을 보여주며, 커플로서의 인간의 마음을 다룬다. 또한 커플이 어떻게 그들의 어린 시절 상처를 현재의 관계에 투사하는지를 그리고 그들 내면에서의 안전함에 대한 욕구, 연결되고 사랑받고 싶은 욕구와의 접촉이 끊어짐으로 인해 위협감을 느끼고, 좌절감으로 분노하게 되는지를 커플이 이해할 수 있도록 안내하고 지지해 주는 것을 보여준다. 상대방이 자신에게 가능하지 않은 그 순간을 통해 각 파트너가 자신들의 내면에서 안정애착이 형성되고 유지되도록 하는 것에 초점을 두면서, 커플은 IFIO 치료에서 그들의 핵심적인 욕구와 재접촉하고, 그러한 욕구를 충족시키기 위하여 상대방을 위협하기보다는 상대방을 초대하기 위해 요청하는 방법을 배울 수 있도록 그들의 대화방식을 바꾸어준다.

때때로 의식적이고 열린 가슴으로 맺는 관계라는 힘겨운 길을
용기 있게 선택하는 모든 이들에게.
나와 함께 이 길을 걸으면서 내가 말한 그 길을 가도록 지속적으로
나를 격려해주는 사람인 나의 남편,
조던 블랭크Jordan Blank에게.

– 토니 허바인-블랭크

나의 사랑 나의 빛, 사울Saul에게.
그리고
내게 끊임없는 사랑으로 영감을 주시는 나의 부모님께.

– 도나 커플맨

나의 부모님,
낸시 그리고 파울 스위지Nancy & Paul Sweezy께.

– 마사 스위지

목차

3단계

후기

서문

자신의 삶을 심리치료 모델을 개발하는 데 헌신한 사람에게 있어서 가장 흐뭇한 일들 중 하나는 그 모델이 확장되고 향상되어서, 대단한 재능을 가진 한 개인에 의해 특정한 집단의 사람들에게 아름답게 적용되는 것을 보는 것이다. 이러한 경험을 나에게 허락해준 토니 허바인-블랭크(도나 커플맨과 마사 스위지의 도움과 함께)에게 정말로 감사하다. 이 책은 IFS에 관해 증가하고 있는 문헌들뿐만 아니라 전체적인 커플치료 분야에까지 멋진 공헌을 했다.

이 책은 대단히 복잡한 주제를 담고 있다. 어떻게 커플에서의 두 개의 내적 시스템이 서로 간에 충돌하여 경직된 패턴을 만들어 내고 파경에 이르게 하는지에 대해 단순하고 분명한 언어로 그것을 이해할 수 있게끔 해 준다. 그 과정에서 각 파트너가 그들의 무기를 내려놓고, 내면에 초점을 두고, 서로 간에 다른 관점으로부터 즉, 참나로부터 말하게 하는 유효성이 증명된 기술을 제공한다. 커플이 이런 방식으로 관계할 수 있게 되었을 때, 각 파트너는 어김없이 새로운 통찰을 하게 되며 또한 참나로부터 보호자와 추방자 부분들을 대신하여(그들로부터가 아니라) 말하게 되는 것을 발견하는데 이것은, 파트너로부터 완전히 다른 반응을 자아내게 한다. IFS에서 '참나가 치유한다Self Heals'는 표현이 있는데 그것은 내면 관계뿐 아니라 외적 관계에서도 통한다. 좋은 소식은 치유하는 참나healing Self가 각 파트너의 보호자들이 활동하는 표면 바로 아래에 있다는 것이다. 토니는, 커플에게 안전을 제공하면서 커플이 참나에 접근하도록 도우려고 애쓰는 치료자들에게 필요한 지혜를 제공한다. 그들이 그렇게 할 수 있을 때, 그들의 관계에서 치료는 자연스럽게 일어난다.

이 책은 매우 큰 강점을 가지고 있다. 먼저, 이것은 IFS와 IFIO의 개념을 치료사들이 커플에게 적용할 수 있도록 분명하게 설명할 뿐만 아니라, 또한 전체를 통해서 생생한 사례를, 토니의 개념과 기술을 길고 흥미로운 대화 구절과 함께 독자의 입장에 서서 담아내고 살려내어 제공해주고 있다.

두 번째로, 치료사의 파트들에 대한 주제가 잘 다뤄지고 있다. 커플들과 함께 작업하는 것은 모든 종류의 치료사 파트들을 촉발할 수밖에 없고, 이런 일이 일어나게 되면 치료사는 자신이 촉발되었다는 것을 인지할 수 있어서 참나 리더십Self-leadership으로 돌아올 수 있지 않는 한 헤어 나오지 못하게 되는 불운에 빠지게 된다. 토니가 세션 중 일어나는 자기내면의 프로세스를 오픈한 것과 책에서 치료사들의 공통된 촉발요인들에 대한 논의 사이에서, 이러한 중요한 주제는 이 책 전체를 통해서 사려 깊고 충분하게 다루어져 있다. 참으로 그녀의 해설은, 그들의 갈등에 기름을 붓는 어린 시절의 장면에 얼어붙어 있는 파트들을 찾아내서 치유할 수 있도록 하기 위해, 어떻게 파트너들이 유턴을 하도록 도울 수 있는지를 독자들에게 지속적으로 가르쳐준다.

요약하면, 이 책은 내가 커플들과의 작업을 위하여 개발한 체계 위에 세워졌는데, 그 체계를 치료사들을 위해 전달하고 있을 뿐만 아니라, 또한 내 책에 들어있지 않은 IFIO의 중요한 개념들과 방법들을 더 해주고 있다. 사례 대화는 매우 잘 쓰여 있어서 나는 나 자신이 때때로 숨이 막히는 것을 알아차렸는데, 묘사되는 패턴을 인지하게 되면서 그리고 파트너들이 마침내 그들의 취약함을 표현하는 용기를 가지는 지점에서 그러했다.

마지막으로, 이 책은 토니가 치료사, 교사, 이론가로서의 발전을 보여주고 있다. 내가 그녀를 15년 전에 처음 알게 되었을 때, 나는 그녀의 카리스마, 특별한 존재감, 표현력과 민감성으로 인해 그 가능성을 보았다. 그녀의 참나를 빛나게 하고 IFS 공동체에서 리더가 되도록 한 그녀의 개인적 성장에 경의를 표한다. 이 모든 것이 공정하게 이루어지면, 토니는 커플치료의 장에서 주요한 인물이 될 것이다. 나는 IFS가 IFIO 현수막과 함께 그러한 장으로 들어서는 여정에 대해 매우 기쁘게 생각한다.

보스턴, 매사추세츠

2014. 12. 1.

리처드 슈워츠Richard Schwartz

역자 서문

이 책을 번역하게 된 것이 행운이라고 생각된다. 나 자신에게나 내담자 커플에게나 적용할 수 있는 주옥같은 내용들이 담겨 있기 때문이다. 처음 내면가족체계치료에 대해 알게 된 것은 2013년도 박사과정을 시작했을 때 참여했던 워크숍을 통해서였다. 그 후에도 몇 차례 워크숍에 참여하며 IFS와 인연을 맺게 되었다. 내면가족체계치료에 대한 여러 책들[톰 홈즈의 소인격체 클리닉, 제이 얼리의 참자아가 이끄는 소인격체 클리닉 외에 셀프-리더십, 자기비난과 친밀한 관계에 대한 작은 소책자들]을 읽으면서 내면가족체계에 대한 이해를 넓혀갔다.

신인수 선생님과『아동과 함께하는 내면가족체계치료 Internal Family Systems Therapy with Children』의 공역을 마친 후, 부부상담을 전문으로 하고 있는 역자는 커플을 위한 내면가족체계에 대한 책도 번역하면 어떻겠냐는 제안을 받았고, IFS를 부부/커플에 적용한 책을 찾아보게 되었다. 바로 토니 허바인-블랭크의『내면가족체계IFS 기반 커플 및 부부치료IFIO: Intimacy From the Inside Out(IFIO)』를 만났고, 좋은 책이라 생각되어 출간을 마음먹었다. 이를 흔쾌히 수락해 주신 하나의학사 소정영 대표님께 감사드린다.

그동안 여러 부부치료 이론에 대해 공부해왔으며 부부치료에 관련된 책을 읽었는데, 거기에 IFIO를 더 얹으면 나의 부부치료 자원에 꽤 단단한 반석이 되어주지 않을까 생각했다. 그동안 보웬의 가족치료, 가트만의 부부치료, 이마고 부부치료, 정서중심 부부치료를 공부하면서, 보웬에게서는 삼각관계와 분화개념을, 가트만에서는 관계에서의 경험적이고 기술적인 대화방식을, 이마고 부부치료에서는 심정을 울리는 대화 또는 비판이나 판단을 무장해제하는 대화방식을, 정서중심치료에서는 정서에 초점을 맞추고 자신의 정서를 만나도록 안내하며, 파트너 앞에서 자신의 취약함을 드러낼 수 있게 되면서 마침내 커플 간에 깊은 연결감을 느끼도록 하는 프로세스에서 부부가 친밀감으로 연결되는 과정에 매력을 느꼈다.

저자는 이마고 부부치료를 훈련받고 불교철학에서 영향을 받았다고 한다. 나는 상담심리전문가로서 상담현장에서 부부 및 가족상담, 청소년 상담을 하는 중에 서울불교대학원에서 박사과정을 시작하게 되었는데, 그때 명상과 요가에 눈을 뜨게 되었다. 그 후 마음챙김 명상과 자기연민에 대한 명상에 수년간 참여해 오면서, 명상과 요가를 삶에서 체화해 보고자 했다. 토니 허바인-블랭크의 IFIO 방식(커플치료에서의 관계를 다루는 동시에 자신의 내면을 살펴보는 작업을 IFS에서 가져옴)을 보면서, 내면과 외면을 다루는 작업방식이 마음에 들었다. 이 과정 자체가 명상적이라고 느꼈고, 나의 지향점과 동질감을 느껴서 만족스럽게 느끼지 않았나 싶다. 특히 수치심과 수치심 파트들을 다루면서 내면에서 비난하는 파트와 비난받는 파트에 대해 다루는 것에도 깊은 인상을 받았으며 나 스스로에게도 큰 위로가 되었다.

이제 번역을 마치고 교정 작업을 하면서, 조금 더 여유 있게 한발 물러서서 보게 되는데, 그러면서 저자의 깊이 있고 분명한 어조를 느낄 수 있고 세밀한 과정묘사로 인해 치료의 과정이 더 분명하게 다가온다.

관계에서 수없이 좌절을 겪은 부부 혹은 커플은 무기력해지고 상심한 상태로 상담/치료를 찾아오는 경우가 종종 있는데, 많은 경우 자신이 상처받고 힘들게 되는 이유가 배우자 때문이라고 생각한다. 그들은 배우자를 좀 이해시켜달라고 요청한다. 배우자는 상담/치료과정에서 전문가의 말을 듣고 순순히 인정한다. 뜻하지 않게도 여기서 그녀/그는 분노를 일으킨다. 그동안 자기가 수없이 말해왔던 것은 전혀 듣지 않더니 전문가 선생님의 말씀에 그렇게 쉽게 인정할 수 있는 거라면, 그동안 왜 내 말을 들어주지 않았냐며 자기를 무시해 온 거라고 무척 분해한다. 여기서 초보 치료자는 당황하게 된다.

그동안 충족 받지 못했던 경험 때문에 정서적으로 허기진 파트너는 오직 자신이 이해받는 일에 꽂히게 된다. 그러다 보면 배우자에게 변화의 움직임이 나타났을 때 그것을 알지 못하거나 인정하기를 꺼려하는 것처럼 보이기도 한다. 아이러니하게도 자신이 그동안 간절히 바라던 일임에도 불구하고 그것을 반기지 못하고 과거에 붙들려 있는 것이다.

커플치료에서 매우 중요한 프로세스는, 일단 내면으로 들어가 자신의 보호체계를 살펴본 다음, 그것을 충분히 이해하고 다시 외적인 관계로 나아가 보다 기술적으로 요청하는 과정으로 진행한다. 이미 다른 부부치료법에 익숙할 경우 이 새로운 치료법이 처음에는 낯설게 느껴질 수도 있는데, 조금 더 들어가서 보면 그렇지 않다. 내면의 취약함과 애착문제, 그리고 대화의 기술이 공통으로 들어가 있는 커플치료법 중의 하나이다.

커플의 갈등패턴을 확인한 후 내면으로 들어가서 자신의 파트들과 만나고, 파트를 셀프로부터 분리하여 관계에서 일어나는 것들을 셀프 상태에서 바라볼 수 있도록 내면작업을 충분히 한다. 그 다음 외부의 관계적인 것을 다루는 새로운 방법을 배우는 일에 여러분을 초대한다.

끝으로 본서의 스터디를 제안, 함께해주신 박상준, 김현진, 변인옥, 권장순, 김순복 선생님, 아울러 번역 초고를 활용하도록 허락해주신 박상준, 김현진 선생님께 깊은 감사의 말씀을 드린다.

2021년 5월

수원 광교에서

역자 대표 김아신

감사의 글

토니 허바인-블랭크

나의 공동저자인 도나 커플맨과 마사 스위지에게 깊은 감사를 보낸다. 도나는, 일 년 동안 꽤 많은 시간을 강의를 기록하는 것과 이 책의 첫 번째 원고를 쓰고 편집하는데 보냈고, IFIO가 시작된 1999년 이래로 이 모델의 옹호자로 활약해왔다. 나는 그녀의 지속적인 지지, 이 모델에 대한 그녀의 열정과 우정에 깊이 감사한다. 마사는 수년 전부터 커플치료에서의 다양성에 대하여 글을 써보라고 나를 격려하기 시작하였고, 첫 번째 원고에 보살핌과 존중하는 태도로 편집과 개정을 해왔는데, 그러는 동안 그녀는 나의 생각을 분명하게 정리하는데 더 이상 창조적일 수 없을 만큼 나에게 많은 영감을 실어 주었다. 마사의 기술과 경험은 이 책을 쓰는 것뿐만 아니라 내 삶에서도 중요한 재능이 되어주었다. 그녀는 나 자신이 강해지도록, 틀에서 벗어나서 생각하도록, 그리고 이 모델을 확장하는 데 있어서 두려워하지 않도록 나를 계속해서 격려해주었다. 나는 그녀의 전문성과 열정과 우정에 감사한다.

나는 나의 친구이며 멘토인 딕 슈워츠에게 특별한 감사를 보낸다. 나를 믿어주고 그의 모델의 이러한 측면을 취할 수 있도록, 그리고 그것을 나 자신의 것으로 만들어 낼 수 있도록, 나를 격려해준 그에게, 나는 아무리 해도 충분한 감사를 표할 수가 없다. 그의 지원은 내게 말로 표현할 수 없을 만큼 큰 힘이 되어주었다.

여기에는 사실상 임상적 자료는 없을지라도, 그들의 관계를 변화시키고자 하는 소망을 안고 스스로 치료에 찾아온 용감한 커플들이 존재하고 있다. 모델 그 자체는 이러한 용감한 사람들로부터 유래한 것이다. 그들이 나의 교사들이고 멘토들이다.

이에 더해서, 많은 분들이 수년간 나를 지지해주고 격려해주었는데 그중 몇몇 사람들은 전국을 다니면서 IFIO 트레이닝의 스태프로서 지치지 않고 지속적으로 참여해주었다. 이러한 헌신적인 동료들이 연구하고, 브레인스토밍을 하고, 교습과 멘토 역할을 하면서 그들의 치료에 열정과 힘을 가지고 이 모델을 사용했다. 나의 헌신적인 스태프인 앤 드로일헷Ann Drouilhet, 캐이트 링그랜Kate Lingren, 로빈 와쉬Robin Warsh, 쥬디 졸단Judi Zoldan, 그리고 과거와 현재의 나의 IFIO 트레이너들인 미쉘 보그라드Michele Bograd, 파밀라 게이브Pamela Geib, 사라 스튜워트Sarah Stewart 그리고 낸시 원더Nancy Wonder에게 깊은 감사를 보낸다. 그리고 사본을 읽고 이 원고가 발전할 수 있도록 중대한 피드백으로 도움을 주신 모든 분들께 감사드린다.

나는 또한 커플치료를 발전시키고 글을 써낸 많은 치료사들께 영향을 받았고 이에 감사드린다. 가장 중요한 나의 이마고 트레이너이며 멘토인 써니 슐킨Sunny Schulkin은 내가 용기를 낼 수 있도록 가르침을 주었고, 내가 무슨 모델을 사용하든지 마음을 열고 받아들이고, 두려움 없이 현존하며, 어떠한 상황에서든지 내 자리를 지켜내도록 안내해 주었다.

사과, 용서 그리고 자기-용서에 대한 나의 사고의 발전에 대하여 나는 불교철학에 빚을 졌고, 보수작업과 용서에 대해서는 제니스 아브람스 스프링Janis Abrams Springs에게, 사과와 관련하여 참나와 파트들에 대해서는 리처드 슈워츠Richard Schwartz에게 빚을 졌다.

마지막으로, 나의 가장 깊은 감사를 나의 가족과 IFIO 세계와는 동떨어져 살고 있는 가까운 친구들에게 보낸다. 그들은 나를 응원해 주었고, 내 손을 잡아주었고, 위로해 주었고, 편집과 그 밖의 일들을 도와주었다. 나는 특별한 감사를 나의 어머니와 아버지이신 딧지Deetsie와 프리츠 허바인Fritz Herbine께, 그리고 언니와 형부인 케이트Kate와 죠엘 펠드맨Joel Feldman에게 드린다. 그리고 가장 중요한 감사는 나의 남편인 죠르단Jordan에게 바친다. 그는 내가 하는 모든 노력이 얼마나 크든지 작든지 간에 관계없이 나를 가장 열렬하게 지지해주는 나의 옹호자이다.

도나 커플맨

토니 허바인-블랭크는 열정, 지성, 겸손과 함께 청중과 연결되고자 하는 순수한 열정으로 빛을 비추어 주는 보기 드문 리더 중 한 사람이다. 그녀는 뛰어난 심리치료사이며 트레이너이다. 그녀와 함께 많은 장소에서 일할 수 있었던 것은 나의 특권이다. 그녀의 중요한 작업을 글로 옮겨서 더 많은 사람들이 그녀가 그녀의 삶을 배우고 나누는 데 바쳤던 모든 것에 접근할 수 있도록 도울 수 있는 기회를 가진 것은 나에게 영광이다. 우리의 노력에 함께해 준 재능 있는 작가이며 편집자인 마사 스위지에게 많은 감사를 보낸다.

마사 스위지

토니는 IFS 트레이닝에서 나의 첫 번째 선생님이었고, 그 후에도 몇 번 그녀와 함께 하는 몇 차례의 시간을 가졌다. 나는 이곳에서 그녀의 뛰어난 재능과 선생으로서의 기술, 사상가이자 임상가인 그녀에게 사실상 절을 올리고 싶다. 그리고 나는 이 책을 쓰는 데 있어 참여의 기회를 준 토니와 도나에게 모두 감사드린다.

들어가기

나는 90년대 초, 대학원에서 공부하는 과정에서 커플치료를 시작하게 되었다. 몇 년 뒤 내게 커플치료를 받고 있는 개인들의 심리내적 작업을 깊이 있게 하도록 도와줄 필요성을 느끼게 되었는데, 이때 친애하는 벗이 내면가족체계치료Internal Family Systems therapy(IFS)*를 소개해주었다. IFS는 리처드 슈워츠Schwartz(1995)가 개인과 가족을 치유하기 위하여 1980년대에 개발한 접근법으로서, 나중에는 커플까지 확장하게 되었는데 이에 대해서는 그의 저서 『당신이 기다려온 사람, 바로 당신You're the One You've Been Waiting For(2008)』*에 기술되어 있다. 슈워츠의 모델에 대해 처음에는 혼란스럽기는 하였지만, 그의 접근이 지닌 힘과 아름다움 또한 알아차릴 수 있었다. 내담자의 회복력에 대한 그의 확신, 기술, 존중 및 인내는 내게 매우 감명을 주었고, 나는 슈워츠의 IFS 훈련과정에 등록해서 지도를 받는 행운을 얻었다. 슈워츠에게 수년간 훈련을 받고 나서 2006년에는 나 역시 IFS 훈련가가 되었다.

훈련가로서 나는 처음에 개인에 대해 IFS 모델을 활용하는 기초를 가르쳤지만, 마침내 커플치료에 대해 가르치는 쪽으로 전환하였다. 이

* 관련서로 『아동과 함께하는 내면가족체계치료』(하나의학사, 2020), 『내면가족체계[IFS] 치료모델』(학지사, 2020), 『내면가족체계치료』(2판, 학지사) 참조(역자 주).
* 국내 미출간(역자 주).

분야에서 나는 할당된 훈련 시간보다 할 말이 더 많다는 사실을 알게 되었다. 오랫동안 관계 치유작업에 흥미와 열정을 느꼈기 때문에, 이후 IFS에 주된 근거를 두면서도 그 전에 내가 수년간 훈련받고 커플들과 무수한 시간 동안 작업하면서 배운 것들을 결합하여 여러 해에 걸쳐 새로운 커플치료 방법론을 개발하게 되었다. 2009년 보스턴 매사추세츠에서 나는 IFS 고급반 전문가들에게 『내면가족체계IFS 기반 커플 및 부부치료IFIO: Intimacy From the Inside Out©(IFIO)』의 첫 버전을 가르쳤다. 그때 이후로 IFIO는 나의 발전에 열정을 안겨주는 작업이 되어왔다. 공동 저자들과 나는 이 커리큘럼을 배우고 적용하길 바라는 치료자들을 위한 로드맵으로서 이 책을 쓰게 되었다.

IFIO를 위한 청사진

IFIO 커플치료는 예상 가능한 보편적인 것들에 대해 계획을 세우는 것, 그리고 그 밖의 모든 것들에 대하여 능숙하게 대응하는 것 사이에 변증법적으로 관여한다. 예를 들어, 우리는 사람들이 안전하게 느끼고 사랑하고 사랑받기를 열망한다는 것을 예상할 수 있다. 그리고 그들에게는 상처받은 부분들injured parts(보호적인 부분들protective parts에 의해 무수한 방식으로 추방된exiled 부분들)이 있을 거라는 사실을 우리는 예상할 수 있다. 한때 필요했던 이들의 *보호*protection는 문제의 핵심적인 요소가 되어왔다. 우리는 또한 치료가 효과적이기 위해서는 내담자의 보호자들의 협력이 필요할 거라는 사실을 예상할 수 있다. 이어지는 장들에서 마음과 행동에 대해 예상 가능한 다른 많은 측면들을 다루고 있다.

이에 비해, 어느 커플에게든 일어날 수 있는 매우 다양한 범위의 이슈(예: 외도) 또는 집안에서의 행동의 상호작용(예: 격노)이 있다. 하지만 이러한 일들은 예상할 수 없는 것들인데, 모든 커플에게 일어나는 일은 아니기 때문이다. 이러한 일들은 치료사에게는 잘 보이지 않는 측면들이다. IFIO에서 우리의 목표는 우리 자신의 보호자들protectors에게서 탈섞임unblend함으로써, 우리는 무슨 일이 벌어지든지 간에 커플에게 마음에서부터 자연스럽게 반응함과 동시에(내면의 지혜, 인생 경험, 그리고 훈련에서 얻은) 기술들을 활용하면서도, 상황이 어떤 식으로 돌아가야 한다는 관념들에 사로잡히지 않는 상태를 유지할 수 있다.

치료자의 필수적인 변증법: 준비된 상태 및 참나가 이끄는 상태

이러한 청사진의 한 측면에는 준비된 상태라는 기술이 있는데, 이는 앞서 언급했듯이 보편적이고 예상 가능한 사항들을 알아차리고 이해하는 것과 관련된다. 여기에는 마음의 다중적인 구조multiple structure, 그리고 *부분들parts*(슈워츠가 이러한 현상들을 칭한 것으로서)과 손상되지 않는 핵심인 *참나Self*가 해당된다(Schwartz, 1995). (모두가 지니고 있는) 참나는 마음의 균형을 위하여 필요한 정서들을 – 호기심과 연민/자비compassion를 포함하는* – 활용한다. 그리고 놀라울 정도의 정서적 안정

---

* IFS는 참나의 여덟 가지 특성을 'C'로 시작하는 단어로 설명한다. 부록의 용어해설 참조(역자 주).

성과 지혜를 보여준다. 하지만 사람이 수치심을 느낄 경우 보호적인 부분들이 끼어든다. 이들의 보호 전략들은 단기적으로는 생명을 구할 수 있지만, 장기적 측면에서는 초기 상처를 내면과 외부에서 재현再現하게 될 것이다.

IFIO 치료자를 위한 청사진의 또 다른 측면에는, *참나가 이끄는*Self-led(Schwartz, 1995) 상태라는 기술이 있어서 무언가 예상 못 하는 것들을 다루게 된다. 참나가 이끄는 상태는 자신의 부분들과 좋은 관계를 맺는 상태에 머무는 것과 관련이 있는데, 이렇게 해서 우리는 부분들과 분리separate 또는 *탈섞임*unblend(Schwartz, 1995)할 수 있고, 또한 무슨 일이 벌어지든 현존하는 가운데 자신의 참나 에너지를 적용하면서 그 순간에 필요한 올바른 도구에 대한 직관적인 앎을 활용할 수 있게 된다. 예상 가능한 것과 예상 못 하는 것들 사이의 변증법을 기억하면서 우리는 이 책에서 치료작업의 세 단계(초기, 중기, 후기)를 다루고자 한다.

치료작업의 세 단계

2장에서는 치료작업의 초기인 1단계를 다루는데, 커플을 알아가면서 무엇을 탐색할 것인지, 그리고 IFIO 모델을 어떻게 소개할 것인지에 대해 설명한다.

중기인 2단계는 IFIO 치료의 대다수 방법들을 활용한다. 치료를 구성하는 냉랭한 지점들의 불가피한 순환 과정에서 다시 연결되고자 하는 커플의 열망에 의한 끌어당김에 착안하여, 우리는 2단계를 가리켜 중

*기의 흐름과 회오리*The Flow and Eddies of the Middle라고 불렀다. 우리는 어떻게 하면 안전할 수 있을까에 대하여 커플이 오랫동안 품어온 관념과는 대치되는 새로운 학습을 반복시키고, 참호를 파고서 방비하고 있는 그들의 보호자들에게 부드럽게 도전하며, 그들이 오래된 상처를 치유하도록 돕는 작업을 한다. 우리가 알고 있는 것들 – 예상 가능한 것들 – 그리고 지금 이 순간에 특정 커플에게 나타나는 것들 – 예상 못 한 것들 – 사이에서 당연히 우리는 왔다 갔다 하게 된다. 후자를 다루기 위하여 우리는 수집한 지식과 더불어 영감과 즉흥성에 열려 있는 태도를 기꺼이 유지하고자 한다.

이러한 중기 단계는 아홉 개 장에서 다뤄지는데, 그 시작인 3장에서는 커플이 부정적으로 상호작용하는 순환cycles을 어떻게 파악하고 *추적*track할 것인지를 설명한다. 우리는 치료 과정 전반에 걸쳐 추적 작업을 함으로써 커플이 보호자들과 탈섞임하고 내용에서 물러설 수 있게 한다. 이렇게 해서 그들은 충족되지 못했던 욕구들 – 특히 안전, 연결감, 그리고 사랑에 대한 욕구들 – 이 어떻게 그들의 싸움에 기름을 부어왔는지 알아차릴 수 있게 된다. 이러한 욕구들이 일단 파악되면, 각 파트너는 자신의 개인적인 상처가 누르는 무게감, 안전에 대해 학습한 것들, 그리고 트라우마에 의해 생긴 신념들 속으로 수직적으로 들어가서 내면의 치유작업을 할 수 있다. 치료작업의 과정에서 개인 작업을 할 기회는 언제든 있을 수 있는데, 이에 대해서는 5장에서 다루고자 한다.

하지만 우선 4장에서 우리는 커플에게 새로운 의사소통 기술을 어떻게 가르칠 것인지를 다룬다. 여기에는 그들이 부분들을 대변하고 참나 상태에서 경청할 수 있게 해주는 탈섞임이 포함된다. 이러한 기술들을 실습하는 과정에서 우리는 커플이 자율신경계autonomic nervous system를 조절하는 감각을 얻도록 하고, 치료자가 그들의 *부분 탐지기*parts detector[섞임을 알아차리고 잠깐 중지time out를 선언해서 보호자(또는 추방자)가 분리하도록 돕는 것을 허락받은 사람]가 되도록 충분한 신뢰를 발달시키는 것에 가장 많은 관심을 기울인다(Schwartz, 1995). 우리는 부분 탐지기 역할을 하는 가운데 멸시와 불명예의 대상이 된 파트들에 대하여 호기심을 가짐으로써 탈수치심화de-shaming의 본보기를 보인다. 일반적으로 우리는 내담자들에게 수치심을 주는 것을 피하고 그들의 자발성을 얻기 위하여, 그들이 우리의 목표에 대해 깨어 있도록 하고, 우리가 맡기로 한 역할 그리고 우리가 활용하고자 하는 전략들에 대하여 허락을 얻어놓는다. 이러한 초대는 어느 파트너이든 거부할 수 있다는 것을 의미하기 때문에, 다른 선택안을 가까이 준비해놓고 기꺼이 제공할 수 있도록 하는 것이 중요하다.

5장에서는 상처를 치유하는 내면 작업을 다룬다. 이 작업은 IFS에서 유래하지만, 커플과의 작업에서는 관계에서의 짐 내려놓기relational unburdening라는 요소를 추가한다. 개인 작업에서 우리는 보호자를 분리하면서 시작하는데, 커플 작업에서도 양쪽 파트너의 보호자를 분리함으로써 한쪽 파트너가 연민의 마음을 갖고서 다른 파트너의 상처받고 짐을 진 부분을 목격하도록 한다. 한쪽 파트너가 어리고 취약한 부분에게 친밀하게 연결된 느낌을 갖고, 다른 파트너가 이러한 내면 아이에게 공명하며 사랑과 돌봄을 확장할 때, 이러한 연결의 순간에 치유는 이루어지게 된다. 그리고 다른 파트너가 연민 어린 목격자(그리고 때로는 조용한 치어리더)로서 행동할 수 있을 때, 커플은 참나 대 참나Self-to-Self의 연결(Schwartz, 2008)에 의해 생성되는 절묘한 조율attunement에서 탄생하는 놀라운 기회를 얻게 되면서 새로운 의사소통 기술을 익히게 된다.

6장에서는 이러한 치료접근에서의 기술 습득의 핵심에 도달한다. 우리가 내담자들에게 가르치는 IFS 치료기법들의 도움을 받아 치료자 자신이 분리/탈섞임, 탈수치심화, 짐 내려놓기를 실행하는 것이다.

분리, 자기조절, 새로운 의사소통 기술의 습득, 그리고 과거의 트라우마에 대한 짐 내려놓기에 대한 준비를 2장부터 6장까지 마치고, 7장에서 우리는 커플들이 가져온 서로 다른 관점과 욕구들, 하지만 이에 대해 관대하게 다루는 기술의 부재로 인하여 겪어온 어려운 대화 속으로 돌아간다. 이제 커플은 서로의 아동기 딜레마를 이해하고, 자신의 욕구를 충족하기 위하여 서로를 위협하기보다는 초대할 수 있게 되면서, 그들은 열린 가슴으로 참여할 준비가 된다. 7장에서 우리는 관계에서의 짐 내려놓기를 가능하게 해주는 연결의 순간들을 찾아갈 뿐만 아니라, 욕구를 협상하기, 실망을 감내하기, 그리고 새로운 언어와 새로운 행동을 익히기와 같은 것들을 어떻게 하는지 보여줌으로써 커플의 욕구가 충족될 수 있도록 한다.

8장에서는 욕구 이슈에 대해 더 깊이 들어가서, 양측의 욕구가 상응하거나 충돌할 때 무슨 일이 일어나는지에 대해 초점을 맞춘다. 모든 인간 존재는 사랑과 연결을 필요로 한다. 열심히 일하는 그들의 보호자들은 종종 내면에서(다른 보호자들과) 그리고 외부에서(파트너의 보호자들과) 양극화polarize한다. 우리의 목표는 그들의 보호자들이 탈섞임하고 탈양극화하도록 도와서 커플이 이러한 불가피한 협상을 보다 능숙하게 다룰 수 있도록 만드는 것이다.

9장에서 우리는 수치심에 대하여 관계적인 조망을 제공하면서 모든 심리적인 짐들psychic burdens에서의 수치심 주기shaming와 수치심 느낌feeling shamed이 수행하는 핵심적인 역할에 대해 검토한다. 커플이 수치심 주기의 성격, 어떻게 수치심과 비난의 악순환을 깨뜨릴 것인지, 그리고 수치심을 느끼는 부분들을 어떻게 치유할 것인지를 이해하도록 돕는다.

10장에서는 본서를 통해 우리가 옹호하는 창조성의 일부에 대해 묘사할 것이다. 우리는 커플이 새로운 행동을 치료실에서 실험해보도록 요구함으로써 커플의 체험을 심화한다.

11장은 우리의 조망에서 볼 때 무엇이 어려운 사례를 어렵게 만드는지에 대하여 논의한다. 우리 자신의 내면의 체계internal systems와 친밀하게 조율하면서 빠르고 빈번하게 분리할 수 있는 역량을 갖추는 것은 IFIO 작업의 성공을 위하여 필수적이다. 따라서 우리는 6장을 다시 떠올릴 필요가 있다. 커플이 어떻게 행동하든지 간에 그들에게 능숙하게 대응하기 위해서는, 치료자 자신의 짐 내려놓기, 그리고 부분들과 참나 사이의 관계를 발전시키기 위한 개인적 작업이 얼마나 핵심을 차지하는지에 대하여 기술한다. 이렇게 하여 2단계는 마무리된다.

12장에서 다루는 3단계는 화해하고 나아가는 것을 우선하여 다룬다. 후기에서는 초기와 마찬가지로 치료작업의 폭넓고 다양한 중간 단계의 양 끝에 위치하면서, 초점을 좁게 맞춘다. 보수[복구] 작업, 문제의 해결, 용서 그리고 사랑과 상호성을 통하여 차이점들에 대해 관용하는 또는 아마도 축하하는 새로운 관계의 시작이 그것이다.

IFIO 커플치료의 세 단계

1단계: 초기

- 커플이 자신들의 개별화 수준을 평가하도록 한다.
- 그들이 두려워하는 것들을 알아간다.
- 그들이 원하는 것, 그들의 희망, 욕구, 목표에 대하여 알아간다.
- 여러 가능성을 제공한다.

2단계: 중기

우리가 할 일:

- 커플에게 새로운 의사소통 기술을 가르쳐서 그들이 탈섞임하고 자율신경계를 조절할 수 있도록 돕는다.
- 부분 탐지기의 역할을 할 수 있도록 그들의 허락을 얻는다.
- 커플이 어떻게 싸우고 그들이 얼마나 취약한지에 대하여 아래의 사항들을 포함하여 추적 작업을 한다.
  - 그들이 욕구에 대해 어떻게 협상하는지
  - 서로에게 어떻게 수치심을 안겨주는지
  - 그러한 수치심을 어떻게 받고 있는지(그들의 보호자들이 그들에게 어떻게 수치심을 주는지)

- 커플이 배우길 바라는 새로운 의사소통 행동의 방법을 보여주고 실천하도록 한다.
- 커플이 자신의 몸에 주의를 두고, 체험적 실습을 통해 자신의 치료작업을 깊게 하도록 한다.
- 관계에서의 짐 내려놓기를 촉진하고 강화한다.
- 다음과 같은 개인 작업을 실행한다.
  - 탈섞임
  - 수치심이라는 짐 내려놓기
  - 파트너가 목격자로서 지켜보게 하기
  - 새로운 의사소통 기술을 익히기
  - 관계 욕구로 되돌아가기
  - 욕구를 충족시킬 가능성이 큰 기술들을 익히기

3단계: 후기

여기서 치료자는 탈섞임할 줄 알게 된 커플들에게 다음과 같은 것들을 점차 스스로 해나가도록 지원하고 안내한다.

- 파트너를 상처 주는 사람 또는 구원자로 보기보다는 하나의 자원으로서 바라보기
  - 보수/복구의 과정을 이끌어가기
  - 용서를 다루기

• 그리고 만약 그들이 진전을 이루어가면, 비전을 공유할 뿐만 아니라 차이점들을 인정하는 것에 기초하는 관계를 창출하기

1단계

초기

1장

「친밀감의 인사이드 아웃 치료(IFIO)」의 시작점

친밀함은 사회적 관계에서 핵심 부분을 차지하는데, 이는 우리를 성장하도록 도우며, 깊이 사랑하고 또한 상실을 견뎌내도록 해준다(Bowlby, 1969; Coan, 2006; Johnson, 2004, 2013). 커플들이 단절, 분노 그리고 친밀감의 상실로 인한 슬픔의 상태에서 치료를 시작할 때, 그들은 흔히 상반되게 보이는 두 가지 목표를 가지고 온다. 하나는 안전함을 느끼는 것, 두 번째는 친밀감을 재설정하는 것이다. IFIO 접근은 이러한 목표들을 성취할 수 있는 지도를 제공해 준다. 다음에 오는 장들에서는 우리는 어떻게 친밀감을 구축할 수 있는지 그리고 그러한 과정에서 무엇이 방해가 되는지 탐색하는 것인데, 특별히 수치심 주기와 수치심 느낌shaming and feeling shamed에 대해, 우리가 앞으로 설명하겠지만 자연발생적인 하위체계, 혹은 이자관계로a dyad 놓고 보았을 때의 인간의 마음을 나타내는 *부분들*parts과 함께 작업하는 방법을 보여줄 것이다.

IFIO는, 리처드 슈워츠에 의해서 개발되어진 IFS에 잘 설명되어 있는 마음 모형과 개념을 빌려왔기 때문에, 그러한 개념들을 순서대로 검토해 보겠다. 파트라고 하는 개념부터 시작해보자. 심리내적 갈등intrapsychic conflict과 작업하는 모든 마음 모형은 몇 가지 정신적 다양성mental multiplicity의 틀[Freud(1961)의 이드id, 에고ego 그리고 슈퍼에고[초자아] superego, Jung(1969)의 원형archetypes과 콤플렉스complexes, Assagioli(1975)의 하위인격체계sub-personalities, Watkins and Watkins(1997)의 자아상태치료ego state therapy 그리고 다른 것들 중 다양한 *내면 아이*inner child 접근들]을 다루고 있다. 슈워츠에 따르면, 우리의 파트들은 생각하고, 느끼는 것과 신념을 가지고 있으며, 일상의 행동을 수행하고 있으며 관계적으로 매우 정교하다. 각 파트는 자신만의 경험의 무대를 가지고 있다. 만일 그들의 경험이 신뢰할만한 양육적인 인물로부터의 안내나 지도 없이 스스로 관리하도록 남겨진다면, 파트들은 정서에 휩싸이게 될 것이고, 인지적으로 혼란스러워지며, 견딜 수 없는 신념으로 짐을 지게 될 것이다. 이 시점에서 어떤 파트들은 보호적인 역할을 취하고 그 순간과 개인의 발달상의 나이에 걸맞은 생존 전략을 개시하게 된다. 이러한 전략들은 그 순간에는 유용할 수 있지만, 삶의 질적인 면에서 볼 때에 최선과는 거리가 멀고, 장기적으로 볼 때에도 성장과는 관계가 먼 것으로 입증된다.

그들의 행동이 얼마나 문제가 있어 보이는지 상관없이 일단 위험이 지나가면, 이들 보호자 파트들은 이타적인 동기에 배서할(우리가 그들에게 말할 수 있는 까닭에) 것이다.* 그들은 생존을 위해 그들 능력 안에서 최선을 다해 행동한 것이고, 치료목표는 그들을 자유롭게 하는 것이지, 그들을 해체하거나 통제하려는 것이 아니다. 다행스럽게도 우리는 취약하고, 갈등에 휘말리기 쉬운 우리의 파트들을 도울 수가 있는데, 왜냐하면 우리는 파트들 외에 *참나*Self를 가지고 있기 때문이다. 우리들 각자에게 있는 참나는 상처받은 파트들을 치유할 수 있는 역량이 있고, 용기, 지혜 그리고 연민을 가지고 우리의 내적 체계를 인도한다(Schwartz, 1995). '참나'라는 개념은 *불심*Budda mind, *영혼*the soul, *내면의 빛*inner light, *도*Tao, *몰입 상태*being in flow로 다양한 영적 철학적 전통에서 묘사되어 있는 것과 같은 맥락 안에 있다. 참나는 망가지거나 상처받을 수 없는 에너지 상태로 우리 각자에게 존재하고 있음에도, 그것은 접근하기에 용이하지 않을 수 있는데, 특별히 어린 시절 불안했던 상황 아래에 놓여있던 경험이 많을 때 더욱 그러하다. IFIO 방식은 커플들이 각 파트너의 참나에 접근하도록 돕는 것인데, 파트들의 개념과 더불어 참나라는 강력한 자원을 확장해서, 개인과 커플 양쪽 모두의 성장과 치유를 위한 수단으로써 관계적 맥락으로 연결되도록 하는 것이다.

파트들

그래서 파트들은 무엇인가? 우리는 주관적 경험을 넘어서는 그것을 알지 못한다. 하지만 신념체계들(다양한 종교, 심리 치료적 그리고 자가-치료 모델 등을 포함하는)은 흔히 파트들을 바람직하지 않은 부정적인

* 보호자 파트들은 비록 문제가 있는 행동일지라도 이타적인 동기로 그렇게 행동했다는 것을 확실하게 인정할 것이라는 뜻임(역자 주).

충동으로써 바라보고 사람들에게 파트들을 무시하거나, 파트들에 대해 수치심을 느끼거나 혹은 의식으로부터 그것들을 쫓아내라고 사람들을 종용한다. 슈워츠는 그의 내담자들이 그에게 정반대의 것(모든 파트들을 환영하고 그것에 경청하는 것)을 하라고 가르쳐주었다고 보고한다. 우리의 파트들은 우리가 생존할 수 있도록 우리를 돕는다. 그들은 우리의 삶을 그들의 지성과 재능, 능력으로 풍부하게 해준다. 그리고 그들은 그들이 경청되고 존중받을 때 친절하게 되돌려 준다.

우리가 파트들이 무엇인지 알지 못한다 할지라도, 우리는 주의를 내면으로 돌려서 우리의 생각, 느낌, 감각과 행동 경향성에 주의를 기울이는 것으로 그들을 발견할 수 있다. 그렇게 함으로써, 우리는 그들이 우리의 자기정체감이나 행동의 동기를 형성한다는 것을 알아차릴 수 있다. 그리고 만일 우리가 그들에게 말을 건넨다면, 그들은 응답한다(혹은 어떤 다른 방식으로 의사소통을 한다). 파트들은 어떻게 그들이 학습을 통해서 대인관계를 받아들이는지 그리고 서로 간에 관계 속에서 그들이 어떻게 존재하는지 묘사할 수 있다. 그들로부터, 우리는 한 파트가 어떻게 관계적 상처를 자신의 정체감으로 받아들이는지에 대해 들을 수 있으며(*나는 사랑받을 만하지 않아, 나는 나쁘니까*), 다른 파트들을 보호적인 역할로 들어오도록 동기화하는지에 대한 이야기들을 들을 수 있다. 슈워츠는 전자를 *추방자들*exiles로 후자를 *보호자들*protectors로 구분하고 이름 지었다. 더 나아가, 그는 보호적인 파트들의 전략에 따라 사전반응proactive(*관리자*manager에 의해 실행되는)과 사후반응reactive(*소방수*firefighters에 의해 실행되는)으로 구분하였다.

IFS는 각 파트를 알 수 있도록 체계와 언어를 우리에게 제공하는

데, 내면 가족 안에서의 그것의 역할에 상관없이 파트들 간의 관계를 이해할 수 있도록 해준다. 개인과 작업하는 것과 마찬가지로 커플들과의 작업은, 주어진 환경에서 파트들이 내린 선택에 대해 우리가 인정하고, 그들의 노력이 어떻게 선의에 따라 이루어졌는지에 대해 들어주고, 그리고 우리가 그들을 치료과정에서 제거하지 않을 것임을 확신시켜준다. IFS 모델에서 주창하는 바에 의하면, 그것은 우리의 경험을 통해 확인된 것인데, 모든 파트들은 고유의 재능을 가지고 있어서 그들이 한번 짐을 벗어버리게 되면 그 재능을 내면 시스템에 제공할 수 있다는 것이다. 이 치료는 우리에게 있는 모든 면들을 환영하는 입장을 취하는데, 특별하게는 사라졌던 파트들을 다시 맞이하여 전체 시스템 안으로 합류시키는 것이다.

파트들의 관계적 옵션: 섞임과 분리됨

파트들과 참나와의 관계에서는 외상적인 혹은 그저 힘든 경험들을 명료하게 조성하고 치유하는 까닭에, 파트와 참나와의 관계를 발전시키는 것은 IFS 치료에서의 기본 목표가 된다. 어떤 것이든지 그러한 관계를 방해하는 것은 치료에 중대한 영향을 미치게 되고, 이것은 장애의 중심이 되는 것을 의미하는데, 개인치료에서뿐만이 아니라 커플치료에서도 흔히 일어나는 *혼합* 혹은 *섞임*blending이라고 말한다.

섞임은 의식을 압도하는taking over 파트를 나타낸다. 당신이 어느 아름다운 봄날 직장으로부터 귀갓길에 운전 중이라고 하자. 당신 차의 창문은 내려져있고, 라디오는 켜져 있다. 당신은 라디오에서 흘러나오는 노래를 따라 부르고 있고 곧 집에서 보내게 될 저녁을 고대하고 있다. 그런데 당신 뒤에 있던 어떤 차가 뒤에서 빠져 나와 갑자기 당신 앞으로 너무 가까이 끼어들었다. 당신은 급브레이크를 밟고 욕을 한다. 당신은 약이 올랐고 그가 속도를 내어 멀어짐에 따라 그에게 따지기 위해 그를 쫓아가려고 하는 충동을 알아차린다. 이러한 순간에 대한 IFS의 관점은 분노 파트가 방금 당신을 장악했거나 혹은 *섞인 상태*blended가 되었다고 말한다. 그렇게 걱정 없이 태평했던 감정은 순간 어디로 가버린 것일까? 그것은 영원히 가버린 것일까? 슈워츠라면, 그 순간에, 그 감정들은 당신의 의식 속에서 대체된 한 파트로부터 온 것이라고 말해줄 것이다. 분노 파트가 차분히 가라앉으면, 걱정 없이 태평했던 파트는 다시 기운을 차리고 돌아와서 더 많은 즐거움으로 당신 내면을 채우도록 할 것이다.

이것은 파트들의 자연스러운 활동을 묘사한 것이다. 파트들은 섞이고 분리unblend한다. 그들은 의식에 영향력을 가한 후에 실제로 사라져버리는데, 이것은 마음챙김 문헌에서 묘사한 탈중심화de-centering와 비슷한 것이다(Kabat-Zinn, 1990). 모든 것이 잘 돌아가고 있을 때, 파트들은 시간과 공간을 쉽게 공유하고, 참나의 리더십으로부터 지지를 받을 수 있고, 전체 시스템에서 최적의 기능 발현을 위해 그들의 자원을 빌려준다. 그러나 안전문제가 가장 중대한 관심으로 떠올랐을 때, 그리고 내적으로 참나 리더십의 경험이나 혹은 역할 모델이 거의 부재할 때, 보호적인 파트들은 그들이 스스로 배운 것을 사용하는데, 그것은 안전을 회복하고 길을 찾기 위해서, 그들이 불행을 겪었을 때 사용했던 바로 그

전략을 사용하는 것이다. IFS 치료에서 첫 번째 단계는, 우리의 보호자들과 친밀해질 수 있도록 헌신하는 것이며, 안전하게 분리할 수 있다는 것을 그들에게 보여주는 것이다. 만일 한 파트가 분리하지 않으려 하고 내담자의 참나가 인도하도록 허락해 주지 않는다면, 치료사의 참나가 당분간 그 역할을 대신해줄 수 있다. 그것은 항상 치료에서 참나가 주도Self-led하는 상태의 모델이 되어 준다.

IFIO의 차원이 더해진 IFS 절차

커플치료의 경험적 모델로서 IFIO는, 과거 10년이 넘는 동안 내가 친밀한 관계에서 커플과 개인 모두의 성장과 치유를 위한 도구로 IFS 개념들을 적용해오면서 탄생하게 되었다. 커플치료에서의 내 모델은, 커플 안에서 뿐만이 아니라 각 파트너 안에 있는 강점과 자원을 발견하도록 고안되었는데, 그것은 현재 상처들을 치유하기 위한 것이며, 그 상처들은 이전의 관계에서 유래한 것이거나 어린 시절로부터 생겨난 것이다. 내 목표는 파트너들 사이에서 그들에 의해 정의된 건강하고, 친밀한 연결감을 양육하도록 하는 것이다.

두 사람과 그들의 파트들이 열린 마음으로, 그리고 만족할만한 방식으로 상호작용하도록 안내하는 것인데, 추방자들이 만성적으로 촉발되고 보호자들은 과도하게 경계하며 매우 반사적인 반응을 할 때 이 상황을 다루는 일은 여간 기술이 필요한 게 아니다. 우리가 책 전체를 통해서 설명하게 되겠지만, 커플치료 세션은 개인치료 세션에서 하는 작업보다 더 많은 파트들과 사람들을 모두 한꺼번에 아우르는 작업이다. 개인치료 IFS 세션이 커플의 세션과는 다르긴 하지만, 공통적인 것은 일반적으로 개인의 주의를 *내면으로 들어가도록* going inside 하는 것과, 신체를 스캔하도록 하고, 내면의 소리를 들으며, 그리고/또는 정신적 이미지를 보는 것을 포함한다. 이러한 내면적 초점두기는 유사 명상적 상태 quasi-meditative state로 데려오는 경향이 있는데, 그 안에서 감각, 정서 혹은 사고는 주의를 필요로 하는 한 파트나 파트들을 드러내어 준다. 우리가 할 일은 이러한 파트들의 협력을 구축하도록 하는 것이며, 그들이 그들의 작업방식을 변화시키도록 도와주는 것이다. 우리는 다양한 방식으로 그들에게 분리하도록, 그리고 치료의 전 과정을 통하여 참나와의 관계 안에 존재하도록 요청하는 것이다. IFIO 커플치료는 IFS 기술을 활용하며, 더 큰 관계적 체계의 필요를 만족시키기 위하여 그 기술에 필요한 것을 더 추가하여 만들어진 것이다.

IFIO에서의 내적관계와 대인관계적 치유

외적관계는 파트들과 참나와의 내적 관계를 비추어주기 때문에, 우리는 대인관계를 개인내적관계와 통합시킨다. 커플로부터 개인들은 탐색하고, 치유하고, 그리고 그들의 파트너와 재연결을 하는 대인관계적 작업을 하는 동안, 그들은 또한 내면 작업을 하는데, 상처를 치유하고 해로운 내적 관계를 변형시키는 작업을 한다. 이러한 두 수준의 프로세스는 상호적으로 서로를 강화시키며 지지가 되어준다. 친밀함은 내면으로부터 외부로 그리고 그 역으로도 성립되는데, 사랑을 발전시켜서 진솔하면서도 적응적인 관계를 외적관계 그리고 내적관계 모두에서 발달시키도록 하는데 목표를 둔다.

이 책의 서두에서 설명하였듯이, IFIO는 치료의 3단계를 중심으로 조직화되어 있다. 첫 번째 단계에서, 나는 커플을 만나서 그들의 분화수준을 평가한다(서로 간의 다름에 대하여 그들이 수용할 수 있는 능력). 그들의 희망과 목표에 대한 질문, 그리고 가능성에 대한 나의 입장을 그들에게 제공하는 것이다. 폭넓은 중간단계에서는, 나는 커플이 내면(그들의 부분들로부터)과 외면(그들 상호 간으로부터) 양쪽에서 분화할 수 있도록 돕는 일에 초점을 두는데, 그것은 나의 견해로 볼 때 그들이 서로 사랑하고 사랑받는 것의 핵심이 되는 일이며, 나에게는 그들이 고대하던 관계를 조성하도록 그들을 돕는 일이 된다. 이것은 다음의 카테고리들 중 하나에 해당하는 몇 가지 행동들이 포함된다. 그것들은 행동의 패턴을 평가하기, 새로운 기술들을 가르치기(새로운 방식의 의사소통과 요청하기를 포함한다), 그리고 짐 내려놓기의 개인 작업을 하는 것이다.

행동 패턴을 평가하기 위하여, 나는 추적하기를 시작하고 그들이 분화하도록 돕기 위하여 그들 싸움의 동기가 되는 취약성vulnerability을 이해하고자 한다. 내면적으로 이것의 의미는 파트들로부터 참나를 구별해내는 것, 혹은 분리(탈섞임/탈혼합)unblending라고 말하는데, 그것은 커플이 그들의 자율신경계를 조절하는 데 도움이 된다. 나는 이것을 그들에게 각자 그들의 파트로부터 말하기보다는 파트들을 대변하여 말하도록 요청함으로써 작업하는데, 그것은 의미심장한 수준의 분리가 일어나도록 한다. 나는 또한 그들의 정서적 욕구를 그들 자신이 이해할 수 있도록 지지하고, 그러한 욕구들을 충족시키는 데 있어서 그들이 더욱 기술적으로 될 수 있도록 지원해 준다. 우리가 개인적인 작업을 하게 될 때, 나는 그들이 수치심의 짐을 내려놓음unburdening shame으로 어린 시절 상처를 치유할 수 있도록 그들을 돕는다. 전체적으로, 이 카테고리들 중에 어떤 실행단계에 우리가 놓여있는지에 상관없이, 나는 경험적으로 그들이 그들의 신체로 들어가도록 작업을 하고, *관계적 짐 내려놓기*relational unburdening를 촉진하는데, 커플 사이에서 일어나는 치유는 외적 관계뿐만 아니라 내적 관계도 회복시킨다.

우리는 그들이 서로를 *상처받은 자나 구원자*the one who wounds or the redeemer로서 보기보다는 자원으로서 서로를 바라보게 되는 역량을 갖게 될 때, 치료의 3번째 단계에 도달하게 되는데, 그렇게 되면 우리는 관계 보수를 시작한다. 이렇게 새로워진 연결의 느낌은 커플을 자유롭게 하여 다음 장에서 그들의 관계에서 조성하게 될, 그들이 서로의 다름을 받아들이고(혹은 포용하는) 사랑으로 연결되는 것을 촉진한다.

부정적 사이클 확인: 싸움을 이해하기

IFIO에서 우리는 어떻게 어리고, 놀란 파트들(IFS에서 추방자로 불린다)의 정서적 반응이 시스템 안에서 보호적인 파트들의 반응들을 이끌어내는지 추적한다. 다른 말로 하면, 치료사는 취약성과 욕구로 인해 촉발된 언쟁에서 그들이 파트너에게 어떻게 행동하고 말하는지에 대해 이해할 수 있도록 개인을 초대한다.

잰더와 나오미

나오미Naomi는 직장에서 좋지 않은 하루를 보냈는데, 그녀가 퇴근 후 현관문을 통해 걸어들어 오자마자 아이들은 서로 자기에게 관심 가져달라고 아우성치기 시작했다. 기진맥진하고 압도된 상태임에도 그녀는 해야 할 일들을 했다. 저녁으로 무엇을 요리할 것인지 생각하고, 강아지에게 먹이를 주고, 아이들이 건강에 좋지 않은 치즈와 크래커 먹기를 멈출 수 있도록 아이들에게 줄 당근 껍질을 벗기는 일이다. 그런데 그녀 입장에서는 아이들이나 그녀의 남편인 잰더Xander 그 누구도 그녀가 얼마나 열심히 일하는지 알아차리지도 못하고 감사해 하지도 않아 보였다. 그녀 내면의 한 파트는 외롭고, 인정받지 못한다고 느꼈고 점차 속이 상했다. 이 파트는 잰더로부터 위로받기를 원했음에도 불구하고, 나오미는 그녀의 바쁜 엄마 관리자 파트와 섞이게 되었다. 그러고 나서 그녀는 잰더가 쓰레기를 내다 버리는 것을 … 또 잊었다는 것을 알아차렸다. 위로와 연결이 필요한 파트에게 인정받지 못했다는 또 다른 증거가 생겼으니, 그것은 아무도 그녀를 배려하지 않는다는 것이다. 그래서 그녀의 보호자 파트는 화가 났다. 나오미의 시스템은 분노로 휩싸였기 때문에, 그녀는 배려 받지 못하고 인정받지 못한다고 느끼는 파트의 욕구를 알아차리지 못한 채로 있었다. 대신에 그녀는 부엌에 쓰레기로 가득 채워져 있는 냄새나는 쓰레기 봉지를 그녀가 얼마나 싫어하는지를 잰더가 알고 있을 거라고 생각했다.

나오미는 자신의 가치를 인정받고 사랑받기를 원했고, 그녀의 시스템은 이해할만하게도 잰더가 그 일을 해줄 바로 그 남자라고 믿고 있었다. 그렇지만 나오미는 잰더에게 그의 관심과 지지가 그녀에게 꼭 필요하다고 말하는 대신에 폭발해버렸다. 그녀의 분노 파트는 그가 그녀의 욕구를 알아차리고 바로 구출하기 위하여 와주지 않을까에 대한 희망을 가져보았지만, 그녀는 그것의 의제에 대해서는 의식하지 못했다.

불행하게도 또한 이해할만하게도, 잰더는 나오미의 분노로 인해 놀랐고 상처를 받았다. 그 역시 길고 긴 하루를 보냈다. 그는 막 직장에서 집으로 오는 길에 봐온 장바구니를 내려놓는 일을 방금 마쳤다. 잰더의 파트가 느낀 감정이 어땠을지 추측할 수 있겠는가? 그는 압도되었고 인정받지 못했다. 이제 그들 모두가 고통 속에 놓여있다. 그는 나오미에게 날카롭게 맞받아치며 그녀의 공격적인 잔소리에 대해 비난한다. 그들의 단절감은, 하루를 마치고 집에 돌아와 있으면서, 함께 요리하고, 아이들과 함께하는 좋은 식사를 기대하는 등등의 즐거움을 무너뜨리고 말았다. 아무도 상대 배우자로부터 그들이 원하는 것과 그들이 필요로 하는 것을 얻지 못했다.

왜 이런 일이 발생하였는가? 우리는 왜 우리가 희망하는 것과 정반대되는 것을 얻게 되는가? 우리는 의식적이고 어른답고 현재 상황에 기초하여 결정을 한다는 환상을 가지고 작동하는 경향이 있는데, 사실상, 우리는 과거의 경험에 따라서 반응하는 것이다. 현재와 과거는 우리의 뇌 속에서 뒤얽혀있다. 우리가 위협받는다고 느낄 때, 편도체amygdala에서 유발된 반응을 하는데, 편도체는 생존과 안전을 담당하는 원시적인 뇌의 부분이다. 편도체는 *암묵기억*implicit memory을 저장하는데, 이것은 의식적인 알아차림 없이 존재하는 종류의 기억이다. 예를 들면, 우리는 의식하지 않고도 자전거를 타거나 운전을 할 수 있다. 암묵기억은 또한 자기보호를 위해서 사용되는데, 대부분 어릴 적, 심한 스트레스를 받을 때나 생존문제가 걸려있을 때survival is at stake에 형성된다. 암묵기억이 현재에 떠올려졌을 때, 우리의 뇌는 그것이 과거에 일어났던 그때처럼 반응하게 된다(Cozolino, 2002).

그런 까닭에, 파트너가 무언가 고통스러운 과거 경험을 연상시키는 것을 말하거나 행동하면 보호적인 반응이 강하게 빛처럼 빠르게 나타난다. 나오미가 쓰레기 봉지가 가득 차서 넘치는 것을 봤을 때, 사랑받지 못했다고 (그리고 사랑받을 만하지 못하다고) 느끼는 파트가 다시금 예전의 그 방식으로 느낀다. 그것에 대한 반응으로, 그녀의 보호자는 공격하는 일을 한다. 이런 반응성은 그녀가 자신의 기억을 미처 떠올리기도 전에 일어나는데, 그것은 잰더가 쓰레기를 버리거나 버리지 않거나에 상관없이 그녀를 사랑한다는 사실이다. 우리가 정서적 위험을 감지하는데 걸리는 속도는, 지혜와 성숙함으로 평가하는 것을 불가능하게 한다(Cozolina, 2002, 2008; Siegel, 2007). 시간이라는 감각으로부터 우리가 얻을 수 있는 아주 중요한 조망crucial perspective은 위협으로 인해 기각된다. 이 치료모델의 언어에서 보자면, 보호적인 파트가 매우 활성화된 내면체계를 막으려는 시도라는 것이다. 신경과학의 언어를 사용하면, 편도체의 활성화activation of the amygdala는 과소hypo각성 혹은 과다hyper각성을 조장할 수도 있다는 것이다. 내담자들은 의식적인 선택을 하는 것이 아니기 때문에 이것은 잘잘못의 문제가 아니다. 그들은 단지 한계를 가진 인간존재일 뿐이다.

커플치료에서 시작 관문은, 곧 부정적으로 패턴화된 논쟁으로 인해 전형적인 것이 된다. 이러한 상호작용은 내용과는 상관없이 혹은 누가 먼저 상호작용을 시작했는지에 상관없이 예측 가능하다. 가족체계치료로서의 IFIO에서, 우리는 반복적인 행동cyclical behavior을 추적한다(Minuchin & Fishman, 1981). 그런데, IFIO와 전통적인 가족치료 접근법 사이에는 다른 점이 있다. 우리는 단순히 대인관계적 상호작용에 초점을 맞추기보다는, 내적 상호작용 또한 추적하는데, 어떻게 보호자 파트들의 행동이 놀란 어린 파트들(exiles)의 정서적 반응에 의해서 동기화 되는지에 초점을 맞춘다. 다른 말로 하면, 치료자는 내담자들이 그들의 논쟁에서 파트너에게 그들이 행동하고 말하는 것이 어떻게 해서 취약성과 욕구에 의해 이끌려가는지에 대한 이해를 하도록 초대한다. 감정과 반응성을 안과 밖에서 추적하는 일이 핵심인데, 그것은 이 책을 통해서 앞으로 자세히 설명될 것이다.

관계에서의 보호자 파트

잠깐 시간을 들여서 당신의 친밀한 관계에서 상처받거나 겁먹었을 때feel hurt or scared 당신에게 무슨 일이 일어났는지에 대해 생각해보라. 당신의 보호자 파트들은 무엇을 하는 경향이 있는가. 도망가기? 맞서 싸우기? 듣지 않기? 주지화를 하는가? 아니면 복종하는가? 당신의 보호자들이 어떠한 전략을 쓰든지 간에, 묘하게도 그들은 당신이 피하기를 원하는 바로 그것을 불러낸다. 바로 나오미가 그랬던 것처럼 말이다. 우리의 보호자들은 발달적으로 필요했던 것으로서 가동되기come on line 시작하였지만, 그것들은 우리와 함께 머물면서 똑같은 오래된 전략들을 반복하여 우리의 삶이 변하였음에도 스트레스나 위협에 똑같이 반응한다. 우리는 어른처럼 보이고 어른처럼 말도 하지만, 우리의 아이 파트들이 암묵적 기억에 기초한 위험에 자동적으로 반응할 때, 그들은 우리를 그러한 반응 속으로 데리고 들어간다.

IFIO에서 우리는 이러한 사이클을 깨뜨리는데, 슈워츠(2008)가 *급진적 유턴*radical U-turn이라고 이름 붙인 이 전략은, 참나와 파트들과의 중요한 관계를 발달시키는 전략인데, 이것을 내담자에게 가르쳐 줌으로써 그 순환을 깨뜨리도록 돕는다. 유턴U-turn에서 커플은 그들 파트너의 행동에 초점을 두는 대신에 그들 자신의 반응성에 주로 초점을 맞춘다. 우리가 당신에게 사전에 경고한다면, 보호자 파트들이 유턴을, 강한 감정을 억누르고 파트너의 수용할 수 없는 행동을 허용하라는 요구로써 듣게 되면, 당신은 강력한 저항feedback에 부딪히게 될 것이다. 우리는 보호자들이 유턴이 무엇인지를 볼 수 있도록 돕는 동안에, 유턴을 실행하는 다양한 방식에 대해서 설명할 것이다. 그것은 내면으로 들어가도록 초대하는 것인데 자신의 내면으로 들어가서 호기심과 연민을 가지고 들어주는 것이다.

다음 사례의 예시들에서 나오는 작업에서는 한 파트너가 참나에 접근하기 위하여 분리(탈섞임/탈혼합)unblending하는 작업을 포함하고 있는데, 그것은 그녀의 자율신경계를 조절할 수 있도록, 더욱 효과적으로 대화할 수 있도록, 그리고 마침내, 수치심의 짐을 내려놓을 수 있도록 그녀에게 도움을 준다. 이러한 종류의 내적 치유는 관계에 직접적으로 영향을 준다(Schwartz, 1995).

대화로 돌아오기

유턴 후에 우리는 *되돌아와*re-turn, 초점을 다시금 커플에게 맞추도록 하는데 그들이 탈섞임한 상태를 유지하도록 돕기 위해서이다. 그래서 그들은 서로 간에 그들의 희망과 두려움, 과거 상처들, 욕구를 충족시켜줄 수 있는 방법에 대해 그리고 그들 자신과 서로가 가진 기대 등에 대해 더 쉽게 말할 수 있게 된다. 먼저 커플은 그들의 갈등 아래에 놓여있는 취약한 파트들을 인식할 수 있도록 배우며, 그러고 나서 그들의 취약한 파트들을 보살피는 법을 배우는데, 그것은 그들이 서로에게 완전히 다른 방식으로 존재할 수 있게 하는 것이다. 이것 역시, 우리가 다음 장에서 분명하게 보여줄 것이다.

새로운 관계

사랑하는 관계를 재정립reinstituting하는 것은, 관계에서 발생했던 상처를 치유할 수 있게 하는데, 그것은 행동을 변화시키고 이어서 그들의 뇌를 변화시킨다. 그런 까닭에 커플치료는, 내가 이름 붙인 관계적 짐 내려놓기라고 하는 짐 내려놓기의 변형a variation on unburdening을 제공해 줄 수 있는 것이다. 한 파트너가 내적으로 그의 어린 추방자를 목격하고 있을 때, 다른 파트너는 외적으로 목격자 역할을 하게 된다. 시간과 연결감 양쪽으로 층을 이루어Layered both in time and connectedness 하는 이러한 짐 내려놓기는 추방자의 모순된 경험을, 안과 밖 양쪽에서 교정적 체험corrective experience(Ecker, 2012)을 할 수 있도록 허용해준다.

우리의 목적은 커플들에게 그것이 의미하는 것이 무엇이든지 간에 상호 간 만족을 향해 갈 수 있도록 안내하는 것이다. 우리는 그들이 문제해결을 하거나 피할 수 없는 갈등에 대한 솔루션을 찾는 데 도움을 주기보다는, 안전한 결합을 위한 연결을 조성하기를 원하는데, 그것은 마음을 열고 보살핌을 주는 상호작용을 강화하는 것이고, 그들 간 유사함뿐만이 아니라 다름에 대해서도 고마워하는 마음을 강화하는 것이다. 파트너들이 그들의 파트들 그리고 그들의 파트너를 동시에 배려하고 이해할 수 있을 만큼 충분히 안전하다고 느끼게 될 때, 그들의 상호작용은 드라마틱하게 변화하는 경향이 있다. 그들은 마침내 어려운 주제에 관한 대화들을 서로 간에 나눌 수 있게 되는데, 그것들은 안전, 분노, 섹스, 쓰레기를 내다 버리는 것, 사과 그리고 용서에 관한 것들이다.

2장

커플 알아가기와 모델 소개하기

이 장에서 우리는 전형적인 첫 번째 회기(혹은 초반의 몇 회기)를 소개하려 한다. 이 회기에서 나는 커플에 대한 전반적인 느낌을 포착하고 그들의 개별화 수준level of differentiation을 평가하며, 그들이 가지고 있는 치료에 대한 희망과 목표들뿐만 아니라 치료에 대한 그들의 염려에 대해서 다루고address, 마지막으로 그들에게 치료모델을 소개하며 치료가 가져다줄 수 있는 가능성들에 대해서도 안내한다. 나는 또한 얻기 원하는 정보들을 커플로부터 이끌어내는데, 그들이 처음 만났을 당시에는 관계가 어떠했는지, 원 가족family of origin은 어떠했는지, 그들이 싸우고 사과하는(혹은 하지 않는) 방식은 어떠한지, 그들이 현재 가지고 있는 감정적 앙금baggage they carry은 없는지 등, 삶에 있어서 일상적인 스트레스원stressors으로부터 그들에게 있었던 불운한 사건들이나 좋지 않은 행동들에 이르기까지 자세한 정보들을 포함한다.

IFIO 치료사의 역할

IFIO에서 치료사는 커플이 최적의 각성상태optimal arousal를 유지하도록 돕기 위하여 필수적인 활동을 적극적으로 수행하는데, 이것은 때때로 우리가 커플에게 정신적인 손상을 끼치지 않기 위하여 할 수 있는 모든 것을 한다는 것을 의미한다. 이러한 목표 하에 우리는 파트들(우리 자신들의 파트들과 커플들의 파트들)이 출현하는 것에 조심스럽게 귀를 기울이며, 섞임이 어느 정도 일어나고 있는지the extent of blending에 주의를 기울이고, 특히 공격을 하거나 혹은 얼어붙은 보호자들과 조율tune in한다. 즉, 우리는 커플과 치료사를 포함하는 작은 체계 내에 존재하는 파트들을 찾아내는 자(부분 탐지기parts detector)의 역할을 한다(Schwartz, 2008). 이러한 역할을 잘 해내기 위해서는, 우리가 필요하다고 여기게 될 때 가능한 한 빨리 그리고 자주 개입함으로써 상대방을 향한 공격을 막는 역할을 해도 되겠는지에 대한 허락을 받아놓아야 한다. 게다가, 우리는 공격하는 것과는 정반대의 역할을 하는 파트들을 조심스레 살펴야 하는데 그들은 해리 혹은 감각을 상실함going numb으로써 개인을 얼어붙게 만든다. 이러한 현상은 첫 번째 회기에서는 잘 일어나지 않지만, 치료 후반기에는 종종 일어나는 일이며, 우리는 다음 장에서 그것이 어떻게 일어나는지 더 자세히 살펴볼 것이다.

수잔과 마르코의 첫 번째 회기

"무엇 때문에 여기 오시게 되었나요?" 나는 물었다.

"지난 수년간 정말 비참했어요"라고 수잔Susan은 말을 시작했다. "도대체 무슨 일이 일어나고 있는지 모르겠어요. 하지만 우리는 더욱더 자주 폭발하게 되었고… 그리고 며칠씩 지속되기도 해요."

마르코Marco는 고개를 끄덕였다. "그동안 힘들게 지내왔어. 우리는 서로를 정말 사랑하지, 그렇지 않아, 수?" 마르코는 수를 흘낏 쳐다보았다. "하지만 우리는 서로에게 너무 많은 상처를 주고 있는데 어떻게 멈춰야 할지를 모르겠어요."

한 연구에 따르면 치료를 받으러 오는 커플들은 치료를 받기 전에 일반적으로 약 6년간을 불행하게 보낸다고 한다(Notarius & Buon-giorno, 1992). 그 기간 동안 그들은 낙담하고 슬픔을 느끼며, 상처를 받는다. 치료사가 커플들에게 파트들과 참나에 대해서 가르치면, 커플들은 대개 관계 속에서 무슨 일이 일어나고 있는지에 현존하기to stay present가 쉬워진다. 치료가 진행되는 동안 우리의 치료 목표는 커플들이 보다 능숙하게 의사소통을 하고, 덜 반응적이 되도록 하며, 마음의 짐을 내려놓고, 상처를 회복하도록 하며make repairs 서로에게 해줄 수 있는 새로운 행동을 선택하는 법을 배우도록 하는 것이다. 보통 첫 번째 미팅은 이 모든 작업을 하기 위한 기반을 다지고, 가능한 한 안전감을 보장하는 데 집중한다. 다른 모든 동물들처럼, 우리 인간도 안전감을 필요로 한다. 우리는 위험하지 않은지 지속적으로 살피는 경향이 있고(특별히 파트너와 함께 있을 때), 안전감을 느낄 때만 방어적인 반응을 해제하기 때문에(Porges, 2007), 치료자는 내담자가 충분히 안전감을 느낄 수 있도록 하는 일에 우선순위를 두어야만 한다.

치료의 시작지점outset of treatment에서 나는 이 커플들의 이야기가 시간이 지남에 따라, 수년 동안 어떻게 발달되어 왔는지를 주의 깊게 들었는데, 커플들 각자는 자신의 입장을 상대방으로부터 한 번도 인정받은 적이 없다고 느끼는 듯했다. 그들의 이야기를 경청함으로써 나는 그들이 어떤 이유로 상담에 와서 도움을 받고자 하는지, 그들이 관계 속에서 어떻게 행동하는지 파악할 수 있었다. 그들의 경험을 이해해나가면서 나는 그들이 나를 신뢰할 수 있고 변화가 가능하다는 느낌을 가질 수 있도록 도왔다. 이 치료과정 전체를 통해서 IFIO 치료사는, 관심을 보이면서 비판단적인 태도를 유지하는데, 이것은 중요한 문제들이나 폭발할 수 있는 강렬한 감정들이 있는지 살펴보기 위해 필요한 필수적인 입장인 것이다. 이러한 초기단계에서는, 내담자를 미러링해주고, 반영해주고, 인정해주고 타당화해주는 치료사의 능력이 핵심이 된다. 우리는 커플의 이야기를 듣는다. 우리는 커플이 이야기하는 것을 이해하는 작업을 반복해서 해 나간다. 우리는 계속해서 *"내가 잘 이해하고 있나요?"* 라고 물어봐야 한다. 치료의 다음 단계를 준비하기 위해서 우리는 또한 그들이 어떻게 관계하는지 그 패턴을 눈여겨봐야 한다.

다음에 나오는 사례는 수잔과 마르코의 치료 초기 회기에서 이루어진 것으로, 이 과정에서 나는 이 커플이 원하는 것이 무엇인지 그리고 그들이 치료를 찾은 이유는 무엇인지에 대하여 설정하고 있다. 나는 또한 이 커플에게 IFIO를 활용함으로써 어떻게 성장하고 변화를 이루어 나갈 수 있는가에 대한 가능성에 대해서도 제시하고 있다. 내가 치료의 시작 지점에서 커플들에게 가장 자주 사용하는 질문들은 볼드체로 진하게 표시해 놓았다.

치료사를 위한 조언

- 파트들이 말하는 이야기를 주의 깊게 듣고, 트래킹하고, 반영해주면, 당신의 마음속에 커플의 이야기가 뿌리내릴 것이다.
- 전문가의 역할에 머무르고자 하는 당신 자신의 치료사 파트들에게 옆으로 비켜나 줄 것을 부드럽게 요청하라. 그러면 커플이 실제로 필요로 하는 지점에서 당신이 치료를 시작할 수 있도록 도움을 받게 될 것이다.
- 당신이 더욱 천천히 그리고 의도를 가지고 진행해 나갈수록, 당신이 듣는 것에 대한 당신 자신의 반응을 더 잘 추적해 나갈 수 있을 것이다.
- 내적으로 조율하고 머무르는 것이 커플들과 함께 현존하는 데 핵심이 된다.
- 당신의 내담자의 이야기에 주의를 기울임에 따라, 당신의 어떤 파트들이 활성화되는 경향이 있는지를 계속해서 주목하라.

수잔과 마르코

"예전에는 우리가 좋은 관계로 지내고 있다고 생각했었지만, 이제는 마르코가 저를 저 자신으로 있지 못하게 한다는 느낌을 받아요." 수잔은 계속해서 말했다. "그는 나를 비난하고 밀어내요."

"무슨 소리야, 수잔? 내가 너를 너로 있지 못하게 한다고? 그건 마치 내가 당신의 부모라도 된다는 것 같은 소리네. 말도 안되는 소리야." 마르코는 대답했다.

그들이 사용하는 언어들은 서로를 비난하고 판단적임을 주목하라. 그리고 그것은 분노와 무망감의 감정들이 커플 사이에 층층이 쌓여있다는 사실을 잘 가르쳐주는데, 이것은 치료의 시작에서 흔히 나타나는 일이다.

나는 다음과 같이 끼어들었다. "내가 들은 것을 말씀드리면, 두 분의 사이가 예전에는 편안하다고 느꼈지만, 최근에는 어떤 역동이 있어 왔다는 말씀이지요? 당신은 불쾌하게 느껴지는 *폭발*에 대해서도 언급하셨어요. 그리고 제가 들은 것은, 수잔과 당신은 비난받는 느낌에 대해서 이야기한 것 같은데, 맞나요?"

"예." 그들은 동시에 말했다.

"그러면, 2년 전 두 분의 관계가 힘들게 느껴지기 시작했을 때, 무슨 일이 있었는지 제게 말해주실 수 있겠어요?"라고 나는 물었다.

그들은 여러 가지 스트레스원에 대해서 말했는데, 우선 첫째 아이가 대학교에 입학하면서 집을 떠났고, 나이 드신 부모님은 알츠하이머 증세를 보이기 시작하였으며, 마르코 또한 회사에서 더 많은 책임을 맡게 된 일들이 있었는데, 일이 많아진 마르코는 집 밖에서 보내는 시간이 점점 늘어나게 되었던 것이다.

"당신들은 그동안 많은 일들을 겪어온 것으로 보입니다"라고 나는 말했다. "이러한 일들의 어떤 면면이 당신 두 사람 사이에서 일어난 일에 한 역할을 담당했다고 생각해보지는 않으셨나요?"

"그런 영향이 있었던 건 분명하죠"라고 마르코는 말했다.

"이러한 스트레스원이 주어졌을 때" 나는 물었다. **"당신들이 갈등을 겪게 되면 무슨 일이 일어나나요?"**

"우리는 항상 싸워요." 수잔은 대답했다.

"어떤 방식으로 싸우는 것 같나요?" 나는 물었다.

"저는 마치 마르코가 제게 무언가 잘못된 행동이 있지 않나 하는 눈으로 제 잘못을 찾는 듯한 느낌을 받아요."

"당신은 비난받는다고 느낄 때, 어떤 행동을 합니까?" 나는 물었다.

"저는 아무것도 못하게 되고, 말을 안 하게 돼요." 수잔이 말했다.

"그러면 당신에겐 무슨 일이 일어나나요, 마르코?"

"저는 그녀가 너무 민감하다고 생각해요"라고 마르코는 대답했다.

"그녀가 너무 민감하다고 생각할 때 당신은 자신에게 뭐라고 말을 하거나 행동을 하나요?"

"아마도 짜증을 내는 것 같네요"라고 그는 말했다.

"참 힘든 상황이겠군요. 당신들이 지금까지 저에게 이야기한 모든 것을 듣고 보니 당신들에게 도움이 필요하다는 것이 이해가 돼요. **당신들은 치료를 통해 어떤 일이 일어나기를 기대하시나요?"**

그들은 보다 나은 의사소통을 하는 것과, 갈등이 줄어드는 것, 연결감을 더욱 느끼게 되기를 희망한다고 말했다.

요약하기 위해서 나는 다음과 같이 말했다. "물론 더 알아봐야 할 것들이 많이 있어요. 하지만 지금 이 시점에서 제가 이해한 것은 당신들은 지금까지 해왔던 것과는 다른 방식으로 의사소통하는 방법을 배우기 원한다는 것이고 서로에게 다시 친밀감을 느끼고 싶어 한다는 것이지요. 제가 잘 이해했나요?"

치료사가 치료 초반에 하는 질문

- 오늘 여기에 어떤 이유로 오시게 되었나요?
- 상황이 어렵다고 느껴지기 시작했을 때 어떤 외부 사건이 있었는지 말해주시겠어요?
- 감정적으로 압도된다고 느끼기 시작할 때 내면에서 무슨 일이 일어나나요?
- 그러고 나면 당신 자신에게 무슨 말을 하거나 어떤 행동을 하나요?
- 제가 제대로 이해했나요?
- 전에 두 분이 함께 치료를 받은 적이 있습니까?
- 당신들의 성관계에 대해서 탐색해도 괜찮을까요?
- 술이나 약물 남용과 관련된 이력이 있나요?
- 현재 삶에 있어서 스트레스 유발요인은 무엇인가요?
- 오늘 여기에 계신 것이 어떻게 느껴지나요?
- 당신의 이전 치료에서 도움이 되었던 것과 도움이 되지 않았던 것은 무엇인가요?
- 치료를 위한 당신의 목표는 무엇인가요? 두 분은 치료에서 무엇이 이루어지기를 바라나요?
- 사과하거나 용서할 일이 있을 때 서로 어떤 방식으로 하시나요?
- 저의 치료 방식에 대해서 질문이 있으십니까?

치료에 대한 걱정들

커플의 이야기가 펼쳐짐에 따라 치료자는 내담자들이 가지고 있을법한 궁금증과 염려들에 대해서 이야기하도록 권유하며, 치료에 오고 싶어 하지 않는 파트들을 커플 중 한 사람이나 두 사람 다 가지고 있을 경우 그들의 말을 경청한다. 때때로 그들은 과거에 치료에 대해 부정적인 경험을 했을 수도 있으며, 때로는 그들의 보호자들은 치료를 통해 드러나게 될 일들에 대해서 불안감을 가지고 있을 수도 있다. 때로는 보다 강력하게, 한 파트너가 치료실에 있으면서 강요당한다고 느끼거나 혹은 갇혀 버렸다는 느낌을 가질 수 있다.

만약 커플 중 한 사람이나 두 사람 다 치료에 대한 저항감을 표현한다면, 치료자는 그 파트와 협상을 해야 할 수도 있다. 예를 들어, 우선 치료사로서 당신은 그들에게 서너 번의 치료 회기에 참여하는 노력을 기울이고, 그런 후 그들에게 어느 누구든지 언제든지 치료를 그만두기를 결정할 수 있다고 알려줄 수 있다. 또한 **"지난 치료에서 도움이 되었던 것과 도움이 되지 않았던 것은 무엇입니까?"** 그리고 **"오늘 여기에 오신 것이 당신에게는 어떤 경험인가요?"**와 같은 질문을 커플에게 던진다면, 이러한 질문을 하지 않았다면 침묵을 지켰을 파트들에게 말을 할 기회를 부여해 줄 수 있다.

커플들은 또한 치료사와 이러한 치료모델에 대해서, *"이 치료에는 어떠한 훈련과정이 요구되나요? 이 치료의 철학은 무엇입니까? 이 접근방법을 사용하면서 당신의 성공과 실패의 경험은 무엇인가요?"* 등과 같은 궁금한 점을 가지고 있을지 모른다. 내담자의 모든 파트들에게 마음의 문을 열어놓으면 내담자들은 보다 쉽게 안전감과 연결감을 가질 수 있다. 치료 작업은 내담자들이 치료를 받으려고 약속을 잡을 때부터 왜 그들이 치료를 받고자 하는지에 대해 우리가 호기심을 가질 때부터 시작된다.

"제가 어떻게 치료 작업을 하는지에 대해 혹시 저에게 질문이 있으신가요?"라고 나는 물었다.

"어디서부터 시작해야 할지 모르겠네요." 마르코는 말했다.

"이전에 함께 커플치료를 받은 적이 있나요?"

"몇 년 전에 제가 상담을 받은 적이 있어요. 마르코는 상담경험이 전혀 없고, 우리가 함께 커플 상담을 받은 적도 한 번도 없습니다." 수잔은 대답했다.

"마르코, 오늘 여기에 온 것이 당신에게는 어떻습니까?" 나는 그를 바라보며 이렇게 물어보았다.

"괜찮은 거 같네요." 그는 대답했다. "만약 당신이 묻는 게 내가 지금 편안한가 하는 거라면 완전히 편한 거 같지는 않아요. 다만 '이것은 좋은 생각이었어'라고 스스로에게 확신을 주어야만 하죠."

"치료에 온 것과 관련해서 특별히 걱정되는 게 있나요?"

"우리가 도움을 필요로 한다는 건 저도 알아요, 그래서 여기 온 거죠. 하지만 저는 따돌림 당하고 싶지는 않거든요. 알다시피, 여기엔 두 명의 여자와 한 명의 남자, 그런 유의 일이 있지 않겠어요"라고 그는 말했다.

"그러한 염려에 대해서 솔직히 말씀해주셔서 감사해요"라고 나는 말했다. "저도 당신이 집단으로 공격당한다는 느낌을 갖게 되지 않기를 분명히 바랍니다. 만약 그런 느낌이 든다면 그렇다고 말씀을 해주시면 제게 도움이 될 것 같네요."

"좋아요, 그렇게 하죠."

"오 그가 한대요!" 수잔은 웃으면서 말했다.

"당신은 어때요, 수잔?" 나는 물었다. "걱정되는 게 있나요?"

"저는 여기 있는 것이 걱정보다는 좀 더 진정이 되는 느낌이에요." 그녀가 말했다.

치료사를 위한 조언

- 내담자가 안전감을 느끼기 위해서 우리는 내담자가 가지고 있는 염려는 무엇인지 이야기하도록 하며, 또한 쉽게 말을 하지 않는 그 파트들에 대해서 환영해야 한다.
- 많은 사람들이 양가감정, 공포, 회의감에 대해서 쉽게 말하려 들지 않는다. 또한 내담자들은 이전에 만났던 치료사들에 의해 상처를 받은 일에 대해 인정하기를 꺼려 할 수 있다.
- 내담자들이 어떤 염려를 가지고 있는지 탐색해 나감으로써 치료사 또한 긴장과 불안으로부터 벗어날 수 있다. 만약 커플들이 다시 치료에 나타나지 않는다면, 치료에 오고 싶어 하지 않은 파트들의 이야기를 들었던 과정이 우리가 이러한 상황을 더 잘 이해하고 그러한 결정을 받아들일 수 있도록 돕기 때문이다.

목표와 바람

커플이 상담에 대해서 가지고 있는 목표와 의도는 비록 그것이 시간이 지남에 따라 불가피하게 변한다 할지라도, 우리에게 상담이 어떠한 항로로 나아가야 하는지를 안내해 주며, 또한 치료과정에 연결성을 부여한다. 예를 들어 커플 간에 의사소통이 이루어지는 방식을 변화시키고자 하는 목표가 있다면, 우리는 의사소통 패턴에 있어서 어떠한 역기능적인 요소들이 있는지 찾아낼 수 있도록 해준다. 반대로, 이러한 목표와 관련해서 어떠한 진전이 일어나고 있다는 것을 알아차릴 수 있다면, 파트너들이 오래 묵은 동일한 사안에 대해서 쳇바퀴 돌듯 같은 자리에 머무르고 있다고 느끼는 어려운 순간에 큰 도움이 될 것이다. 오래 묵은 동일한 사안들에 대한 반응을 예로 들자면 다음과 같다. *"그가 바뀌지 않는다면 나는 계속 해나갈 수 없어, 혹은 그녀가 문제야, 당신은 그녀를 바꿀 수 있나요?"*

우리는 언제나 내담자의 기대, 희망, 바람에 귀를 기울여주어야 하며, 이에 맞춰 커플에게 그들이 가지고 있는 이러한 관심사들이 치료시간에 다루어질 것이라고 하는 안심시켜주는 작업이 뒤따라 주어야 한다.

수잔과 마르코

치료초기의 커플들은 자주 무망감을 느끼는 파트와 희망을 갖고 있는 파트들 사이에서 나타나는 양극화polarity 현상에 갇혀있는 모습을 보여준다. 관계가 안정되었다고 느끼거나 한 치료 회기가 잘 되었을 때는 희망이 지배적이다. 시기가 적절하다면 희망은 변화로 가는 산파의 역할을 할 수 있다. 하지만 아직 덜 무르익은 희망은 치료 회기에서 나타나는 갈등이나 혹은 불충분하다는 느낌으로 인하여 실망감을 낳기도 한다. 이 양극화를 진정시키기 위해서 나는 *가능성*에 대해서 내담자에게 이야기한다.

"당신들 두 분 모두가 한 번은 희망에 찬 느낌을 가졌다가 다음번에는 희망이 사라진 듯한 느낌으로 갇혀버릴 수 있다는 것처럼 들리네요" 라고 나는 말했다.

"한 걸음 나아가는 것 같다가도 다시 제자리로 돌아오는 것은 참으로 지치는 일이에요." 수잔은 대답했다.

"이해해요"라고 나는 말했다. "그런데 내가 여기서 한 가지 새로운 생각을 여러분에게 소개하는 것이 더 큰 의미가 있다는 생각이 드네요. 단지 실망에 이르게 될 뿐인 희망의 감정을 그렇게 꽉 붙들고 있기보다는, 이제부터는 그것 대신에 *변화의 가능성*possibility of change을 붙잡는 것을 고려해보시면 어떨까 합니다. 희망은 당신에게 미래를 주지요, 무망감은 당신을 과거에 몰두하도록 하지요. 제 경험으로는, 지금 여기에서 우리에게 가능한 것들에 머물러서, 한 번에 한 걸음씩, 당신의 주의를 당신이 변화시키고자 하는 당신의 관계에 두는 것입니다. 거기에 초점을 두는 것은 당신에게 희망찬 파트와 무망감의 파트들로 인해 올라갔다가 떨어지는 감정으로부터 얼마간의 거리를 두는 데 도움이 될 것입니다. 올라갔다가 떨어지는 것들은 당신의 도움이 필요한 파트들의 감정을 말합니다. 그리고 제가 그 파트들을 어떻게 도울 수 있을지를 당신들에게 보여줄 수 있습니다."

"제가 생각하기에는 마르코보다는 제가 더 이 악순환에 갇혀있는 것 같아요." 수잔이 말했다.

"아니, 나도 그럴 수 있어"라고 마르코가 말했다. "거기에 갇히지 않는다는 게 어려운 일이야. 그건 너무나 순식간에 일어나 버리거든."

커플의 초기 관계

첫 번째 혹은 두 번째 회기에서 만약 시간적 여유가 조금 있다면, 커플 관계의 시작은 어떠했는지 물어본다. 그들이 어떻게 만났으며, 그들이 서로에게 어떤 점에서 끌렸으며, 데이트하는 것은 어떠했는지, 어떻게 그들이 사랑에 빠졌는지 등의 정보를 살펴보면 커플은 마음이 좀 누그러지고 왜 그들이 함께하게 되었는지를 상기할 수 있게 된다. 이러한 과정은 또한 다음과 같은 중요한 질문을 불러온다. *"우리에게 무슨 일이 일어난 거지?"* 이러한 대화를 어떻게 시작할 수 있는지 다음과 같이 보여준다.

수잔과 마르코

"두 분이 어떻게 만났는지 그리고 처음에 서로에게 끌렸던 점은 무엇인지 말해주시겠어요?"

그들은 서로를 보며 웃었다.

"당신이 먼저 할래?" 수잔이 물었다.

"처음 수잔을 봤을 때가 기억나는군요. 나는 그녀에게 경외심을 느꼈죠. 그녀는 여름 캠프 프로그램을 위해서 달리기와 장거리 걷기대회 walk-a-don를 준비하고 있었어요. 저는 마라톤 레이스에서 뛰고 있었고요. 수잔은 능력이 있었고, 아주 멋졌어요! 저는 그녀의 관심을 끌려고 애를 썼음에도 그녀는 저를 못 본척했어요." 마르코는 회상했다.

"저는 행사진행 관리logistics에 몰두해 있었어요! 또한 온몸에 땀을 흘린 채 더럽고 지친 모습이었어요. 섹시함과는 거리가 멀었죠."

"정말이야, 아주 섹시했었지." 마르코가 말했다.

"그래서 어떻게 됐나요?" 나는 물었다.

"마르코가 제 친구로부터 제 전화번호를 받아냈어요. 저는 그를 기억하지 못했지만 제 친구가 전화를 걸어왔고 저에게 마르코와 데이트를 하라고 명령을 했어요. 그래서 만나러 나갔어요!"

"그다음은요?" 나는 물었다.

"그는 대단했어요. 따뜻하고, 재미있고, 매력적인 사람이었죠."

"기억을 떠올리니 어떤가요?" 나는 물었다.

"달콤해요." 수잔은 말했다.

"슬프네요"라고 마르코는 말했다.

커플에게 IFIO의 개념들을 소개하기

일반적으로 커플의 역사를 귀 기울여 듣는 동안에 그들의 의도, 비전, 목표 등을 탐색하는 한편, 나는 점차 IFIO 접근방식이 가진 기본적인 개념들을 소개하고 우리의 뇌가 관계적으로 기능하는 방식들에 대하여 설명해준다. 비록 어떤 커플들은 경계심을 표하지만 다른 커플들은 인간의 정신이 세분화subdivided되어 있다는 생각에 즉각적으로 공감한다. 그들은 우리 모두가 연결됨을 필요로 하지만 그러한 필요가 취약함을 만들어내고, 그 취약함이 또한 좌절frustration을 불러온다고 말하는 치료사의 이야기를 들으면서 좀 더 진정됨을 느낀다.

이 시점에서 우리의 목표는 커플들이 자신들의 파트들로부터 분리하는 작업을 하고 그럼으로써 그들이 보다 객관성과 동정심을 가지고 자신들이 가진 문제들을 다룰 수 있도록 하는 것이다. 약간의 설명이 길어질 수도 있기 때문에 처음부터 곧바로 파트 언어를 사용하는 것이 치료 도입부at the outset의 가장 중요한 안내 도구가 될 수 있다. 예를 들어, *"나는 당신의 한 파트가 X를 느끼고 한편으로는 또 다른 파트가 Y라고 느끼는 것을 들을 수 있네요"*라는 문장을 사용하면, 커플들은 자신이 파트들을 가지고 있다는 것을 알아차릴 수 있으며, 이것은 곧 분리/언블렌딩을 배울 수 있는 긴 과정에 이르는 첫 번째 단계라고 할 수 있다(분리에 대한 심도 있는 설명은 부록 1을 참조). 이 분리에 대해서는 우리가 책의 시작에서도 다루었고, 이 책에서 전반적으로 계속 다루어질 주제이다.

우리가 각각의 느낌을 가지고 있는 파트들에 대해서 이야기를 할 때, 내담자가 멈칫거리는 모습을 보인다고 해도 낙담하지는 말자. 이때는 내담자가 보다 잘 받아들일 수 있는 언어를 찾아보는 것이 좋다. 예를 들어 당신은 '*당신 자신의 여러 가지 면aspects of yourself*', '*내면의 목소리들inner voices*', '*생각들thoughts*', '*감각들과 느낌들sensations and feelings*'과 같은 표현을 써도 괜찮다. 어떤 언어이든 내담자가 자신의 내적 경험을 탐색하고 새로운 개념을 흡수할 수 있도록 돕는 언어라면 충분하다.

수잔과 마르코

"두 분 모두 많은 파트들을 가지고 있습니다. 사실 우리 모두가 그렇지요. 그리고 두 분이 서로 그렇듯이 당신들의 파트들 또한 항상 의견의 일치를 보이는 것이 아닙니다. 이 이야기를 보다 쉽게 알려드릴게요. 당신들은 둘 다 방어적일 수 있습니다, 그렇죠?" 그들은 고개를 끄덕였다. "그렇다면 가장 최근에 당신이 방어적이라고 느꼈던 순간, 아마 오늘일 수도 있습니다만, 그 순간으로 한번 돌아가 보세요. 그리고 당신이 거기에 있게 되면.... 제게 알려주세요. 이제 당신의 몸에서는 무슨 일이 일어나고 있나요?"

잠시 후 수잔은 말했다. "제 배에서 조이는 느낌이 나요."

"마르코, 당신은요?" 나는 물었다.

"나는 모르겠어요." 마르코는 대답했다.

"그래도 괜찮아요"라고 나는 말했다. "당신 자신에게 무언가 말을 하는 당신 자신의 목소리가 있나요...?"

"수잔이 틀렸어"라고 마르코는 말했다.

"좋아요 그리고 수잔, 당신은요?"

"뭐 저런 인간이 다 있어."

"이제 이 단어들에 집중하고 그 단어와 함께 오는 느낌에 집중해 보세요. 만약 괜찮다면 눈을 감을 수도 있어요. 당신의 이 파트는 무엇을 원하나요?"

"나의 분노 파트는 마르코가 반응하기를 원해요." 수잔은 말했다.

"왜죠?" 나는 물었다.

"왜냐하면 나는 그가 듣고 있는지를 알고 싶거든요." 그녀는 대답했다.

"당신의 분노 파트는 마르코가 당신의 말에 귀 기울여 듣기를 원하는군요?" 나는 물었다.

"네."

"그것이 지금까지 어떻게 되어왔나요?"

"좀처럼 잘 안되고 있어요."

"만일 제가 당신이 서로 관계 맺는 방법을 찾도록 도와줘서, 마르코가 당신 말을 좀 더 잘 들어주고 있다고 느낄 수 있게 된다면", 나는 이 질문이 수사학적이라는 사실을 알면서도 그녀에게 물었다. "당신은 이 일에 흥미가 생기나요?"

참나의 개념

참나the Self 및 참나 에너지Self-energy라고 하는 개념은 이 개념에 익숙하지 않은 사람에게는 파트들이라고 하는 개념보다도 더 이해하기 어려울 수 있다. 왜냐하면 참나 에너지는 파트들이 갈등 속에 있을 때 힘이 아주 약하기in short supply 때문이다. 참나에 대한 나의 관점은 또한 다른 사람들이 가지고 있는 종교적이거나 영적인 신념에는 벗어난 것일 수 있다. 그래서 나는 참나를 가진다having a Self라고 하는 개념을 천천히 소개할 것인데, 처음에는 내담자의 언어를 사용하거나 혹은 친절이나 연민과 같은 특정한 단어들에 대해서 우리가 보통 일반적으로 사용할 수 있는 동의어, 예를 들자면 *열린 마음*open heartedness *혹은 부드럽게 하기*softening와 같은 단어들을 먼저 사용한다. 만약 시간이 허락한다면 첫 회기에서 나는 다음과 같이 말하게 된다.

"당신에게 제가 믿고 있는 것에 대해서 말씀드릴 텐데요, 이것은 또한 당신에게 제가 어떠한 치료방법을 쓰는지에 대한 정보도 드리는 것이 될 것입니다. 저는 모든 인간들이 성장 욕구를 가지고 있다고 믿습니다. 그리고 저는 우리가 본질적으로 상처입지 않은 강한 내적 자원을 가지고 있다고 믿습니다. 그렇다고 해서 이것이 당신에게 고통이 없다는 것을 의미하는 건 아닙니다. 오히려 저는 당신들이 고통 받고 있다는 것을 압니다. 하지만 이것은 당신 자신의 그리고 상대방의 상처, 분노, 혼란과 절망에 필요한 마음의 자원을 당신 가슴으로부터 가져올 수 있는 능력을 바로 당신 자신이 가지고 있다는 것을 말하고자 하는 것입니다. 저는 때때로 다양한 방식으로, 당신의 마음으로부터 듣고 말하라고 당신에게 요청할 것입니다."

그들은 어떻게 싸우는가? 그들은 사과하는가?

나는 또한 치료 초기에 커플들이 그들 관계에서 생겨나는 갈등을 어떻게 다루는지를 즐겨 묻는다. 그리고 그들이 다른 파트너를 좌절시키고 상처를 입히는 자신의 행동을 잘 인식하고 있는지를 묻는다. 이러한 질문을 통해 나는 그들이 자신들의 행동에 대하여 얼마나 의식하고 있는지 그리고 그들이 파트너에게 어떻게 적절하게 조율하는지에 대한 정보를 알 수 있게 된다. 더 나아가 커플에게 사과apology에 대해서 물어봄으로써 커플이 가지고 있는 보수repair하고 용서할 수 있는 능력뿐만 아니라 치유되지 않은unhealed 채 남아 있는 상처에 대한 정보도 얻을 수 있다.

수잔과 마르코

"당신들이 어떻게 싸우는지 궁금하군요." 나는 마르코와 수잔에게 말했다.

"저희는 발끈하죠." 수잔은 대답하였다. "저희 중 누구도 물러설 줄을 모르지만, 대화에서 먼저 이탈하는 사람은 보통 마르코예요."

나는 마르코를 바라보았고, 그는 대답했다. "수잔 말이 맞아요."

"각자가 상대 배우자에게 가장 상처를 주는 행동에 대해서 잘 알고 계시나요?"라고 나는 물었다.

"제 생각에는 수잔에게 가장 최악의 행동은 제가 돌아서는 순간일 거 같아요"라고 마르코는 말했다.

수잔은 고개를 끄덕였다. "그리고 제 생각에는 저의 판단하면서 침묵하는 행동이 마르코에게 가장 상처를 주는 것 같아요."

마르코도 끄덕였다.

"그렇다면 서로 사과는 어떻게 하나요?" 나는 두 사람에게 물었다.

"우리는 사과를 안 해요." 수잔은 대답했다. "제 생각에는 그것이 문제 중 하나인 거 같아요. 우리는 결코 싸움을 끝내 본 적이 없어요. 그래서 시간이 지나면서 감정이 켜켜이 쌓여왔다고 생각이 돼요."

원가족

한 가족의 뿌리는 또 다른 중요한 주제다. 어떤 커플들은 그들이 성장하는 동안 관계를 통해서 배워왔던 것에 대해 결코 곰곰이 생각해보지 못한다. 그들의 부모가 서로 싸웠는가? 만약 그렇다면, 어떻게 싸웠나? 그들 사이의 이견을 해결하였는가? 각각의 파트너들은 아이로서 그밖에 무엇을 보고 배웠는가? 이러한 질문들에 대한 답을 통해 그들은 치료사가 커플의 역동이 어떤 기원에서 생겨났는지 이해하도록 도우며, 커플들은 자신들의 원가족으로부터 받은 영향력에 대해서 궁금증을 갖도록 초대를 받게 되는 것이다.

수잔과 마르코

"당신의 초기 양육자로부터 갈등에 대해서 무엇을 배웠나요?"라고 나는 물었다.

수잔과 마르코는 이미 다 알고 있다는 듯이 서로를 쳐다보았다.

"저는 몸을 숨겨 도망가죠"라고 마르코는 말했다. "무엇이 일어났는지 알려고 서성거리지 말고, 얼른 여기서 벗어나!"

"부모님들은 저희 앞에서는 싸운 적이 없어요"라고 수잔은 말했다.

"사과하는 모델 행동을 본 적이 있나요?" 나는 물었다.

"글쎄요." 수잔은 웃으면서 말했다. "싸운 걸 본 적이 없으니 사과하는 것도 본 적이 없겠죠."

"저는 기억이 안 나요"라고 마르코는 말했다.

"모든 커플들에게는 갈등을 다루거나 사과하는 방법이 필요하다는 것이 이해가 되시나요?"라고 나는 물었다.

일상의 스트레스원, 불운, 나쁜 행동

아이들이나 확대 가족들을 포함한 외부 환경에 대한 정보는 중요하다. 삶의 정상적인 국면이나 그들이 통제할 수 없는 사건들을 포함한 많은 일들은 커플에게 영향을 미치게 된다. 아이들이 집을 떠났는가? 부모님이 들어오셔서 동거를 시작하였는가, 아니면 돌아가셨는가? 누군가가 실직을 한 적이 있는가? 아마도 리비도libido에 있어서 그들 사이에 차이가 있을 수 있으며, 아마도 그들 중 한 사람이 외도의 문제를 가지고 있거나, 혹은 파트너 중 한쪽이 기분조절 장애mood disorder, 트라우마 병력trauma history 혹은 중독an addiction의 문제를 가지고 있을 수도 있다. 많은 커플들은 치료사들이 물어보지 않았으면 말하지 않을 민감한 문제들을 가지고 있기 때문에, 모든 주제들이 다루어지기 위해서는 공개되어야 한다는 사실을 커플들에게 알리는 것은 매우 중요하다. 우리는 이후 장에서 분노나 비밀과 같은 매우 폭발력을 지닌 주제들도 다룰 것이다.

수잔과 마르코

"제가 여쭤보고 싶은 질문들이 몇 가지 있어요"라고 나는 시작했다. **"당신들의 성관계에 대해서 탐색해 보기를 원하시나요?"**

수잔과 마르코는 서로를 바라보았다.

"수잔은 우리의 성생활에 대해서 특별히 행복해하지는 않아요." 마르코는 대답했다. "나는 많은 사람들이 힘들어한다는 것을 알고 있습니다. 그러나 그 문제에 대해서 말하는 것은 당황스러운 일이고, 특히 제삼자와 함께 이런 문제를 다루는 것은 상상할 수가 없어요."

침묵이 이어졌다. 그런 후 수잔은 말을 꺼냈다. "우리는 한때 매우 편안했었어요. 그런데 이제는 마르코가 그냥 관심이 없는 듯이 느껴지고, 싸우지 않고는 그것에 대해서 이야기할 수 없어요. 그래서 그 문제를 다루면 제게 도움이 될 것 같아요."

"우리가 서로를 알아가게 되면, 제가 예상하건대 당신들의 대화는 변화할 것이고, 당신들은 저에 대해 더 편안함을 느끼게 될 거예요. 그러면 저는 당신들이 자신의 성적 관계를 탐색할 수 있도록 도울 수 있을 것이고, 서로 간에 재연결을 할 수 있기 위하여 각자 필요한 것이 무엇인지 이해할 수 있도록 도울 수 있을 거예요"라고 나는 말했다.

마르코는 창밖을 바라보고 있었고, 수잔은 고개를 끄덕였다.

"다른 스트레스원이 있나요?"라고 나는 물었다. "질병이나 우울, 나이 드신 부모님이나, 혹은 아이들이 있나요? 두 분 중에 한 분이 외도 문제를 가진 적이 있나요?"

만약 한 파트너가 첫 회기에서 외도 문제를 드러내기를 선택한다면,

듣는 파트너 입장에서나 치료사 모두에게 매우 고통스럽고 힘든 일이 될 수가 있다. 하지만, 우리는 지금 여기에서 작업을 하기 때문에, 전면에 등장하는head-on 어떤 상황이라도 가능한 한 많은 참나 리더십을 가지고서 다루어야 한다. 나의 경험을 통해서 보면 실제로 이러한 일은 드물게 일어나긴 하지만 그러한 일이 일어날 경우에는, 치료자는 재빨리 자신의 시스템을 안정시켜야만 하는데, 그렇게 함으로써 치료사는 현재에 머물러 있을 수 있고 커플의 감정에 대응할 수 있게 되기 때문이다.

"저는 외도를 한 적이 없어요. 마르코, 당신은?" 수잔은 마르코를 향해 물었다.

"놉Nope." 그는 대답했다. "그리고 우리는 일부러 아이를 가지지 않았어요. 저희는 둘 다 직장에서 매우 중요한 직책을 맡고 있고 그걸 좋아하고 있기 때문에 우리는 아이 대신 그 길을 가기로 선택했어요."

"직장으로부터 오는 스트레스는 없나요?" 나는 물었다.

"있죠. 우리는 모두 엄청난 압박감에 시달리고 있어요."

회기를 마무리하기

나는 언제나 회기를 마무리하기 위해서 회기 뒷부분에 얼마간의 시간을 남겨두는데, 이것은 내가 들은 내용에 대한 본질에 대해서 되돌아보고 내가 어떻게 도울 수 있을지를 설명하기 위해서이다.

"우리가 오늘 마치기 전에," 나는 말했다. "저는 당신들이 지금과는 다른 의사소통 방식을 원한다는 것을 들었고, 또한 당신들이 이러한 변화를 만들어 낼 수 있다는 것에 대해서 거의 믿음이 없는 파트들이 당신들 내면에 있다는 얘기를 들었다는 것을 당신들에게 상기시켜 주고 싶습니다. **저의 일은 당신들이 이전에 했던 것과는 다른 상호작용을 어떻게 하는지 가르쳐 드리는 것입니다. 이러한 상호작용을 통해 지금은 당신들이 놓쳐버린, 긍정적인 방식으로 당신들이 다시 연결될 수 있을 뿐만 아니라 다른 욕구들에 대해서도 타협할 수 있는 여지가 생겨날 수 있을 것입니다.** 이러한 목적을 위하여 저는 또한 당신들의 보호자 파트들이 무장해제를 할 수 있도록 충분히 안전한 환경을 만들기 위해 애쓸 것입니다. 시간을 갖고 열심히 치료를 해나가다 보면, 당신들의 상호작용이 변화될 수 있다는 것을 저는 확신합니다."

치료사를 위한 조언

- 잠시 시간을 가지고, 초기 상담에서 무망감과 분노에 찬 파트와 섞인 누군가를 재지시하는redirecting 상상을 한다.
- 당신의 몸에 주의를 둔다.
  - 당신 안에서 일어나는 충동이 있나요?
  - 당신 안에서 어떻게 느끼나요?
  - 당신 자신에게 뭐라고 말을 하나요?
  - 당신은 무엇을 하나요?

• 불편한 상호작용을 하고 있는 동안 흔들림 없이 당신의 자리를 지키고 앉아 있기 위해서는 자기 – 알아차림과 더불어 빠르게 분리하는 능력이 요구되며, 그렇게 함으로써 당신은 연민을 확장시키고 당신 자신의 부분들을 보살필 수 있게 된다.

요약

여기에 제시된 임상사례는 커플 중 한 사람이나 혹은 두 사람 모두에게 가해지는 외부적인 제약이나 압력들을 밝혀내고, 그들의 신뢰관계가 심각하게 훼손된breach 적이 있는지에 대한 이력을 알아내기 위해서 내가 던진 몇 개의 질문들을 보여주고 있다. 일반적으로 나는 회기가 진행되어 가면서 정보들을 모으는데, 이것이 진행되는 과정은 이후 장에서 분명하게 보여줄 것이다. 한 커플의 모든 인생사와 그들이 어떻게 싸우며, 그들이 가장 바꾸고 싶어 하는 역동이 무엇인지를 이해하기에는 많은 회기가 필요하다. 때때로 시간이 지나면서 어떤 비밀이나 민감한 주제들이 나타난다. 그것이 일찍 나타나든 나중에 나타나든, 우리가 가져야 할 가장 핵심적인 것은 바로 참나가 이끄는 상태를 유지하는 것이며, 그렇게 해야지만 예상하지 못한 일들이 일어나더라도 그것을 다룰 수 있고 또 필요한 대처반응을 할 수 있다.

여기서 언급된 모든 주제들은 아주 긴 첫 번째 회기에서 다루어질 수도 있고 혹은 몇 개의 회기를 거치면서 다루어질 수도 있으며, 또한 어떤 주제는 결코 나오지 않을 수도 있다. 어떤 내담자들은 우선 자신들의 문제에 대하여 보고하기를 원한다. 다른 내담자들은 그들의 문제에 대해서 즉각적으로 작업을 시작하기도 한다. 어떤 상황이든 치료사는 커플의 필요에 맞춰 그들을 따라가면서 그 과정에 함께 한다. 내 경험으로는 대부분의 커플들은, 첫 번째 회기에서 침착함을 유지하려고 노력하며 협조하는 자세를 가진다. 그들이 화를 내거나 좌절할 수는 있지만, 그들은 도움을 원하며 그들의 상황과 그들의 분투를 설명하기 위하여, 충분히 오랫동안 자신들의 강한 감정들을 기꺼이 참아낸다. 반영하기, 연결하기, 안전감을 창조하기, 변화의 가능성을 제기하기 등은 모두 그들의 자율 신경계를 진정시키기 위해 필수적으로 도움이 되는 방법들이다. 가능한 한 빨리, 우리는 교감신경계가 작동하는 싸우거나 도망가기 반응을 보이는 작동패턴이나, 부교감신경계가 작동하여 브레이크를 밟는 얼어붙기 반응으로 나타나는 작동패턴과는 다른 대안을 발전시키기를 원한다.

치료사들은 내담자들과 치료를 시작할 때 자연스러운 자신만의 방법과 자신만의 스타일을 가지고 있다. 각각의 치료적 모험은 커플과 치료사가 참여하는 독특한 하나의 작은 시스템을 착수하는 것이고, 그 시스템 내에서, 모든 참여자들은 불가피하게 특정한 상호작용방식 및 상호간 순응방식을 발달시킨다. 우리는 당신의 작업방식이 직접적으로 IFIO의 철학과 충돌하지 않는 한 바꾸라고 제시하지는 않을 것이다. 당신의 도구박스를 계속해서 사용하라! 중요한 것은 당신 자신의 파트들과의 연결을 유지하는 것이며 또한 당신의 내담자들의 내적 시스템과의 조율을 유지하는 것이다.

2단계

중기 단계에서의 흐름과 소용돌이

3장

사이클 추적하기

이 장에서는 추적/트래킹tracking을 설명한다. 트래킹은 치료 초기에 활용하는데 이후에도 치료 전 과정을 통해 필요할 때마다 다시 돌아와 활용한다. 트래킹은 행동패턴을 탐색하기 위한 방법으로써(Minuchin & Fishman, 1981), 가족치료의 초기 개척자들에 의해 개발된 강력한 도구이며, 슈워츠에 의해서 내적 작용의 순서를 추적하기 위해 적용되었다. 우리는 그들의 외적 관계와 그들 각자의 내적인 상호작용을 따라갈 때, 커플의 행동이, 그들의 싸움에서 반복되는 내용이 무엇이든지 간에 그것이 중요한 것이 아니라, 어떻게 해서 충족되지 않은 그들의 욕구와 더 많은 관련이 있는지를, 특히 안전, 연결감 그리고 사랑에 대하여서 더욱 그러한지를 알아차리고 분리할 수 있도록 커플을 돕는 일을 한다. 우리는 또한 치료 초기에 목표를 두고 작업하는 방식을 설명한다. 만약 그들이 서로를 변화시키는 데 초점을 두고 있다면, 우리가 수행하는 치료과정에서, 한 사람을 바꾸면서 다른 사람은 변하지 않고도 그대로 있을 수 있는 일은 절대로 일어나지 않을 것임을 분명히 해 둔다.

무엇 때문에 추적을 하는가?

우리는 IFIO에서 문제를 해결할 수 없다. 그보다는, 우리는 커플이 문제해결을 잘 할 수 있는 기술을 개발할 수 있도록 커플을 조력한다. 그런 까닭에, 우리는 싸움의 동기에 관심을 갖고 있는 것이지, 싸움의 내용이 아니다. 우리는 커플이 그들의 싸움의 내용에 초점을 두는 것으로부터 그들의 싸움의 동기가 무엇인지에 대한 호기심을 느끼는 것으로 옮겨갈 수 있기를 바란다. IFIO에서 우리가 처음에 취하는 방책들 가운데 하나는 강한 감정에 의해 휩쓸리는 행동을 추적하는 일인데 왜냐하면 그렇게 함으로써 커플이 속도를 늦출 수 있게 되고, 반복되는 패턴들을 명확히 하도록 하고, 취약한 그들의 감정이 그들의 문제행동을 촉발시키는 그러한 추방된 파트들을 조명할 수 있도록 해주기 때문이다.

부정적 순환

불편한 상황에서는 나타내 보이는 것에 있어서 누구나 선호하는 행동방식을 가지고 있다. 보호자 파트들은 철회withdraw, 논쟁argue, 복종submit, 설명explain, 핸드폰하기get on the cell phone, 분노rage 혹은 주의를 분산시키도록 고안된 다양한 행동들을 하면서 정서적 고통emotional pain을 최소화한다.

부정적 사이클이란 예측할만한 상호작용 패턴으로서 내용이나 결과에 상관없이 반복되는 것을 말한다. 말할 필요도 없지만, 부정적인 사이클은 파괴적이며 지치게 한다. 사이클을 트래킹함으로써 부정적인 영향을 주는 행동을 멈추게 하고, 처음으로 보호자의 희망과 추방자의 욕구가 드러나도록 하는데, 이것은 치료에서 흔히 일어나는 일이다. 우리는 치료하는 동안 반복적으로 트래킹으로 돌아오는데, 사이클에서 수면 아래에 있는 동기motive가 커플들이 논쟁하고 있는 내용보다 더 중요하다는 것을 강조하기 위한 방식이다. 우리의 목표는 커플의 각 멤버가 유턴U-turn을 해서 자기-탐색self-exploration에 참여하도록 하는 것이다. 그것은 커플이 그들의 파트너에게 놓아둔 초점을 거두어들여 그들의 내면으로 옮기도록 하는데 우리의 목표를 두는 것이고, 특별히 치료의 초기 단계에서 더욱 그렇다.

치료사를 위한 조언

이 트래킹 설명을 읽기 전에, 눈을 감고(그것이 당신에게 도움이 된다면) 당신 자신이 어떤 커플 앞에 앉아있는 모습을 상상한다. 당신이 느끼는 것에 주목하고, 당신을 신뢰할 수 있도록 당신의 파트들을 초대한다. 그리고 이 상호작용을 천천히 살펴보면서, 경청하고 반영해주는 것을 상상한다.

소피와 샘

"난 도움이 필요해요." 소피가 치료 초기 세션 중에 이야기하였다. "샘은 저의 간단한 요청에도 항상 덩치만 큰 청소년처럼 반응해요."

"요청이라고?" 샘이 쏘아붙였다. "당신은 요구demands하잖아. 당신은 늘 나를 통제하려고 하지."

"그래서 당신의 수동 공격적인 행동이 컨트롤이 안 된단 말이야?" 소피가 받아쳤다.

"자기야!" 아내를 외면하면서 샘이 대답했다.

갈등을 하는 동안 이 커플이 관계하는 방식에 대한 정보를 얻기 위해, 나는 개입하기 전 몇 분을 기다렸다. 커플은 다음의 둘 중 하나의 방식을 가지고 내 사무실에 들어온다. 자신들의 전형적인 상호작용의 사이클을 보고하거나 그들이 그 안에 빠져있는 상태인 것이다. 사이클 안에 그들이 있다는 것은, 때때로 위협적이긴 하지만, 그것은 그들의 파트들이 현존하고 있고 접근 가능하다는 면에서는 더 쉬운 상태에 있다는 의미이기도 하다. 샘과 소피는 그들의 사이클 한가운데에 있었다.

"당신들의 딜레마가 바로 지금 여기에서 펼쳐지고 있는 것 같군요." 내가 말했다.

그들이 나를 쳐다보았다.

"제가 말하는 것이 바로 그거예요." 소피가 말했다. "그는 문제가 저 때문이라고 생각해요. 그리고 솔직히, 저는 그게 그의 잘못이라고 생각하거든요."

많은 내담자들이 파트너의 방식이 모든 문제의 원인임을 치료자가 인지하기를 희망하는 강력한 관리자와 섞인 상태로 치료에 오게 된다. 이러한 환상 속에서, 치료자는 파트너를 변화시키는 작업을 할 것이고, 그러면 모든 것은 해결될 것이다…. 하지만 우리는 관계적인 문제에 있어서, 둘이 함께 창조co-created하고 둘이 함께 유지co-maintained한다는 것을 알고 있다. 그렇기 때문에 이러한 지식은 쉬운 대답을 주지 못하게 되고 그래서 듣기가 어려울 수 있다. 유머는 판타지라는 허구에 조망을 가져다줄 수 있고 공평한 경쟁의 장level the playing field으로 갈 수 있게 한다.

"누군가가 요술지팡이를 흔들어서 샘을 변화시킬 수 있다면 정말 멋지지 않겠어요?" 나는 소피에게 말했다. "하지만", 나는 샘에게 덧붙였다. **"샘, 당신 역시 소피가 요술지팡이 치료를 받기를 바란다는 것에 내기를 하겠어요."**

"그럴 겁니다!" 소피를 노려보면서 그가 말했다.

"물론 그러시겠죠. 하지만", 나는 소피를 쳐다보았다. "농담은 이제 그만 할게요. 당신이 당혹스러워한다는 것을 알겠어요. 당신은 샘에게 요청을 하는데 그의 반응은 당신을 힘들게 하죠."

"기껏해야 그가 *아니*No라고 할 때가 최선이고요, 최악은 제가 아직 말을 꺼내지도 않았음에도 그가 돌아서서 가버리는 거예요!"

이 지점에서 전통적인 부부치료사는 파트너를 향해 몸을 돌려 그에게 조언해 주려고 할 수도 있다. 하지만 나는 소피에게 조금 더 오래 머물러 주었다. 왜냐하면 그녀가 샘에게서 원하는 것을 생각하는 대신에, 자신의 내적 경험을 따라가는 것을 배우기 시작하기를 바랐기 때문이다.

"그가 '아니'라고 말하거나, 가버렸을 때", 내가 말했다. "당신 내면에서는 무슨 일이 일어나나요? 당신이 당신 자신에게 무엇이라고 말하는 것을 듣나요?"

"나 자신이 말하는 것을 들어요, *'뭐가 문제지? 나는 성인을 대하고 있는 게 아니잖아. 정말로 화가 나서 견딜 수가 없어!'*"

"지금 당신은 몹시 화가 나나요?" 나는 물었다.

"미친 듯이 화가 나요." 그녀가 말했다.

"당신은 몹시 화가 났다고 느끼는 이 파트에 대해서 호기심을 가지고 기꺼이 잠시 동안 저와 함께 머물러 있을 수 있겠어요?" 나는 물었다.

"아마도 그럴 수 있을 것 같아요."

"당신의 몸 어디에서 그것을 알아차릴 수 있나요?" 그녀가 자신의 몸 안에 감정이 머무를 수 있도록 그녀에게 요청을 하는 것만으로도 그녀가 침착해지고 그녀의 강한 감정도 낮춰지게 될 것을 기대하면서, 나는 질문했다.

"가슴과 팔이 죄어오네요. 몸에 긴장이 느껴져요." 소피가 말했다.

"그래서 당신에겐 합리적이라고 느끼는 것을 샘에게 요청했군요, 그는 '노'라고 대답하거나 가버리네요. 그래서 당신은 절망하고, 그것은 당신이 당신의 가슴과 팔이 죄어오는 것으로 알아차리네요, 제가 당신을 제대로 이해하고 있나요?"

"네."

"그러고 나면 당신의 분노한 파트가 샘에게 무엇을 하거나 말하나요?"

나는 이 중요한 질문을 자주 사용한다. 어떤 사람들은 감정을 잘 설명하지 못하고 몸에 대하여 잘 알아차리지 못하지만, 그들은 내면에서 무엇을 하는지는 알고 있다.

"나는 그가 듣게 하려고 노력해요."

"그걸 어떻게 하죠?"

"내 목소리 톤을 높여서 하죠."

나는 샘을 향해서 말했다. "당신은 소피의 그 파트에 대해서 알고 있나요?"

트래킹은 파트너들 사이를 왔다 갔다 하는 방식으로 그들의 사이클을 강조하며 진행한다. 만일 당신이 한 파트너에게 몇 분간 집중하기로 계획을 한다면, 우선 다른 파트너에게 허락을 구하거나, 적어도 당신이 금방 돌아올 것을 그가 알도록 해주어야 한다. 그러고 나서, 당신이 한 사람에게 집중할 때에라도, 다른 파트너와 눈 맞춤을 하도록 유의한다. 이것을 기억하기가 어려울 수 있기 때문에, 자연스럽게 될 때까지 연습하는 것이 중요하다.

샘은 고개를 끄덕였다. "매우 익숙해요."

"그리고 그녀가 목소리를 높일 때 당신은 내면에서 무엇을 알아차리나요?"

"저도 역시 화가 나죠."

"그러면 당신 자신이 스스로에게 무엇이라고 말하는 게 들리나요?"

"난 여기서 벗어나야겠어!"

"그리고 나면 당신은 무엇을 하거나 말하나요?"

"난 재빨리 벗어나 버리죠."

"그러면 샘, **소피가 목소리를 높일 때, 당신 역시 화가 나지요, 그리고 당신은 거기서 벗어납니다**, 제가 맞나요?"

"네."

"그리고 소피, **샘이 떠나버릴 때, 당신 내면에서 무슨 일이 일어나**

나요?"

"더 크게 말하고 싶은 충동을 느껴요."

"그래서 당신이 더 화가 나고 더 크게 말할 때, 샘에게는 무슨 일이 생기나요?" 나는 물었다.

"그는 사라져 버리죠."

"고통스러울 것 같네요." 나는 말했다, "왜냐하면 두 분 다 좌절을 느끼고, 분노하고 외로워지는 결과로 끝나는 게 분명해 보이니까요."

"그리고 전혀 이해받지 못해요." 소피는 말했다.

"저는 존중받지 못한다고 느껴요." 샘이 말했다.

치료사를 위한 조언

- 트래킹은 두 파트너 사이에서 왔다 갔다 하며 그들 사이에서의 사이클(순환)을 강조하는 것을 포함하고 있다.
- 그들 언쟁의 내용에 참여하고픈 충동에 저항하도록 한다, 사실 그 내용은 이후에 도움이 될 수도(안 될 수도) 있다.
- 하지만 트래킹을 하는 동안 당신이 들은 내용을 그들에게 반영해주는데, 그렇게 함으로써 당신이 그들의 말을 주의 깊게 듣고 있다는 것과 당신이 그들 두 사람을 이해하고 있다는 것을 확인시켜주는 것이다.

• 만약 당신이 몇 분 동안 한 파트너에게 집중하고자 한다면, 다른 파트너에게 당신이 곧바로 돌아올 것을 알게 해준다. 이렇게 함으로써 두 사람 사이에서의 작업이 공평하게 균형을 맞춰갈 수 있게 되는 것이다.
• 그리고 한 파트너에게 집중을 하더라도, 눈 맞춤을 두 사람 모두에게 유지하도록 한다.

"당신들은 보통 이런 방식으로 싸우나요?" 나는 물었다.

"우리는 이것을 반복하고 또 반복해요." 소피는 말했다.

"좋아요. **이런 방식은 두 분 중 한 사람의 보호적인 파트가 어떻게 다른 사람에게서 보호자를 이끌어내는지를 잘 보여주고 있네요.** 그리고 계속해서 이런 식으로 진행되고 있죠." 그리고 나의 다음 관심은 그들의 보호자들이 지닌 두려움과 희망을 탐색하는 것에 있기 때문에, 나는 이어서 말했다, "무엇이 두 분의 보호자들에게 연료가 되어 주는지 살펴보시겠습니까?"

그들은 끄덕였다.

소피를 확인된 환자identified patient로 느끼게 하지 않으려고, 나는 샘을 바라보았다.

"당신부터 시작할까요?"

그는 어깨를 으쓱했다.

"자리에서 벗어나려고 하는 파트가 당신에게 얼마나 익숙하게 느껴지나요?"

"매우 그렇죠." 그는 말했다. "조종당했다고 느낄 때 제가 취하는 방식이에요."

"당신이 그 상호관계에 머물러 있도록 놔두게 되면 무슨 일이 일어날까 봐 두려운가요?"

그는 깊이 생각한 후에 말하기를, "나는 통제력을 잃게 될 거예요."

"무엇에 대해서요?"

"나 자신이요."

"좀 더 말씀해보세요." 나는 초대했다.

"음…" 그는 말했다. "저는 아이일 때 조종을 많이 당했어요. 저의 부모님은 서로 다른 방식으로 그렇게 했지만요. 아버지는 화를 냈고 어머니는 수동적이었어요. 그리고 어머니는 아버지를 조용히 조종했지요."

"만약 이 파트가 소피와의 상호관계에서 당신을 가버리도록 하지 않는다면 무슨 일이 일어날까 봐 두려워하는 걸까요?"

"저는 이리저리로 밀쳐지고 으깨지겠죠."

"그리고 다음에는 무슨 일이 일어나나요?"

"나는 작아지고 이용당했다고 느끼겠죠."

"작아지고 이용당하는 건 불쾌한 일이지요." 나는 말했다. **"이 파트가 그러한 감정들을 막아주나요?"**

"매번 그렇지는 않아요." 그는 말했다.

"어린 시절에는 막아줬나요?"

"그러한 감정들을 느꼈지만 멀리 가버리는 것으로 제 자신을 지켰어요." 그는 말했다.

나는 소피를 향해서, **“분노하고 큰 소리로 말하는 당신의 파트가 당신에겐 얼마나 익숙한가요?”**

“그것은 항상 제게 나타나요.” 그녀는 말했다.

“그 파트가 나타나지 않으면 당신에게 무슨 일이 일어날까 봐 이 파트는 두려워하는 걸까요?”

“저는 무시당하겠죠.”

“이것이 당신에게 이해가 되나요?”

“네.” 그녀는 말했다. “저는 어릴 때 저 자신을 투명인간이라고 아주 많이 느꼈어요. 저의 집에서는 불쑥 끼어들거나 크게 말하지 않는 사람은 누구라도 들어주는 사람이 없었거든요.”

“그래서 당신들은 아주 오래전에 생존하기 위해서 배웠던 것을 서로에게 하고 있는 것이군요.”

커플이 이제 보호되고 있는 그들의 취약한 파트들을 알아차리게 되었음을 주목하라. 그들의 취약한 파트들에게 머물러 있고자 하는 유혹이 있겠지만, 그렇게 일찍 작업하는 것은 치료과정을 이탈하게 할 수 있다. 먼저, 한쪽 파트너에게 너무 이른 시기에 몰입하게 되면 다른 파트너가 유기되었다고 느끼게 되는 결과를 가져올 수 있다. 두 번째로, 보호자들은 일반적으로 그들의 이야기가 충분히 전달되었다고 느낄 수 있게 되기 전에는 치료가 추방자에게 집중되는 것을 허용하기 어렵다. 그렇기 때문에 지금 단계에서 우리는 단지 추방자의 존재를 알아차리기만 하고 보호자들을 추적하는 것으로 돌아온다.

치료사를 위한 조언

- 보호자들을 트래킹하는 초기단계에서 취약한 파트들(추방자)에게 머물러 있게 되면, 과정에서 이탈하는 결과를 가져올 수 있다.
- 첫째, 치료사가 한쪽 파트너에게 너무 일찍 몰두하게 되면, 다른 파트너가 유기되었다고 느끼게 되는 결과를 초래할 수 있다.
- 둘째, 추방자들에게 초점을 맞추어 작업하기 전에, 보호자들이 그러한 치료 회기를 해낼 수 있도록 하기 위해서는 먼저 보호자들이 이해받았다고 느낄 필요가 있다.
- 그렇기 때문에 시작단계에서 우리는, 추방자의 존재를 파악하고 나서 보호자들을 추적하기 위해 돌아와야 한다.

"이 사이클은 두 사람 각자의 내면에 있는 취약한 무언가에 대한 것이라는 걸 알 수 있겠어요?"

"알았다고 말할 수는 없겠어요." 소피가 말했다.

"이해가 돼요." 샘은 말했다.

샘과 소피는 그 취약한 감정들이 그들의 갈등을 주도하고 있다는 것을 인지할 만큼 충분히 그들의 보호자로부터 분리할 수 있었지만, 모든 커플들이 이것을 그렇게 빠르게 할 수 있는 것은 아니다. 그래도 괜찮다. 우리는 그저 보호자들과 함께 머물면서 무엇이 그들의 행동을 동기화했는지 그들이 드러내 줄 때까지 기다리면 된다.

이제는 그들이 서로에게 이전과는 다르게 반응할 것에 대해 생각해 보도록 그들을 초대할 시간이다. 그래서 나는 말했다, "당신의 보호자 파트들이 강하게 반응할 필요를 덜 느끼도록 도울 수 있다면 그것은 무엇일까요? **만약에, 상대방의 반응**^response^**이나 반발**^reaction^**에 관계없이, 당신이 당신의 내면과 연결된 상태를 유지할 수 있고, 어떻게 반응할지를 선택할 수 있게 된다면 어떻게 될까요?"**

샘의 반응은 드문 것이 아니다, "당신이 정말로 말하고자 하는 것은 어떤 일이 닥치든 간에 제가 그 자리에 서있어야만 한다는 것처럼 들리네요. 나는 그렇게 하지는 않을 겁니다."

슈워츠가 *직접 접근*^direct access^(1995)이라고 부르는 방법을 사용해서 나는, 샘의 참나가 이 파트와 대화를 하도록 멈추게 하기보다는, 그의 보호자에게 직접 말하였다. "당신이 무엇 때문에 제가 그렇게 말했다고 생각하는지 이해할 수 있어요. 다시 말해 볼게요. **저는 새로운 종류의 상호작용을 두 분께 제안하는 것인데요. 그것은 두 분 다 덜 반응적이 되고, 덜 무력해지며, 덜 화가 나고 덜 투명인간처럼 느껴지는, 그런 것입니다.** 소피가 몹시 화가 났을 때, 당신의 보호자가 당신을 거기서 데리고 나와야 한다고 느끼지 않게 된다면 말이죠. 그리고 소피, 샘이 반응하지 않을 때, 당신의 보호자가 로켓처럼 발사하지 않아도 된다고 느끼게 된다면 어떻게 될까요? **중요한 이슈들이 보다 더 효과적으로 다루어져야 한다는 생각에 대해 두 분이 깊이 고려해 보기를 바랍니다. 당신들 두 분이 실제로 이러한 어려운 대화를 피하지 않고 할 수 있도록 말이에요."**

"그러면 이것을 우리가 어떻게 할 수 있나요?" 소피는 말했다.

치료사를 위한 조언

- 당신 자신의 파트들에게 주의를 기울여서, 그들이 분리하도록 하는데 어떻게 도울 수 있는지 배운다.
- 커플의 보호자들과 당신의 보호자들이 어떻게 나타나 보이는지에 상관없이, 그들을 향해 따뜻함과 연민의 태도를 견지한다.
- 내용에 얽매이지 말고, 그들의 상호작용을 따라가 본다.

한 파트너가 종종 상대방이 싸움을 시작한다고 믿고 있고, 그녀 또는 그는 그것에 반응적으로 행동하는 것 말고는 다른 선택은 없다고 느낄지라도, 우리는 사이클을 다루는 방법을 알고 있고, 누가 싸움을 시작했는지는 중요하지 않다는 것을 안다. 강한 정서에 휘말리게 되면, 행동이 유발되는데, 각각의 정서에는 행동을 하게 하는 충동이 내재되어 있기 때문이다. 우리는 파트들이 강한 감정으로부터 분리되도록 작업하는데, 왜냐하면 길게 두고 볼 때, 정서에 따라 행동하게 되면 무력해지기 때문이다. 이와 반대로, 강한 감정을 조절하는 역량은, 개인의 참나와 그녀의 파트가 좋은 관계에 있을 때 발달되기 때문에, 개인에게 힘을 실어주게 된다. 내가 소피와 샘에게 우리에게 참나가 있다는 개념에 대해서 아직 다루지 않았음에도, 나는 그들에게 질문을 하였는데, 그 이유는 그들의 파트들이 섞이지 않고 분화differentiate를 할 수 있어서 그들의 참나 에너지를 위한 공간을 만들어 줄 수 있도록 그들을 격려하기를 원했기 때문이다. 예를 들면, **"만약 당신에게 선택권이 있어서 다르**

게 반응할 수 있게 된다면, 무엇을 하시겠습니까?" 그리고 **"당신은 그것이 마음에 드나요?"**

이제 그들이 다르게 상호작용할 수 있는 방법이 있다는 것에 대해 호기심을 가지게 되자, 샘과 소피는 침착해졌다. 이것은 그들이 좀 더 마음이 열리고, 열린 마음으로 그리고 생리적으로 서로에게 연결할 준비가 되었다는 것을 의미한다. 얼마간의 부드러움을 서로 교환하게 되면서, 그들은 이전과는 다르게 반응하기를 원한다는 것에 동의한다. 이와 같은 순간을 알아차리게 되면, 천천히 느리게 하라. 관계는 언제나 순환하기 때문에, 긍정적인 순환으로 가는 것이 우리의 목표가 된다. 우리가 그것을 이해하게 될 때, 그것을 강화하기 위해 속도를 늦춘다. 다음 장에서 우리는 소피의 질문에 대한 답을 설명한다. "그래서 이걸 어떻게 하나요?"

요약

커플의 사이클을 트래킹하는 목적에는 세 가지 요소가 들어있다. 첫째, 두 사람 사이에서 한쪽으로 치우치지 않은 평등한 상태를 유지하면서 커플 사이를 왔다 갔다 하는데, 이것은 그들의 역동을 구체화하기 위한 것이다. 우리는 그들의 싸움이 반복적이고, 예측할 만하고, 자연스레 순환하고 있다는 것을 그들이 볼 수 있도록 돕는다. 둘째, 우리는 그들의 싸움이 강한 감정에 의해 동기화되고 있다는 것을 그들이 이해할 수 있기를 바란다. 커플이 추적을 아주 천천히 하도록 하여, 우리는 그들이 자신들의 내면을 살펴보아 자신들의 보호자들의 두려움과 희망을 이해할 수 있도록 돕기를 바란다. 셋째, 우리는 양쪽 파트너에게, 만일에 그들이 덜 반응적이 되고, 반응하는데in responding 더 많은 선택권을 가지게 된다면, 그들의 상호작용이 어떻게 달라질지에 대한 것을 숙고해보도록 그들을 초대한다. 치료 전반을 통해 우리는 그들에게 뭔가 다르게 행동을 해보도록 격려한다.

사이클 추적에 대한 로드맵(자유롭게 복사하여 사용 가능)

추적하기의 단계

- 그들이 말하는 것을 듣고 반영해준다.
- 그들의 사이클을 설명한다.
- 파트들의 언어를 소개한다.
- 유턴을 소개하기 위해 속도를 늦춘다.
  - 당신의 파트너가 무언가를 말하거나 무언가를 할 때…
  - 당신의 신체에서 어떤 변화가 일어나나요?
  - 당신의 내면에서 무슨 일이 일어나나요?
  - 당신의 내면에서 자신에 대해서 혹은 파트너에 대해서 무엇이라고 말하나요?
  - 당신은 파트너에게 무엇을 하거나 말하나요?
- 한 파트너에게 주목한 다음, 다른 파트너에게 주목하며 작업을 하는데, 그들이 자신들의 사이클을 인지할 때까지 반복한다.

- 그들의 보호자들의 두려움과 희망을 탐색한다.
  - 당신이 이렇게 하지 않으면 무슨 일이 일어날까 봐 두려워하나요?
  - 이러한 행동을 지속하면서 당신이 바라는 것은 무엇인가요?
- 가능하다면 추방자에게 이름을 붙인다.
- 초대를 확장하기.
  - 당신의 파트너가 그러한 행동을 할 때, 당신이 대응하는 방식에 있어서 당신이 덜 반응적이 되고 더 많은 선택권을 갖는 것에 대해 관심을 가져보시겠습니까?

분리하기 기술

우리는 커플들이 그들의 파트들을 외현화할 수 있도록 도울 수 있다. 시각화하는 것은 분리를 촉진한다.

여기에 시각화로 통합시키기 위한 몇 가지 옵션들이 있다.

- 화이트보드나 종이에 파트들을 그리거나 파트지도를 그린다. 보호자들과 더 취약한 파트들 사이의 관계를 설명한다.
- 모래상자에서 사용하는 피겨figures를 활용한다.
- 공간에서 다룰 수 있는 다른 매체들을 사용한다(스카프, 베개, 돌멩이, 기타 등등).

4장

용기 있는 의사소통

4장에서 우리는 커플이 어떻게 의사소통을 하는지 탐구하고 그들의 대화 방식을 바꾸는 선택안들을 제시한다. 종종 파트너의 한쪽 또는 둘 다 너무 쉽게 조절장애dysregulated 상태로 가버리기 때문에 말하거나 듣기를 효과적으로 해내기가 어렵다. 어린 시절의 상처를 커플이 함께 떠올리는 것은 일반적으로 감정이입을 불러일으키기에, 우리는 커플이 탈숴임해서 파트너의 현재 행동이 과거와 연결되는 방식들에 대해 호기심을 갖도록 도와주는 방법에 대하여 기술한다. 독자들도 알게 되겠지만 이러한 과제는 쉽사리 진행될 수도 있고 아닐 수도 있다. 쉽사리 진행되지 않을 경우 치료사는 커플이 조절하는 가운데 서로에게 전심을 기울일 수 있도록 돕는 이 프로젝트에 대한 굳건한 방향을 제공하고, 아울러 진정성 있는 친절과 호기심을 수반하도록 해야 한다. 이렇게 할 경우 커플이 공동 기반을 찾아낼 수 있게끔 지지하게 되어 그들이 더 많은 사랑과 보살핌을 표현할 수 있게 해주는데, 그 결과 능숙한 의사소통을 강화시키도록 해준다.

의사소통의 중요성

애착 연구에서 제공하는 데이터는 인류가 연결에 의해 번창해왔음을 강력하게 보여준다. 호혜적인 의사소통contingent communication(Siegel, 2007)은 안정애착의 핵심으로서, 어떤 사람이 *느끼고 있는 것*을 다른 사람이 *느끼는 것*을 의미한다. 이 개념을 다음과 같이 풀어볼 수 있다. "당신이 내게 귀를 기울이면서 '*나는 당신과 함께하고 있어*'라는 메시지를 보내주는 걸 나는 느끼고 있어. 우리는 언어적으로, 비언어적으로, 또는 둘 다를 사용하여 귀를 기울일 수 있어." 이와 같은 공감적 의사소통은 뇌를 연결시키고 재연결해 준다(Siegel, 2007).

치료 초기에 커플의 부정적 순환을 추적하고 그 무익함을 보여준 다음에 나는 언제나 이렇게 묻는다. **"여러분이 다른 방식으로 의사소통을 할 수 있도록 관심가져 보시겠습니까?"** 대부분의 커플은 도움이 절실하기 때문에 자신의 의사소통 스타일을 바꾸는 것에 관심을 갖고 합의를 할 것이다. 하지만 이 시점에서 그들의 승낙은 무지 상태에서 한 것으로서, 공격하고 철수하는 것과 같은 행동들에 대해 권한을 – 최소한 단기간 – 부여받았다고 느끼는 부분들을 억제하기 위하여 얼마나 많은 용기가 필요한지 그들은 아직 알지 못하고 있다.

설사 그렇더라도 관계에서의 즉각적 영향력에 대한 이러한 욕구의 뒤에는 - 커플이 무슨 용어를 사용하든지 간에, 그들이 서로에게 어떠한 요구들로 짐을 지우든지 간에 - 각자는 진정 이런 말을 하고 있는 것이다. "내 말을 듣고 있는 거야?" "당신과 함께 있어도 내가 안전할 수 있을까?" "내 욕구를 충족시켜줄 거야?" 그들의 보호자들은 이러한 질문들에 대한 답이 "아니야!"라는 걸 이미 믿고 있기에, 그들은 버림받음[유기]이나 공격에 대해 끊임없이 경계를 서고 있다. 그 결과 그들은 어떤 느낌(*'난 공격당하고 있어'*)을 쉽사리 사실로 오인한다. 우리는 보호자들의 그러한 절박한 걱정과 좋은 의도에 대해 경의를 표하면서도, 우리는 그들이 탈섞임하도록 해서 커플이 보다 넓은 조망을 확보할 수 있도록 돕는 다양한 전략들을 사용한다.

힘든 것들을 다루기

IFIO의 치료 목표는 *상처*로부터 *힘든 것*을 떼어내서to part *difficult* from *wounding* 커플이 힘든 것들을 능숙하게 다루도록 돕는 것이다. 커플이 상처 입기 쉬운 상호작용을 안전하게 해내는 걸 배운다면, 힘든 대화를 참아내면서 그들 자신의 문제들을 해결할 수 있으리라고 우리는 믿는다.

용기 있는 의사소통

친밀한 관계에는 질 좋은 의사소통이 요구되는데, 이는 궁극적으로 의견 차이를 필히 수반하는 대화에서 상대방이 자신의 얘기를 들어주고 있고 이해하고 있다는 걸 느낄 만큼 충분히 긴 시간 동안 머무를 수 있음을 의미하는 것이다. 이것이 합의에 도달하게 된다는 것을 의미하지는 않는다. 처음 치료에 오는 많은 커플들은 각자가 상대방이 충분히 들어주고 있다고 느낄 때까지 어떤 주제에 머무를 수 있는 역량이 부족하다. 그 대신 이들에게는 자신들의 의견 차이를 능숙하게 협의하지 못하는 부분들 – 빠른 해결책과 갈등 종결을 희망하는 문제해결 지향 파트들과 같은 –, 또는 다른 사람이 말을 못 하게 방해하는 부분들, 또는 대화를 끝내기 위해 순응하는 것처럼 보이는 파트들이 있다. 이러한 부분들은 진정 수치심을 안겨주면서 비난하는 식의 그런 요구들("당신이 그런 식으로만 한다면…" 또는 "당신은 왜 그저 …하지 않는 거야"와 같은)을 하는데, 이는 자연히 맞불 놓기를 불러일으킨다. IFIO에서 우리는 내담자들에게 내용을 처리하는 새로운 방법들을 가르치는데, 이는 그들의 대화가 가져오게 될 결과를 바꾸어 준다.

용기 있는 의사소통에는 책임 있는 자기개방이 수반되는데, 이는 내면적으로 또는 파트너에 대해 비난하거나 수치심을 주지 않으면서 사적인 정보, 즉 취약함과 불편한 반응을 드러내는 위험을 감수하는 것을 의미한다. 상처 주고 소외시키는 파트들의 보호 활동을 필요로 하지 않으면서 내담자들이 힘겨운 대화를 실행하는 데 자신감을 가질 수 있기를 우리는 바란다. 하지만 이 어려운 주문은 시간이 걸린다.

커플치료자는 커플이 반사적reactive*일수록 커플의 각 개인들은 내면

* 무의식적으로 반응할수록. IFS에서는 이 용어를 두 가지 보호자들, 즉 '사전 대응하는proactive' 보호자들과 '사후 대응하는reactive' 소방수를 대비할 때 사용하기도 한다. 본문에서 '반사적反射的일수록'이라고 옮겼으나 '반발할수록'/'반동反動할수록'이라고 번역할 수도 있다(역자 주).

적으로 덜 분화한 상태라는 사실을 알아차리게 될 것이다. 심하게 반사적인 커플은 탈섞임하는 내면 과정에 대한 도움을 대단히 많이 필요로 한다. 그들에게 분리하는 방법을 가르치는 과정에서 우리는 내면 관계와 외부 관계 사이를 오가게 된다. *유턴*U-turn은 각 파트너가 내면의 분화된 관계를 발달시키도록 돕고, 그들 관계로의 *리턴*re-turn은 부분들이 직접 발언하지 않고 내담자가 부분들을 대변하는 것을 가르쳐준다. 이렇게 하게 되면 그들은 개방성, 호기심, 연민을 갖는 참나Self의 상태에서 경청을 더욱 잘할 수 있게 된다. 시간이 흐름에 따라 이렇게 더욱 능숙해진 행동은 갈등과 불화가 실제로 생길 경우 커플이 평온하게 대응할 수 있도록 도움을 준다.

치료사를 위한 조언

- 유턴은 내면에서의 관계 분화를 발달시킨다.
- 리턴은 부분들이 직접 발언하지 않고 내담자가 부분들을 대변하는 걸 수반한다.
- 참나의 상태에서 경청하는 것은 개방성, 호기심, 연민을 특징으로 한다.

1980년대에 하빌 헨드릭스에 의해 개발된 이마고 대화 과정Imago Dialogic process은 나의 용기 있는 의사소통 방법론에 영감을 – 최소한 부분적으로 – 주었다. 이마고 대화는 안전함을 창출하고 괴로운 대인관계 역동들 밑에 깔려있는 어린 시절의 상처를 알아차리도록 설계되었다. 헨드릭스의 기법 몇 가지를 빌려오기는 하였지만, 나의 접근법은 참나에게서 부분들을 분화시켜서 그러한 내면 관계를 조성하는 데 초점을 맞춘다는 독특함이 있는데, 그 결과 이 접근법은 파트너 사이의 건강한 외적 분화 및 애착을 지원해준다. 아울러, 내담자들에게 자신의 파트너에 대해서뿐만 아니라 자신의 파트들에 대해서도 반영하기나 인정하기와 같은 전통적인 관계기술들을 가르침으로써, 치료작업을 진행하는 과정에서 강요받음, 버림받음, 무시 또는 수치스러움을 느낄 위험이 있는 부분들을 찾아낼 수 있도록 도와준다. 이들은 커플이 여러분의 상담실을 떠나 있을 때나 이후의 치료 장면에서 문제를 일으키는 부분들이다.

경청 기술

- 무엇이 사실인지 결정을 내리거나 반사적으로 행동하기 전에 당신 파트너의 경험을 듣는다.
- 파트너에게 당신이 미치는 영향에 대해 논쟁하거나 자기공격에 빠지지 않으면서 듣는다.

듣는 이를 지원하기

우리의 부분들로부터 분리되어 우리가 그들을 위해 발언할 수 있을 때, 우리 자신의 행동을 정직하게 평가할 공간을 더 넓게 확보할 수 있기 때문에(Schwartz, 2008), 우리는 사람들이 질 좋은 경청 기술들을 익히도록 지원한다. 여기에는 한쪽이 다른 파트너의 경험을 반사적인 행동 없이 듣기 전까지는 무엇이 사실로 느껴지는지 판단을 유보하는 것, 그리고 다른 파트너에 대한 자신의 영향에 대해 동의하지 않거나 자기공격에 빠지지 않으면서 들어주는 것이 포함된다. 아래의 사례는 커플이 빈곤한 의사소통과 몰이해에서 부분을 대변하고 호기심 있는 경청으로 옮아갈 수 있도록 어떻게 도와주는지 보여준다.

시머스와 로리

"난 당신이 저질러놓은 잡동사니와 정신없는 것들을 도대체 어떻게 처리해야 할지 모르겠어." 시머스Seamus가 로리Lori에게 말했다.

"당신은 가라앉힐 줄 알아야 해." 로리가 대답했다. "당신은 OCD*를 앓고 있어."

"보셨죠? 로리는 제게 전혀 귀를 기울이지 않아요. 언제나 그렇죠. 제가 뭔가 요구할 때면 저는 정신장애를 앓고 있는 게 되는 거예요. 신물이 납니다." 시머스는 한숨을 깊이 쉬면서 나를 쳐다보았다.

들어주길 간청하는 것, 또는 들어주지 않는 것에 대한 불평은 커플이 의사소통을 능숙하게 하고 있지 못하다는 신호이고, 이는 그들에게 말하기와 듣기에 대한 새로운 아이디어를 제공할 기회가 된다.

"두 분 사이에 이루어질 필요가 있는 의사소통이 원활하게 제대로

---

* 'obsessive compulsive disorder'의 약자로 강박장애를 의미(역자 주).

되지 못하고 있는 것으로 들리네요?" 나는 수사학적으로 물었다.

"제 얘길 들어준다고 느끼질 못하겠습니다." 시머스가 얘기했다.

"저도 마찬가지예요." 로리가 받아쳤다.

"여러분이 의사소통을 시도할 때 두 분 다 분노와 방어로 끝나나요?"

그들은 고개를 끄덕였다.

"또 다른 선택안이 있다면 어떨까요?" 나는 말했다. "시머스, 상대방이 당신의 얘기를 들어주도록 하기 위해 화를 낼 필요는 없다고 느끼게 된다면 어떨까요? 그리고 로리, 당신이 자신을 방어할 필요가 없다고 느끼게 된다면 어떨까요? 여러분은 이러한 선택안에 관심이 있으신가요? **달리 말하면, 바로 여기 상담실에서 서로를 비난하지 않으면서도 여러분이 바라는 것에 대해 얘기할 수 있게 해주는 무언가가 가능할 수 있다면요?"**

"네, 물론이죠." 로리가 말했다.

시머스는 고개를 끄덕였지만, 회의적이고 지쳐 보였다.

치료사를 위한 조언

- 어떤 사람들은 듣기와 말하기에 대한 이 새로운 방법을 처음으로 시도할 때, 탈섞임하는 것을 매우 힘들어한다.
- 자주 인정해주고 도움이 필요할 때 도움을 줄 수 있도록 한다. 한쪽 파트너가 친절함과 이해심으로 반응하지 못하면, 여러분 자신이 공감과 조율의 본보기가 되어준다.

듣는 이와 함께 시작하기

누군가가 말하고 있는 동안 대답을 궁리하지 않으면서 경청하는 것은 하나의 기술이다. 반사적인 커플의 파트너들은 외부 파트너에게 귀를 기울이기보다는 자신의 내면 대화에 빠져드는 경향이 더 높다. 파트너에게서 오는 피드백은 특히 도전적이기에, 커플들이 듣는 이의 역할에 적응하는 데 시간을 사용하고, 바쁘게 움직이는 보호자들이 탈섞임하도록 해서 이 역할을 맡는 파트너가 경청할 수 있도록 돕는다.

"어느 분이 먼저 말씀을 하시고 어느 분이 들어주시겠어요?" 나는 물었다.

"지금 당장은 시머스가 저에 대해 많이 심란해하니까요," 로리가 말했다. "제가 들을게요."

커플이 결정을 내리면, 나는 듣는 이의 역할을 설명한다. **"듣는 이의 역할은 말하는 이의 역할보다 잠재적으로 더 힘든데요, 그것은 부정적인 진술들이 보호적인 부분들을 촉발하기 때문입니다. 그렇게 될 경우 제가 돕기 위해 여기에 있습니다. 누군가가 여러분에 대해 불만스러워한다면 공격이나 굴복이 유일한 선택안은 아닙니다. 당신이 듣고 있는 건 당신에 대한 누군가의 경험이지 당신에 대한 진실은 아니라는 것, 그걸 상기시켜드리기 위해 제가 여기에 있습니다."** 나는 말했다.

듣는 이의 역할 소개하기

- *듣는 이의 역할은 말하는 이의 역할보다 잠재적으로 더 힘든데요, 그것은 부정적인 진술이 보호적인 부분들을 촉발하기 때문입니다. 그렇게 될 경우 여러분을 돕기 위해 제가 여기에 있습니다.*
- *누군가가 여러분에 대해 불만스러워한다면 공격이나 굴복이 유일한 선택안은 아닙니다. 당신이 듣고 있는 것은 당신에 대한 누군가의 경험이지 당신에 대한 진실은 아니라는 것, 그걸 상기시켜드리기 위해 제가 여기에 있습니다.*

"그리고 시머스", 나는 말했다. "당신의 얘기를 경청하는 것에 대해 제가 로리에게 얘기하는 동안, 당신은 자신에 대해 점검해보고 자신의 *의도*에 주의를 기울여주시길 권하고 싶습니다. 로리가 무엇을 이해해 주길 바라시나요?"

나는 로리에게 몸을 돌리고 말했다. "귀를 기울여 듣는다는 게 늘 쉽지만은 않습니다. 그래서 기꺼이 경청하시는 모습이 훌륭합니다. 자신의 몸을 스캔해보세요-특히 가슴 주위를요-그리고 시머스에게 경청하는 것에 대해 혹시 어떤 느낌들을 갖는 부분이 있다면 주의를 기울여보세요."

내 경험상 이러한 질문을 부드럽고 존중하는 태도로 하게 되면, 이는 고분고분한 부분들, 또는 통제받거나 화나거나 두려움을 느끼는 부분들로 하여금 목소리를 내고, 탈섞임하고, 참여하도록 초대하게 된다. 이것은 특히 늘 경계태세에 있는 수치심 보호자들shame protectors에 대해서 중요하다. 우리가 초기에 이들을 탈섞임하도록 도울 경우, 듣는 이가 탈섞임 상태에 머무르도록 돕기 위하여 시작과 멈춤을 반복해서 할 필요가 없게 된다.

듣는 이와 말하는 이 모두 내면에서 마음챙김하도록 지도하기

- 말하는 이에게
  - *당신의 얘기를 로리가 경청하는 것에 대해 제가 로리에게 얘기하는 동안, 당신은 자신에 대해 점검해보고 자신의 의도에 주의를 기울여보시길 권합니다. 로리가 무엇을 이해해주길 바라시나요?*
- 듣는 이에게
  - *자신의 몸을 스캔해보세요. 특히 가슴 주위를요. 그리고 시머스의 얘기를 경청하는 것에 대해 혹시 방해가 되는 부분이 있다면 주의를 기울여보세요.*

"시머스가 저를 공격하지만 않는다면 계속 진행해도 좋아요." 로리가 말했다.

"공격당한다는 느낌을 두려워하는 부분이 당신에게 있는 것 같군요." 나는 말했다.

"네, 그래요." 그녀가 대답했다. "특히 그건 시머스가 소통하는 방식 때문이죠!"

"그게 제 역할이에요." 나는 말했다. "여러분이 서로에게 존중하며 말하도록 하고 공격하지 않도록 돕는 거죠. 두 분 중 누구라도 공격, 비난, 또는 철수하지 않으면서 말하거나 듣는 데 어려움을 겪게 된다면, 제가 타임아웃을 부른 다음 여러분이 진정할 수 있도록 도와드릴 겁니다."

"도움이 되겠네요." 로리가 말했다.

"당신의 몸을 알아차림으로써 자신의 파트들과 시머스에게 당신이 얼마나 가용한 상태에 있는지 알 수 있을 겁니다. 당신의 가슴과 배 주변에 흥분한 부분들이 느껴지는지 확인해보세요."

"전 괜찮아요." 그녀가 대답했다.

"한 가지 더 있는데요." 내가 말했다. "이건 당신에 대한 그의 경험이지 당신에 대한 진실이 아니라는 걸 명심하세요. 그가 말하고자 하는 것을 당신과 당신의 부분들에 대한 진실이 아니라 시머스에 대한 정보로서 받아들일 수 있다면, 당신이 몰랐던 것들을 들을 수도 있을 겁니다."

"좋아요." 그녀가 대답했다. "경청할 수 있어요."

"아주 좋아요." 나는 시머스에게 돌아앉아 물었다. "제가 로리에게 말하는 동안 무언가 알아차리신 게 있나요?"

"이건 좀 통제당하는 느낌이 듭니다." 그는 관찰한 것을 말하였다.

의도에 대한, 그리고 발언에 대한 면밀하고 마음챙김하는 주의mindful attention는 보호자들을 운전자의 자리에서 쫓아내기 때문에 그들은 이러한 기술들을 시도해 보는 것에 저항할 수도 있다. 섞인 부분에게는 이러한 것이 권한을 너무 박탈하는 것처럼 느껴질 수 있다.

"이해합니다." 나는 시머스에게 말했다. "저는 지금 뭔가 자연스럽게 느껴지지 않는 걸 해보도록 요청하고 있습니다. **하지만 당신이 기꺼이 실행해보시겠다면 – 특히 여기서 저와 함께 말이죠 – 당신의 보호자들은 당신에게 의지하는 것과 긴장을 푸는 것을 배울 수 있고, 그렇게 되면 대화는 바뀔 수 있어요. 마음챙김하는 말하기와 듣기를 자연스럽게 그리고 직관적으로 느껴질 때까지 실행해보셨으면 합니다."**

"좋습니다." 그가 말했다. "노력해보겠습니다."

"로리가 무언가 알아줬으면 하는 것에 대해 생각해 보셨나요?" 나는 그에게 물었다.

"네, 해봤어요."

"당신의 몸 안이나 주변에서 당신이 대변하고자 하는 부분을 찾을 수 있나요?" 나는 물었다.

"네." 그가 말했다.

"그럼 로리가 더욱 편안하게 경청할 수 있도록, 당신이 이 부분으로부터가 아니라 이 부분을 위해서 말할 수 있도록 초대하겠습니다."

치료사를 위한 조언

• 기억할 것

– 커플은 두 명의 개인으로 구성된 하나의 체계system인데, 각 개인에게는 상처 입은 부분들 *그리고* 온전하며 짐이 없는 참나가 있다.

- 여러분에게도 역시 온전하며 짐이 없는 참나가 있다.
- 커플의 각 파트너가 탈섞임하도록 도우면서 한 파트너에서 다른 파트너로 옮겨갈 때, 여러분 자신의 몸을 알아차리면서 스스로에게 물어본다.
  - *나는 지금 얼마나 탈섞임한 상태에 있는가?*

"흥미롭군요." 그가 말했다. "선생님이 로리에게 말하는 동안 저는 뭔가에 대해 정말 숙고하는 시간을 가졌거든요."

"그게 어떤 거죠?" 나는 물었다. 내가 로리와 대화하는 걸 듣는 동안 그가 탈섞임할 수 있었다는 게 흥미로웠다.

"어지럽혀져 있는 집안의 모습이 저의 한 부분을 짜증나게 하는 거와 관련되는데요. 그 부분이 일터에서 이미 하루 종일 압도당해 있었다는 생각이 듭니다. 그러고 난 뒤에도 저는 평화로운 장소를 찾을 수가 없는 거죠. 저 자신에게서나 집안에서나 로리에게서나."

"그러고 나서는 어떤 일이…?"

"로리를 비난하는 거죠. 당신은 여전히 나에 대해 이걸 알고 있어야 한다고 생각해." 그는 로리를 향하면서 말했다.

"그리고 당신이 집에 돌아왔을 때 느끼는 걸 로리에게 말하기 힘든 건 어떤 점인가요?" 나는 물었다. 하지만 그가 답하기 전에 나는 로리를 향하였다. "저와 함께 호기심 있는 상태에서 그가 말하는 것을 경청하도록 요청하고 싶네요."

오랜 침묵 뒤에 그가 말했다. "당혹스러운 일이네요."

"시머스, 당신에게 무슨 일이 일어나고 있는지 로리에게 말하는 게 당황스러운 부분이 있군요. 이 부분은 무엇에 대해 당혹스러워하는 건가요?"

그는 잠시 조용히 있다가 부드럽게 말했다. "그것은 압도당한 느낌이 든다는 거고, 도움이 필요하다는 것을 뜻합니다."

취약함이 이렇듯 갑작스레 드러나서 시머스와 로리 둘 다 놀라워했다. 하지만 나는 놀라지 않았다. 보호자들이 환영받지 못하는 침입자로서가 아니라 존중을 받을 때 그들은 때때로 갑작스레 부드러워지게 되는데, 이때 수치심을 느끼며 스스로를 드러내는 것에 취약한 추방자들의 진실을 허용하게 된다(Schwartz, 1995).

"이제 그 당혹스러워하는 부분을 대변해주실 수 있을까요?" 나는 시머스에게 물었다.

그는 로리를 향하였다. "여보, 난 아이였을 때 그 무엇을 요청하든 소용없다는 걸 배웠어. 이상하게 들릴 수도 있겠지만 내가 당신에게 요청해서 필요한 걸 얻은 적이 한 번도 없었던 것 같아."

나는 이 순간이 지닌 위험들을 즉시 알아차리면서 – 이러한 종류의 개방에 대한 반응은 이해하기나 거울반영하기나 인정하기 외의 것은 그 무엇이 되었든 수치심을 안겨주는 게 될 수 있고, 보호 행위를 불러일으킬 수 있기에(Siegel, 2003) – 나는 로리의 반응을 기다렸다. 로리는 시머스를 주의 깊게 바라보았다.

"로리는 지금 얘길 어떻게 듣고 있는 거죠?" 나는 그녀에게 물었다.

"시머스, 당신은 정말 스트레스를 받고 있는 거 같아"라고 그녀가 말했다. "그리고 내가 집안을 엉망인 상태로 놔둔 채로 나갔을 때 상황을 더 악화시키게 되지." 그가 끄덕였다. "당신이 내게 무언가 요청하는 게 힘들다는 걸 알겠어. 그리고 당신이 마초 같은 사내들이 우글거리는 집안 출신이라는 걸 알아. 하지만 난 당신이 원하는 걸 내게 알려줄 때 당신과 더 가깝게 느끼게 되거든."

시머스가 기꺼이 취약한 감정들을 대변하고자 한 것은 로리가 공격받는다는 느낌이 들지 않게 해주었고, 그것은 로리의 보호자들이 그녀의 혼란스러운 파트disorganized part를 방어하는 걸 멈추도록 허용해주었기 때문이다. 그녀는 방어하는 대신 시머스의 경험에 대해 공감과 흥미를 느끼면서 그의 욕구에 대해 반응하게 되었다.

"이 얘길 들으면서 어떻게 느껴지나요?" 나는 그에게 물었다.

"안도감이 드네요." 그가 말했다.

"당신은요?" 나는 로리에게 물었다.

"시머스를 사랑해요." 그녀는 꾸밈없이 말했다.

"오늘 우리가 마치기 전에 말씀하고 싶으신 게 있나요?"

로리가 말했다. "시머스, 어지럽혀진 것들에 대해 당신이 나를 비난하기보다 도움을 요청할 수 있다면, 난 분명 훨씬 덜 반사적으로 행동할 수 있어."

"난 그게 그렇게 힘들지 않길 바래"라고 시머스가 응답했다. "내겐 그게 정말 힘들거든."

"그게 힘들 수 있다는 거에 동의해요." 내가 끼어들었다. "특히 도움을 요청해도 소용없다고 믿는 부분들이 당신에게 있다면 말이죠. 오늘은 우리가 상당히 많은 걸 탐색했어요. 앞으로 그러한 것을 다룰 시간을 갖도록 할 겁니다."

항상 이렇게 쉽지는 않다

로리와 시머스가 흥미를 느꼈기에 새로운 뭔가를 시도해 보도록 도울 수 있었다. 항상 이렇게 되는 것은 아니다. 어떤 커플들은 압도된 가운데 자신의 보호자들이 비난하고 책임을 지우며 조종하려는 매우 강력한 전술들로 되돌아가게 만든다. 그러한 상호작용이 고통스러운 과거를 강력하게 떠올리게 하는 그런 감정들을 불러일으키기 때문에, 점차 나는 보호자의 역할이 다른 사람에게 초점을 맞춘 상태에 있는 것임을 인정하게 되었다. 그래서 파트너들이 내면에서 안전감을 충분히 느끼면서 각자에게 귀를 기울일 수 있도록 돕는 작업을 여러 차례 시도할 필요가 있다. 이러한 종류의 작업의 토대가 되는 것은 치료자의 오랜 시간에 걸친 인내와 끈기이다(Schwartz, 1995). 아래의 사례에서 우리는 자비로운 인내심이 상당히 반사적인 부분들로 하여금 어떻게 치료 과정을 신뢰하기 시작할 수 있도록 돕는지 보여줄 것이다.

루크와 아드리엔

"우리가 이러한 대화를 시도할 때마다 두 분 다 급속도로 심란해지고 압도되는 것이 보입니다. 그래서 오늘 저녁은 다른 방식으로 시작하고 싶군요." 나는 말했다. "잠시 심호흡을 해보는 것으로 시작해보죠…. 자신의 몸을 알아차려 보세요. 긴장, 심란함, 조이는 느낌이 드나요? 또는 이완되고 작업이 가능한 상태인가요? 스스로 뭐라고 얘기하는 게 들리나요? 긴급히 얘길 들어줘야 할 부분들이 있나요? 아니면 여기서 나가고 싶어 하는 부분들이 있나요?"

이러한 질문들은 섞여 있는 부분들이 일으키는 신체 및 정신 상태를 루크Luke와 아드리엔Adrienne이 알아차리게 하고 나서 탈섞임하도록 함으로써 그들을 유턴으로 초대하였다. "우리는 여러분 자신이 각자 스스로에게 최소한 어느 정도나마 연결되기 전까지는 말씀하시는 걸 멈추도록 할 겁니다." 나는 말했다. "여러분의 파트들을 알아차려 보세요. 어느 부분이 자기 얘기를 들려주고 싶어 하나요? 오늘 파트들이 당신을 신뢰할 수 있으려면 내면에서 어떤 일이 일어나야 할까요?"

루크는 잠시 눈을 감을 수 있었는데 그가 이렇게 하는 것은 처음이었다. 아드리엔은 눈을 감았고, 호흡을 천천히 하였으며, 편안해 보였다. 이러한 시작은 그들이 안정화하는 데 도움이 되었지만(그리고 그들이 서로는 물론이고 나까지도 공격하리라 예상하고 있던 나의 부분들을 도와주었는데), 그들의 강렬한 조절장애와 수치심에 대해서는 충분한 도움이 되지 못했고, 앞으로 보게 되듯이 그들은 탈섞임한 상태에 머물러 있을 수 없었다.

"어느 분이 먼저 시작하시겠어요?" 나는 물었다.

"제가요." 아드리엔이 말했다.

루크가 경청하도록 준비시키고 내가 돕기 위해 그곳에 있음을 확인시켜준 다음에, 나는 아드리엔에게 말했다. "당신이 말하고 싶은 걸 알아차렸을 때, 부분들로부터가 아니라 부분을 대신하여 발언하는 것에 대해 제가 상기시키는 걸 허락해주세요."

"그렇게 해볼게요." 그녀는 끄덕였다. 그녀는 루크를 향한 다음에 시작하였다. "이 문제에 대해 엄청나게 많은 감정들이 나한테 있어, 당신도 알겠지만."

"알고 있어." 그가 말했다.

"난 정말 금방 심란해지거든", 그녀가 숨을 쉬었다. "내 안에는 엄청나게 많은 원망들이 쌓여있어." 그녀는 또 한 번 숨을 쉬었다.

"이 부분들이 자신들을 위해 당신이 말해주길 바라는 게 더 있나요?" 나는 그녀의 부분들이 탈섞임 상태에 머물도록 의도하면서 슬쩍 물어보았다.

"당신 얼굴 표정으로 뭘 말하려는 거야, 루크?" 그녀가 화를 냈다. "당신이 내 얘기를 경청하고 있지 않다는 거 알아." 그녀는 말하고 나서 나를 향했다. "아시겠지만 그는 결코 제 얘기에 귀를 기울이지 않을 거예요." 다시 그를 향한 다음 목소리를 높이며 말을 계속했다. "당신은 분명 나에 대해서나 이런 대화를 갖는 것에 대해서나 관심이 없어!"

나는 루크를 잠깐 보았는데, 그는 놀란 것 같았다. 그가 반응하기 전에 나는 다시 아드리엔을 향하고서 말하였다. "방금 무슨 일이 일어난 거죠?"

내가 "지금 당신 뭘 하고 있는 거죠?", "지금 어떤 느낌이 드시나요?"가 아니라, "방금 무슨 일이 일어난 거죠?"라고 물은 것에 주목하라. 내 경험상 "방금 무슨 일이 일어난 거죠?"라는 질문은 공격적인 보호자를 비판단적으로 멈추게 하고/하거나 파트너로부터 주의를 돌리도록 해준다.

그녀는 나를 향하고서 말했다. "꽤 오랫동안 그랬어요. 절 멈추려 하지 마세요! 그가 딴청부릴 때를 전 알아요. 저는 그의 마음을 책처럼 읽을 수 있어요."

아래의 나의 반응에서와 같이 내가 공격적인 부분들에 대해 사용하는 네 가지 독특한 단계들에 주목하라. 그녀의 보호자가 지닌 분노를 **인정하기**, 그 부분의 행동을 친절하지만 단호하게 직면시키기, 원치 않는 결과에 대해 **경고하기**, 그리고 **대안**(나의 도움을 포함)**을 제공하기**. 또한, 내가 그녀의 분노 부분에게 직접 접속을 사용해서 발언한 사실을 주목하라.

"**당신 얘길 들어주길 바라고 그래야** 한다는 **게 이해됩니다. 당신의 분노는 충분히 이해가 갑니다.** *[인정]* 하지만" 나는 효과를 내기 위해 잠시 멈추었고, 그녀의 눈을 들여다보았다. "**이런 방식으로 의사소통을 하는 것은 당신이 원하는 걸 가져다주지 않을 거예요.**" *[직면]* 아드리엔의 얼굴에서 긴장이 살짝 풀렸다. 나는 계속했다. "당신이 루크에게 수치심을 안겨준다면 그로서는 당신에게 귀를 기울이는 걸 중단하고 마음을 닫아버리는 것 외에는 다른 선택이 없을 거예요." *[원치 않는 결과에 대한 경고]* 나는 루크쪽을 바라보았고, 그는 고개를 끄덕였다.

아드리엔은 숨을 내쉬었고, 어깨를 떨어뜨리고 턱의 긴장을 풀었다. 그녀의 부분이 길을 내주고 있음을 알았다.

"난 정말 믿어요", 나는 계속하였다. "당신이 말해야 하는 것과 그 속뜻이 중요하다는 것을요. 루크가 좀 더 들어줄 수 있고 받아들일 수 있는 가능성이 높은 방식으로 당신이 그에게 말하도록 도움을 드려도 될까요?" *[대안 제공하기]*

공격적인 보호자에 대해 개입하는 네 단계

- 그 부분의 분노를 인정한다.
- 그 부분의 행동을 친절하고도 단호하게 직면시킨다.
- 불가피하고 원치 않는 결과(들)를 지적한다.
- 당신의 도움을 포함하는 대안을 제공한다.

"저의 분노에 대해서 납득하신다고 해주셔서 감사해요, 전 정말 선생님의 도움이 필요해요." 그녀가 말했다. "하지만 제게는 감정을 가질 권리가 있어요."

"물론 그럴 권리가 있어요." 나는 그녀의 분노 부분을 다시 인정해 주면서 말했다.

"저의 감정들을 *대변해서* 말하는 건 그저 감정을 약화시키는 방법일 따름이죠. 거기에는 진정성이 없어요." 그녀의 분노 부분이 불평하였다. 많은 사람들에게는 분노가 공격적으로 표현되어야만 진정성이 있다고 믿는 보호자들이 있다. 보호자들은 또한 오직 공격성만이 결과를 얻어낸다고 믿는다. 나는 몇 번이고 반복해서 이러한 믿음들에 대해 도전하곤 한다.

"저는 다른 시각을 갖고 있어요." 나는 말했다. "저는 당신이 강력하고 분명할 때 진정성이 가장 잘 드러난다고 믿습니다. 당신의 부분들을 대변해서 말하는 것은 자기주장을 하는 좋은 방법이고, 또 강력하고 분명해지는 손쉬운 방법입니다. 저의 도움을 받으면서 그걸 한 번 시도해 보시겠어요?"

그녀는 내적 저항을 얼마간 넘어선 듯이 약간의 망설임과 함께 고개를 끄덕였다.

"그리고 루크, 당신은 들으면서 무엇을 알아차렸나요?" 나는 그를 향해 물었다.

"아드리엔에게 강렬한 감정들이 있다는 걸 알아차렸어요." 그는 평온하게 응답하였다.

"우리 다시 시작해볼까요?" 나는 물었다.

몇몇 커플들에 대해서 치료자가 안정을 유지하기 위해서는 믿을 수 없을 정도의 인내와 끈기가 필요하고, 아울러 부분들이 탈섞임하면 참나 에너지가 나타나 이전과는 다른 대화를 촉진하게 되리라는 확신이 필요하다.

용기 있는 의사소통을 소개하는 목적

- 탈섞임과 신경조절을 촉진한다.
- 커플이 내용에서 과정으로 안전하게 옮아갈 수 있도록 돕는다.
- 이전과는 다른 방식의 의사소통이 고통을 제거해 줄 수 있음을 보호체계가 신뢰할 수 있게 도와준다.
- 취약한 부분들이 나타나서 얘기를 들려줄 수 있도록 초대한다.

커플이 민감한 주제에 대해 원활히 소통하도록 돕기

보호자들에 의해 좌우되는 커플들이 민감하고 상처 입기 쉬운 주제들을 논의할 때, 명확하면서도 존중하는 소통을 촉진하기 위하여 여기에 묘사된 도구들을 활용할 수 있다. 예를 들어, 아래의 사례는 욕구desire의 차이(커플들이 직면하게 될 수 있는 섹슈얼리티sexuality*와 관련된 많은 주제들 중의 하나)에 대해 내가 어떻게 작업하는지 보여준다. 하지만 이 사례로 들어가기 전에, 여기서 주의해야 할 한 가지는 섹슈얼리티가 폭넓고 복잡한 주제라는 것이다. 이러한 주제가 관련된 내용에 따라 나는 커플을 공인된 성치료자certified sex therapist에게 별도로 보내거나 나 자신이 성치료자의 자문을 받기도 한다. 의뢰 또는 자문 주제들은 성적 역기능, 오르가슴의 결여, 발기 또는 사정의 곤란, 질경련과 만성 질환 또는 통증을 포함하지만 여기에만 국한되지는 않는다.

그렇긴 하지만, 섹슈얼리티는 커플치료에서 종종 굉장히 중요하고, 커플들은 자신들의 성적 친밀감에 좌절과 실망을 느끼면서 치료에 오더라도, 우리가 격려하지 않는다면 그러한 주제를 기꺼이 꺼내 놓으려 하지 않을 수도 있다. 그리고 또 설사 그들이 기꺼이 꺼내 놓으려 하더라도, 일반적으로 그들은 곤란하거나 민감한 주제의 대화를 서로 상처 주지 않으면서 해나갈 준비가 되어있지 않다. 그런 까닭에 나의 첫 번째 목표는 – 그들이 무엇을 원하고 필요로 하는지, 그리고 그들의 주제가

* 섹스sex가 보통 생물학적 성性의 구별이나 직접적인 성행위를 뜻하는 반면, 섹슈얼리티sexuality는 19세기 이후에 만들어진 용어로 '성적인 것 전체'를 가리킨다. 즉, 성적 욕망이나 심리, 이데올로기, 제도나 관습에 의해 규정되는 사회적인 요소들까지 포함한다(역자 주). [네이버 지식백과] 섹슈얼리티 [sexuality] (선샤인 지식노트, 2008, 강준만)

나의 전문성 범위 내에 있는지 여부를 내가 결정하기 전에 - 그들이 섹슈얼리티에 대해 무슨 얘기를 하고 싶은지 말하도록 도와주는 것이다. 나는 그들의 몸짓언어를 관찰하고 그들이 나누는 대화의 편안함과 흐름에 귀를 기울이면서 이 커플이 서로 존중하는 가운데 경청하고 발언할 수 있는지에 대해 파악한다. 만약 이 커플이 그렇게 할 수 있다면 나는 계속 진행한다. 만약 그렇지 않다면 그들의 섹슈얼리티와 관련된 의제를 이해하기 위한 시간을 갖지만, 그것에 대해 작업하는 것은 그들이 능숙한 의사소통을 더욱 잘 해낼 때까지 연기하도록 한다.

치료사를 위한 조언

만약 커플이 서로 존중하는 대화를 나눌 만큼 충분히 조절하거나 분리하지 못한다면, 그들의 섹슈얼리티와 관련된 의제를 추진하기보다는 그들의 의사소통 기술에 대한 작업을 계속하도록 한다. 그들이 본격적으로 섹슈얼리티에 대한 대화를 하게 될 때, 당신의 파트들의 느낌을 기점으로 사용해서 내담자들이 그 주제에 대하여 편안해지도록 도와준다.

- 내가 섹슈얼리티에 대해 생각하거나 믿는 것 중에서 나의 개방적이면서 참나가 이끄는 상태를 방해할 수도 있는 것은 무엇인가?
- 나의 부분들이 나의 섹슈얼리티에 대해 활성화한다면, 이 부분들은 내게서 무엇을 필요로 하는가?

여기서 묘사되는 커플인 엘리자베스와 조너선은 별거시도trial separation의 갈림길에서 나를 찾아왔다. 그들에게는 아이들이 없었고, 자주 다투었으며, 자신들의 관계가 서로 다른 방향으로 흘러가 버리고 말 것으로 판단하고 있었다. 그들은 초기면접에서 자신들의 성적인 관계에 무슨 일이 일어난 건지 이해시키려고 하였다. 그들의 거친 상호작용에 대해 몇 회기 동안 작업하고 나서 우리는 다시 그들의 섹슈얼리티로 돌아가 얘기를 나누었다.

엘리자베스와 조너선

"이러한 주제를 저에게 그리고 두 분 서로에게 꺼내놓는다는 게 어떻게 느껴지시나요?" 나는 둘 다를 향해 물어보았다.

"편안하지가 않네요." 조너선Jonathan이 말했다.

"말해줘서 고마워요." 나는 말했다.

"한편으로는", 그가 계속했다. "우린 도움이 필요해요."

엘리자베스Elizabeth가 고개를 끄덕였다.

"그 문제에 대해 자세하게 말씀해주실 수 있으세요?" 나는 물었다.

"그저 서로 욕구needs가 다른 거라고 저는 생각해요." 엘리자베스는 말했다. "우리는 이제 예전에 같이 머물던 곳에 있지 않거든요."

"그녀가 원하는 것보다 더 많은 섹스를 제가 원한다는 의미죠." 조너선이 말했다.

"저는 압력을 받는 걸 좋아하지 않아요." 엘리자베스는 말했다.

조너선은 '바로 그거예요!'라고 말하는 듯 어깨를 으쓱하였다.

"그래서 이 문제는 확실히 중요하고요, 우리는 이 문제를 다룰 겁니다." 나는 말했다. **"하지만 여러분이 허락한다면 오늘은 이전에 다루던 것으로 돌아가서 성 역할**gender roles**과 섹슈얼리티에 대한 여러분의 믿음을 전반적으로 탐색해보고 싶군요**(아래에 있는 「섹슈얼리티에 대해 내담자에게 물어볼 질문들」 참조). **우리는 그걸 함께 해볼 수 있습니다. 또는, 여러분 중 한 분 또는 두 분 모두 선호하신다면, 저는 한 번에 한 분씩 만날 수 있습니다."**

"저는 그게 더 쉬울 거라고 생각하지 않아요. 하지만 우리가 이걸 해볼 거라면 둘이 함께 해보는 게 나을 거 같아요." 엘리자베스가 말했다.

"같은 생각입니다." 조너선이 말했다.

섹슈얼리티에 대해 내담자에게 물어볼 질문들

1. 당신이 섹스에 대하여 언제 그리고 누구에게 배웠나요? 당신의 나이는 몇 살이었나요?
2. 성에 대해 관심을 갖게 된 것은 몇 살 때였나요?
3. 자신의 섹슈얼리티나 몸에 대해 수치심을 느낀 적이 있었나요?
4. 성이나 당신의 몸 또는 어느 젠더의 몸에 대하여 당신의 삶에서 부모나 다른 어른들로부터 어떤 메시지를 받았나요?
5. 형제나 동료에게서 어떤 메시지를 받았나요?
6. 그 결과 성 전반에 대하여 그리고 당신의 몸에 특정하여 어떤 믿음을 형성하게 되었나요?

7. 성에 대하여 당신에게 어떤 양극화가 있나요?
8. 두 분이 서로 성에 대해 얘기하는 게 얼마나 편안한가요?
   - 성에 대해 얘기하지 못하게 하는 부분들이 당신에게 있나요?
   - 그렇다면 그들이 걱정하는 것은 무엇인가요?
   - 그들이 괜찮다고 느끼기 위해서 그들이 당신에게서 필요로 하는 것은 무엇인가요?
9. 성과 관련된 특정한 주제들이 당신의 부분들을 불편하게 만드나요?
   - 그렇다면 그것들은 어떤 건가요?

(이 질문들에 대해 IFIO 트레이너인 낸시 원더Nancy Wonder에게 감사를 표한다.)

우리 중 상당수는 섹슈얼리티와 성 역할에 대해 다양한 믿음과 느낌을 지닌 부분들과 함께 아동기를 벗어나게 된다. 그래서 나는 종종 사람들에게 이러한 주제들과 관련되어 어떠한 내적 양극화들이 있는지 알아차리도록 초대하면서 시작한다(위에서 질문 7).

"우선 젠더와 섹슈얼리티에 대한 여러분의 느낌과 믿음들에 대해 알아차려 보실 용의가 있으신지요?" 나는 물었다. 위의 질문들이 열거된 용지와 함께 펜과 종이를 그들에게 전달하면서 나는 계속하였다. "이 질문들에 대해 생각해보시고 여러분의 답을 적어주세요."

그들이 시간을 들여 작성하고 나면, 나는 이번 장에서 개략적으로 설명한 능숙하게 경청하고 발언하는 기술들을 활용하여 서로에게 발언하고 경청할 용의가 있는지 물어본다.

조너선은 동의를 하고 나서 시작하였다. “저는 이렇게 생각합니다. 요즘 여자들은 남자들에게 멋진 페미니스트 소양을 갖추기를 바라는데요, 하지만 우리는 비밀스럽게 카우보이적인 면도 지니고 있어야 합니다. 저는 이런게 혼란스럽습니다.”

“남자로서 당신의 역할에 대해 뒤섞인 메시지를 경험하고 계시다는 거군요?” 나는 말했다. 나는 엘리자베스를 바라보며 물었다. “이해가 되시나요?”

“그럼요.” 그녀가 말했다. “흥미롭네요. 이 카우보이는 잘 지켜왔던 비밀 같은 거예요!”

“정말?” 조너선이 말했다. “당신이 내가 민감한 동시에 강하고 섹시하길 바란다는 사실에 동의하는 거야?”

“당연하지.” 엘리자베스가 말했다. “왜 아니겠어?”

“이봐, 당신은 이렇게 말하잖아. 내가 단호할 때, 내가 당신을 부당하게 밀어붙인다는 듯이 당신은 반응하잖아.”

“흠.” 엘리자베스가 말했다.

“어떻게 들리세요?” 나는 물었다.

“이해돼요. 그의 인생 내내 그는 뒤섞인 메시지를 받아왔어요. 그리고 이제 거기에 저도 포함된다고 하네요. 하지만 그가 지나치게 반응하는 거라고 저는 봐요. 네, 저는 정말 그가 민감한 만큼이나 강하길 바라죠. 하지만 그건 진짜, 정도와 스타일의 문제예요.”

“음, 당신이 뭘 원하든지 난 그렇지 못해.” 조너선이 말했다. “그게 내가 아는 전부야. 난 애써봤다고. 이젠 포기했어."

"당신의 얘기를 들으면서요" 나는 말했다. **"이러한 대화들이 집에서는 어떻게 끝마치게 되는지 궁금하군요."**

"싸움으로요." 엘리자베스가 말했다.

"이해됩니다." 나는 말했다. "그리고 그러한 싸움이 여러분의 성적인 관계에 영향을 끼치는 거군요?"

"네." 조너선이 말했다.

조너선의 어린 시절에 대한 묘사는 그가 남자의 역할에 대해 받았던 모순된 메시지들을 조명하면서, 엘리자베스가 젠더에 대해 초기에 받은 교육도 마찬가지로 혼란스러운 것임을 입증하였다. 그녀의 어린 시절 전반에 걸쳐 자신의 어머니가 일반적으로 남자들을 – 그리고 특히 그녀의 아버지를 – 약하고 무책임하다고 무시하는 얘기를 하면서도 모든 측면에서 아버지의 의견을 결국 따르는 것을 목격하였다. 아버지의 인정 많은 베풂은 언제나 그의 지혜를 넘어섰기 때문에, 가족은 재정적으로 어려움을 겪었고, 어머니는 복종하면서도 이에 버금가게 말로 질책하고 화를 내곤 하였다.

"조너선, 엘리자베스는 당신이 공손하면서도 동시에 자기주장을 하기를 바란다고 느끼시는 것 같네요. 이것이 당신을 혼란스럽게 만들고요. 맞나요?"

"실제로 저는 엘리자베스가 원하는 사람이 되길 바랐고 그런 사람이 될 수 있다고 생각했지만, 결코 성공하진 못했다고 밖에 말할 수 없습니다. 그리고 이제는 더 이상 그 점에서 성공하길 바라지 않습니다. 항상 모든 이를 기쁘게 하려고 늘 애쓰는 그 친구guy는 지쳤어요."

"당신의 어떤 파트는 자신이 생각하는 엘리자베스가 바라는 모습이 되려고 노력을 했는데 이제는 지쳤고 그런 역할을 그만두고 싶어 한다는 건지요?"

조너선은 끄덕였다.

"그건 중요한 거고, 우린 그에게 되돌아 가볼 겁니다. 하지만 먼저 제가 요약을 마무리해서 모든 걸 논의의 테이블에 올려놓도록 해도 될까요?"

그는 다시 끄덕였다.

나는 엘리자베스에게 돌아앉았다. "당신이 아버지를 사랑했다고 말씀하시는 걸 들었어요. 그분은 잘못에 대해 관대한 태도를 보이셨지만 당신이 보기에 이상하리만치 약하고 무책임한 모습 또한 보이셨지요. 그리고 당신은 어머니가 그런 아버지의 태도에 한 번도 개입을 하지 않았던 것에 대해 화가 났고요. 맞나요?"

그녀는 끄덕였다.

"그래서 조너선에게는 엘리자베스를 어떻게 기쁘게 해줄지 알 수 없다고 느끼면서 그런 노력을 그만두고 싶어 하는 부분이 있지요. 그리고 엘리자베스에게는 종종 조너선에게 실망하는 – 어머니와 아버지에게 실망을 느꼈던 것과 똑같은 – 부분이 있지요. 제가 제대로 요약했나요?"

"그 요약을 들으면서 좀 부끄러워지는 느낌이에요. 하지만 맞는 거 같아요." 엘리자베스가 대답하였다.

"이러한 관점들이 여러분의 성적인 관계에 어떻게 영향을 미치고 있나요?" 나는 물었다.

"나쁜 쪽으로요." 엘리자베스가 말했다.

"언제나 실패자처럼 느껴지는 게 슬프고 화가 납니다."

"우리의 성생활은 재미있었거든요." 엘리자베스는 슬픈 듯이 말했다.

연구(Michael, Gagnon, Laumann & Kalota, 1994)에 따르면 전체 커플의 절반이 억압된 욕구inhibited desire 또는 욕구 수준의 차이를 경험한다. 치료를 받고자 하는 커플들에 대한 내 경험에 비추어 보면, 대부분의 커플들이 성적인 연결감에서의 어떤 기능 장애를 한때 경험하게 된다. 이때 커플들은 당황하게 되고 그것을 이상한 것으로 오인한다.

"여러분만 그런 게 아닙니다." 나는 그들에게 확신을 주었다. **"우리가 물려받은 신념과 감정들은 우리의 성생활에 커다란 영향을 미칠 수 있습니다."** 나는 이 주제에 대한 연구를 간략히 설명한 다음에 말했다. **"여러분이 원한다면 제가 도움을 드릴 수 있습니다. 하지만 먼저 여러분이 이걸 커플의 문제로 생각해보실 수 있으면 좋겠습니다. 이는 그 어느 쪽도 상대를 비난하지 않는 것이고 여러분은 그 해법을 찾는 어떤 팀이 된다는 것이죠."**

나는 낮은 욕구 또는 욕구의 차이에 대해 작업하게 되면 배리/에밀리 매카시Barry/Emily McCarthy(2003)의 모델에서 자유롭게 빌려와서 섹스 빈도가 낮은 커플들을 돕는다(아래의 「매카시 모델」 참조). 매카시의 접근은 **발언하기 및 경청하기**, **욕구 탐색하기** 그리고 **수치심을 느끼는 부분들과 수치심을 주는 부분들을 치유하기**와 같은 IFIO 기법들과의 결합을 통해서 커플의 갈등을 정상화하고, 그들의 수치심 및 비난 사이클을 조절하며, 그들이 공유하는 도전과제와 씨름하고 해결책을 찾는 하나의 팀으로서 그들 자신을 체험하도록 도와준다.

매카시 모델(2003)

1. 극단적인 감정 상태(우울, 불안, 억제, 수행불안, 수치심)에 빠져서 욕구를 죽이고 있는 부분들을 찾아서 도와준다.
2. 친밀한 팀이 되는 데 방해하고 있는 것은 무엇인가?
3. 오르가슴을 달성해야 한다는 압박감이 없는, 요구하지 않는 즐거움non-demand pleasure 및 친밀한 터치intimate touch의 개념을 소개한다.
4. 새로운 행동의 위험을 감수하는 것에 대해 얘기를 나눈다.

진행 과정에서 나타났듯이 요구당하지 않는 즐거움은 엘리자베스와 조너선에게 중요한 개념이었다. 이 커플은 연결이 끊긴 느낌과 상처를 안겨준 성역할과 관련된 물려받은 이슈legacy issues로 치료를 받으러 왔지만 – 그리고 우리는 그들의 치료 전반에 걸쳐서 이러한 신념과 경험들을 실제로 다루었다 – 그들은 성과에 대한 압박을 걷어냄으로써 매우 빠르게 자신들의 매력을 다시 점화시킬 수 있었다. 친밀함에 대하여 다른 접근을 활용한 것이 그들에게 시간과 여유를 제공하여 분노하는 보호자들로부터 분리하고, 다시금 안전함을 느끼며, 터치에 참여하고 놀이하며 다시 연결되도록 해주었고, 이는 결과적으로 치료에서 가족 관련 충성loyalties과 상속된 짐들legacy burdens을 탐색할 용기를 얻게 해주었다.

요약

제대로 의사소통하기 위해서는 어려운 대화를 하는 동안 생리적으로 조절된 상태를 유지하는 것이 필수적이다. 그러한 조절을 위해서는 기술, 인내, 그리고 용기가 필요하다. 커플은 생애 전반에 걸쳐 어려운 대화를 많이 갖게 될 수밖에 없다. IFIO는 각 개인이 유턴을 해서 내면에서 분화하도록 가르친 다음에, 어려운 대화에 접근하기 위하여 탈섞임하여 보다 잘 준비된 그들의 파트너에게 리턴하도록 한다.

커플들은 때때로 쉽게 분리하고, 당신의 도움을 받아 이전과는 다른 대화를 빠르게 해내기 시작할 수 있다. 의견을 달리하면서도 존중의 태도로 임하면서 서로의 욕구에 대해 호기심을 갖는 것은 보호자들이 긴장을 누그러뜨리고 무장을 해제하도록 도와준다. 의사소통의 실패가 불가피하게 일어났을 때 철수하고, 무망감을 느끼며, 공격하는 부분들이 더 이상 섞여서 압도하지 않게 된다.

한편, 긴장을 푸는 데 어려움을 겪는 맹렬한 보호자들이 있는 커플들은 더 많은 시간과 훨씬 더 많은 안내가 필요하다. 당신의 상담실에서 커플들이 자신의 보호자들로부터 직접 말하는 것이 아니라 그들을 대변하기 위하여 배우게 되는 마음챙김하며 천천히 진행하는 실습은, 그들이 어려운 대화를 성공적으로 다루기 위하여 필요로 하는 용기와 확신을 길러준다.

IFIO 예비 단계들

1단계

경청하고, 사이클을 추적하고, 커플들이 어려운 주제에 대하여 다른 방식으로 대화하도록 초대한다.

- *제가 여러분을 도와드려도 될까요?*

2단계

부분 탐지기가 되는 것에 대해 계약을 맺는다.

- *저는 여기에 여러분을 돕기 위해 있습니다. 그리고 저는 부분들이 여러분 각자를 압도하기 시작할 경우 상호작용을 늦추거나 중단시킬 것입니다.*

3단계

커플들이 누가 먼저 발언하고 누가 경청할지 협의하도록 초대한다.

4단계

경청하길 원하지 않을 수도 있는 부분들을 듣는 이가 알아차리도록 함으로써 듣는 이를 준비시킨다.

듣는 이가 호흡을 하고 느낌을 알아차리도록 격려한다.

듣는 이가 감정적으로 여유를 가질 때까지 분리하도록 돕는다.

▌5단계

말하는 이가 자신의 부분들이 탈섞임하도록 그리고 그들을 대변하도록 지도한다.

탈섞임에 대한 몇 가지 힌트:

- 각 파트너가 자기 자신의 부분들과의 관계 속에 머물도록 격려한다.
  - *여러분의 몸에서 무엇을 알아차리고 있나요?*
- 그들이 들려주는 내용에 또는 그들이 해결책을 찾는 걸 도와주는 데에 붙들리지 않도록 한다.
- 한 파트너에게 기다려달라고 요청하고서 다른 한 파트너가 탈섞임하여 부분들을 대변하도록 당신이 도와줄 필요가 있을 수 있다.
  - *이 부분이 탈섞임하여 당신이 자신을 대변하게 허용한다면 무슨 일이 일어날까 봐 걱정하는 건가요?*
- 양쪽 파트너 각각의 부분들의 경험과 감정들을 타당화한다.
- 보호자들에게 단호하면서도 친절하게 대응한다.

▌6단계

한 파트너의 보호자들에게서 허락을 얻었다면 발언하고 있는 그 파트너가 취약한 감정들을 향해 움직이도록 격려한다. 파트너들이 추방자들에게 또는 그들에 대해 경청하게 되면 공감을 하게 될 가능성이 더욱 높아진다.

▌7단계

듣는 이가 마음으로 반응하도록 돕는다. 그 어느 부분도 곤경에 처한 채로 남겨두어서는 안 된다. 듣는 이로 하여금 공감해주도록 격려하라. 그리고 만약 그게 잘 안된다면 치료자가 공감을 제공해야 한다.

듣는 이에 대해 사용할 수 있는 질문 및 요청:

- *당신이 방금 들은 것의 핵심을 반영해준다.* (칼 로저스Carl Rogers)
- *이러한 정보 중 어느 것이라도 당신에게 납득이 되는 게 있나요? 어떤 방식으로 그런가요?*
- *당신의 마음으로부터 반응해 주실 수 있나요?*

치료자의 공감적 진술:

- *제가 들은 것의 핵심은* ______________ *입니다.*
- *제게 아주 일리 있게 들리는 것은* ______________ *입니다.*

자기노출을 한 것에 대하여 이해, 거울반영, 또는 인정認定을 얻지 못한 경우 종종 깊은 수치심 반응, 그리고 아마도 보호 및 적응하려는 반사적인 행동이 뒤따를 수 있다(Siegel, 2003).

▌8단계

말하는 이가 듣는 이 또는 치료자로부터 공감적인 반응을 받게 되면, 듣는 이로 하여금 내면에 주의를 기울이도록 요청한다.

▌9단계

- 시간이 있다면, 듣는 이와 말하는 이의 역할을 바꾸어서 작업한다.
- 커플에게 필요하다면 듣는 이와 말하는 이의 역할에 대해 상기시킨다.
- 양쪽 모두 준비되었을 때, 방금 경청하는 역할을 했던 사람에게 자신의 부분들을 대변하도록 요청한다.

5장

개인 작업

이 장에서는 커플치료에서 치유적인 힘으로 작용하는 개인내적 작업에 대해 설명한다. IFIO 치료에서 우리는 몇 가지 이유로 인해, 파트너가 참석하는 가운데 깊은 치유적인 작업을 촉진한다. 여기에는 커플이 참나 에너지Self-energy에 접근하도록 돕는 것, 내적 애착internal attachment을 향상시키는 것, 그리고 목격하고 있는 파트너로부터 판단 대신 공감을 이끌어내는 것을 포함한다. 커플이 자신들의 어린 시절을 탐색하고, 어떻게 하여 어린 시절의 경험이 그들의 현재 행동에 영향을 주고 있는지 이해하도록 격려함으로써, 그들에게 관계적 짐 내려놓기를 할 수 있는 기회를 창출할 수 있게 한다. 또한, 한 파트너가 유턴U-turn을 하고, 추방자들이 짐 내려놓기를 하는 것과 그것을 목격하는 치유작업을 하는 과정에 있어서, 파트너가 참석하고 있는 가운데 이를 실행하는 것은 커플이 분화할 수 있도록 돕게 되는데, 그런 과정을 통해서 그들은 그들의 사랑을 더욱 자연스럽게 주고받을 수 있게 되는 것이다.

함께하는 개인 작업

커플 중 한 사람이 자신의 부분과 섞이게 되면 감정에 휩싸이게 되는데, 이때 치료사는 다른 파트너가 목격자로 있는 동안 감정에 휩싸인 파트너와 개인적인 작업을 하게 될 수가 있다. 이것은 커플치료사들에게는 인식의 대전환paradigm shift이 되는데, 커플치료사들은 파트너가 함께 참여하는 치료 회기에서는 개인 작업을 하지 말도록 가르침을 받아왔기 때문이다. 이 접근방법의 예술성은 관계적 작업과 개인적 작업과의 균형을 맞추는 일이 된다.

우리는 몇 가지의 이유로 인해 그렇게 하는데, 어린 시절의 경험에 기초한 극단적인 믿음을 가지고 있는 파트들에게 접근하고 참여하는 파트너를 목격하는 일은, 그 자체로 힘 있고 안도할 수 있으며 치유가 되는 관계로 가게 할 수 있다. 그런 까닭에, 만일 취약하고 매우 반응적인 파트가 상담회기 중에 수면 위로 올라오면, 그리고 시간상 적절하다고 판단되면, 치료사는 양쪽 파트너 모두에게 허락을 구하고 난 뒤에 그 파트에 초점을 두고 작업할 수 있다. 다른 말로 하면, 우리는 추방자 작업을 할 때 한 번에 한 파트너와 선택하여 할 수 있다. 하지만 누가 개인 작업을 먼저 하든지 간에, 커플이 함께하는 맥락 안에서든 개인 회기에서의 작업에서든, 결국에는 커플 안에서 각 개인이 자신의 추방자 작업을 할 기회를 얻게 될 것을 치료사는 그들에게 확인시켜주어야 한다.

어린 시절의 역할

인생 초기의 삶은, 커플치료 안에서의 개인적인 작업에서 다루는 많은 것들의 초점이 된다. 2장에서 설명되었던 것처럼, 어린 시절에 형성된 많은 암묵기억implicit memories은 자동으로 현재의 친밀한 관계 안에서 불려 나온다. 이러한 기억들은 왜 그런 건지에 대한 어떠한 의식적인 알아차림 없이 파트너에게 위협적인 것으로 제기된다. 이러한 것은, 현재 상황보다는 어린 시절 위험에 기초하여 올라온 것이며, 이렇게 보호하고자 하는 충동은 양쪽 파트너들에게 동시에 일어날 수 있는데, 그들의 두려움이 튀어 올라 그들의 내면의 보호자들이 과민반응을 일으키는 현상이다. 이러한 상처들ruptures이 보듬어지지 않고 그대로 넘어가게 될 때, 관계는 망가지게 되는데, 이는 관계를 끝장내는 것이 최선의 옵션인 것처럼 보이는 데까지 이르게 되는 것이다.

내적 애착을 발전시키기

연구결과로 알게 되는 것은 다음과 같다. 미러링, 조율된 경청, 눈 맞춤, 내뻗기, 그리고 부드러운 접촉을 하는 것 등과 같은 행동들이 관계에서의 애착과 안전한 연결감으로 인도하여 주는데, 그것이 부모와 아이 사이이든, 성인들 사이에서든(Johnson, 2004) 마찬가지의 효과를 보여준다고 한다. 안정적 결합secure bonding은 친밀한 관계를 성공적으로 하고 있다는 것으로 연관된다(Johnson, 2004). 우리의 입장에서는, 안정적인 애착은 또한 파트들과 참나와의 사이에서 필수적이다. 주의 깊고도 친절한 태도로 추방된 파트들의 이야기에 주의를 기울임으로써, 어린 시절의 조율되지 못함으로 인해 생겨난 상처를 치료하고, 커플에게 그들의 오래되고, 해결되지 못한 욕구들을 좀 더 기술적으로 채워갈 수 있는 장을 마련해 준다.

짐 내려놓기: 잃어버린 아이를 치유하기

짐 내려놓기, 슈워츠(1995)에 의해 만들어진 이 용어는, 추방된 파트들을 치유하기 위한 IFS 프로토콜을 설명한다. 슈워츠가 파트들이라고 부르는 것은, 과거의 트라우마적인 삶의 사건이 일어나는 동안 그곳에 갇혀있을 수 있다. 이러한 사건들이 일어나는 중에, 아이들은 수치심을 느끼거나 두려움에 떨고, 그들이 경험한 것으로 인해 그들 자신에 대한 부정적인 믿음을 발달시키는데, 그 이유는 시간이 지나면서 확신하게 되는 여러 가지 이유들로 인하여 그 믿음이 견고하게 발달하기 때문이다. 우리는 이것들을 '짐burdens'이라고 부른다. 외상을 겪으며 만들어진 신념들은 지나치게 학습over-learned 되어서, 그들은 고집스럽게 그 신념들을 믿고 느끼게 된다. 하지만 그 신념들은 참나와 파트 사이의 관계에서 그것들의 권위를 잃게 되기 때문에 결국, 대부분의 파트들은 기꺼이 그것들이 흘러가 버리도록 내버려 둘 수 있게 된다. 이러한 깊은 마음의 변화는 시간이 걸리면서 일어나는데, 추방된 파트들의 이야기를 목격함으로써 뿐만 아니라 보호자들의 동기를 이해하는 것을 포함하는 장에서 일어난다. 유해한 신념들이 인식되고 흘려보내지면, 파트들은 보다 친절하고 보다 안목이 있고 적응적인 정체성을 받아들이게 된다.

내적 애착으로부터 외적 애착으로의 이동

부정적인 정서를 조절할 수 있는 능력은, 강하고 방어적인 보호자 파트들을 무력화하고 파트너와 안정애착을 할 수 있도록 허용해준다. 안정애착은 결국, 개인의 자기조절 능력을 강화한다(Badenoch, 2008). 요약하면, 분화된 안정적인 결합은, 내부와 외부 양쪽에서 상호 간에 서로를 강화한다. 우리는 유턴U-turn을 사용하여 안정적인 내적 애착을 세우도록 하는데, 이것은 안정적인 외적 애착을 세우기 위한 프로젝트로 리턴re-turn을 위해 무대를 설정하는 일이다.

관계적 짐 내려놓기

한 파트너가 어린 시절 경험했던 수치심과 정서적 고통에 대해 작업하고 있을 때, 열린 마음으로 이것을 목격하는 것은 개인적인 짐들뿐만 아니라 관계적 짐들도 내려놓을 수 있도록 도움이 되어 준다. 이러한 긍정적인 순환은 우리가 도달하려고 하는 내면의 변화의 목표를 성취하게 하는데 내면의 변화는 외부의 변화를 향상시키고, 외부의 변화는 더욱 내면을 변화로 인도하고, 그렇게 되면 외부의 변화를 위한 더욱 많은 공간을 내면에 창조하는 방식으로 계속해서 우리에게 도움이 된다. 이러한 양방향의 작업 그리고 관계적 모델은 내부의 연결과 외부의 연결을 동시에 향상시키기 위하여 분투한다.

내적 작업

한 파트너에게 적절하다고 판단이 될 때 내적 탐색이 이루어지는데, 치료사는 다른 파트너가 목격자로 있는 동안에 그에게 직접적으로 작업할 수 있다. 작업을 진행하기에 앞서 커플인 두 사람을 준비시키고 그들의 파트들로부터 허락을 받는 것은 매우 중요하다. 먼저, 작업을 하기로 되어있는 파트너가 충분한 참나 에너지가 있는지를 확인하는 것이 필요하다. 만일 어떤 파트들이든 불안해하는 파트들이 있다면, 그것들은 당신이 작업을 시작하기 전에 주목을 받을 필요가 있을 것이다. 내면 작업은 매우 부드럽고 취약할 수 있기 때문에, 안전이 핵심이다. 그들에게 당신이 거기에 있어서 그들을 도울 것이라는 것과, 작업을 하는 파트너의 내면에 참나라는 자원 또한 지니고 있다는 것을 모두 상기시켜 준다.

그러는 동안, 듣는 사람은 판단을 하거나 방어적으로 되지 않고 마음을 열어두어 목격자의 역할을 해야 한다. 만일 듣는 사람이 치료 세션 중에 부정적으로 반응하게 되면, 치료사는 재빨리 개입해서 그녀가 (듣는 사람) 분리할 수 있도록 도움을 주어야 한다. 치료자는 진행하는 동안 눈 맞춤, 몸짓언어, 그리고, 아마도, 때때로 언어적으로 확인하는 언급을 하면서 듣는 역할을 하는 사람과 관계하면서 그를 지원해주어야 한다. 양쪽 파트너들과의 연결감을 유지하는 것이 중요하다. 한 사람과의 작업이 완결되면, 치료사는 획득된 통찰을 통합시키기 위하여 관계에 다시 초점을 두어야 하고, 커플이 새롭게 관계하는 방식을 통합할 수 있도록 필요한 시간을 커플에게 허용해 주어야 한다.

다음에 나오는 사례에서, 양쪽 파트너들은 비판적이고 수치심을 주는 파트들과 빠르게 섞이는 것을 볼 수 있다. 비판이 쉴 새 없이 나올 때, 나는 그들의 말이 상대방에게 잘 들릴 수 있도록 그들을 도와주어서, 마침내 그들이 더 이상 비판을 할 필요가 없다고 느끼고 쉴 수 있도록 해준다. 수치심을 주는 파트들이 활성화되는 한, 커플 사이에서 진정한 작업은 일어나지 않기 때문에, 나는 어느 파트너가 먼저 작업을 할지에 대한 관심보다는, 그들이 해야 할 작업이 있다는 것을 양쪽 파트너에게 상기시키는 일에 더욱 초점을 둔다. 나는 또한 항상 비판자는 취약한 추방자를 보호하고 있다는 것과 내가 커플과 하는 작업은 어떤 작업이 되었든지 간에 결국에는 어린 시절의 상처로 귀결된다는 것을 염두에 둔다. 짐 내려놓기를 하는 추방자들에 대한 개인 작업은, 내면과의 연결감에 대한 느낌과 참나 에너지에 대한 느낌을 자아내게 되는데, 그것은 결국 커플이 그들의 외적 관계적 작업을 할 수 있도록 커플에게 힘의 연료를 제공해 줄 것이다.

커플치료에서 개인 작업의 목적

- 어린 시절 경험이 어떻게 성인 관계에서 중요한 역할을 하는지 알아차릴 수 있도록 한다.

- 내면 애착 형성을 위한 양육을 제공한다.
- 과거에 외상을 경험했던 어린 파트들을 치유한다.
- 파트너의 내적 딜레마를 이해하고 공감하도록 한다.
- 목격자가 파트너의 치유과정을 관찰하고 그 과정에 참여할 수 있도록 허용한다.

나딘과 미치

햇살 따스한 5월 아침에 내 사무실의 창문 밖을 바라보며 미치Mitch가 먼저 입을 열었다. "저는 비난 받는 것에 이제 지쳤어요. 저는 절대로 나딘Nadine을 만족시킬 수가 없어요."

"조금 더 자세히 말씀해주시겠어요?" 나는 나딘에게 요청했다.

"이것은 말하기가 좀 그렇다는 것을 알지만, 제 입장에서 볼 때 미치는 요즘 모든 것을 비난으로 듣고 있어요. 그는 과민하게 반응해요. 그럴 때 그는 다른 사람처럼 보여요. 그만두자는 게 아니라면 어디서부터가 문제인지 모르겠네요."

"그래서 당신에게는 매우 당혹스러운 부분이 있군요?"

"네, 그렇죠."

"그리고 당신에겐 나딘에 의해 비난받는다고 느끼는 파트가 있네요. **당신의 내면에서도 비난받는다고 느끼나요?**" 나는 미치에게 질문했다.

"제가 저 자신에게 화가 나느냐는 의미인가요? 그렇다면, 맞습니다."

“당신 자신에게 화를 내는 그 파트를 향해 어떤 느낌이 드시나요?” 나는 질문했다.

“두려워요.”

“그러면 그건 화난 부분에 대해 두려워하는 또 다른 부분이군요.”

“왜냐하면, 그는 저의 아버지를 상기시키니까요.”

“당신은 아버지를 두려워했군요. 그랬나요?”

“아버지는 항상 화를 냈고 저는 항상 그를 두려워했어요.”

나는 나딘을 바라보았다. 그녀는 끄덕이면서 미치에게 말했다. “아버지는 무서운 분이셨어요.”

한 파트너가 곧바로 어린 시절로 들어가는 여행을 하게 될 때, 다른 파트너는 더 이상 비난의 대상이 아니게 되며, 관찰자로서 그는 자주 공감을 느끼고 흥미를 가지게 된다.

미치를 향해 돌아보면서, 나는 질문했다. **“이 두려워하는 파트가 당신을 신뢰하고 있나요?”**

“내가 누구죠(Who's me)?” 미치가 물었다.

“그 말은 당신 내면에서 지금 들린 말인가요?”

“거기에 믿을 만한 사람이 있는지 아무도 못 찾겠어요.”

“좋습니다.” 내가 말했다. “당신을 믿지 못하는 그 파트를 살펴보도록 합시다. 그 파트가 미치를 흔쾌히 만나려고 해줄까요? 믿을만한 사람으로요?”

“그 파트가 말하네요. 거기에는 아무도 없다고.”

“그 파트는 그렇게 느끼고 있군요. 그것은 두려워하는 파트인가요?”

그는 고개를 끄덕였다.

"그 파트에 대해 당신은 어떤 느낌이 드세요?" 내가 물었다.

"도와주고 싶어요." 그가 말했다.

"그 파트는 우리가 화난 파트와 이야기하도록 허락해 줄까요?"

"별로 내켜 하지 않아요." 미치가 말했다.

"좋습니다. 그 부분에게 도움이 필요하다면, 우리에게 말해 달라고 얘기해주세요. 그러고 나서 화난 부분에게 그가 당신을 위해 어떤 일을 하는지 물어보세요."

"그는 미친 듯이 화가 났어요." 미치가 말했다. "그는 날 때려눕히려고 해요."

"그 파트가 당신을 때려눕히지 않게 되면 무슨 일이 일어날까요?"

"저는 일을 망쳐버리겠죠."

"그 부분은 어떻게 해서 그런 일이 일어날 거라고 믿게 되었죠?"

"제가 어렸을 때 항상 망쳐버렸어요."

"어떻게 해서 당신이 망쳐버렸다는 걸 알게 되었나요?"

"아버지가 저한테 말해줬어요."

"그렇다면 이 부분은 당연히 당신이 망쳐버렸다고 생각할 수밖에 없겠군요."

"그 부분이 다른 사람보다 먼저 저를 괴롭혀야 했어요."

"이를테면 누구 말이죠?"

"나딘, 저의 예전 직장상사, 누구든…."

"그 부분에게 요청해 보세요. 그가 이 일을 하기 시작한 그때로 당신을 데려가 달라고요."

내가 말하자 미치가 울기 시작했다. "지금 느껴지는 기분이, 견딜만

한 정도이신가요?"

내가 물었다.

그는 고개를 저었다, *아니요*.

"좋습니다." 나는 말했다. 나딘의 공감적이고 연민적인 표현을 이 상황에서 유익하게 활용하기로 방침을 정하고 나서, 이렇게 말했다. "지금 나딘을 바라보시겠어요."

지금 현재에서 파트너로부터 사랑과 지지를 받는다고 할지라도, 수치심이 내적 체계에 스며들었을 때 관계에서 주도권을 잡고 있는 보호자들을 대항하기에는 충분하지 않을 수 있다. 하지만, 사랑하는 파트너는 싸우거나 도망치려는 충동을 조절할 수 있도록 상대방에게 도움을 줄 수는 있다(Porges, 2007).

"나아졌어요." 그는 나딘에게 고개를 끄덕였고, 나딘도 격려하듯 고개를 끄덕여주었다.

"다시 돌아가도 괜찮겠습니까?" 내가 물었다.

그는 고개를 끄덕였다.

"그러면 **내면의 모두에게 요청하도록 합시다. 당신이 그때로 가서 머무를 수 있도록 약간 주파수를 맞춰서 그때 정서로 돌아가 봅시다."** 내가 말했다.

"저는 아이로서 너무 비난을 받았죠. 아버지가 나와 내 형제들을 미워하는 것만 같았어요. 저는 절대로 그의 마음에 들게 할 수가 없었어요. 내가 얼마나 열심히 노력하든 상관없이 말이죠."

"당신 마음의 눈으로 그 소년을 볼 수 있겠어요?"

"네, 그는 곱슬머리이고 길고, 마른 다리를 가지고 있어요."

"그를 보니 어떤 느낌이 들어요?"

"슬퍼요."

"그것은 측은pity입니까 아니면 연민compassion입니까?"

이것은 중요한 질문이다. 측은함은 편안하게 느끼지 않는 파트를 나타내는 것이고 그 파트는 목표 파트의 기분을 바꾸기를 원한다. 하지만 연민은, 수용의 신호이고 계속 가도 좋다는 초록빛 신호를 나타낸다.

미치는 연민을 느낀다고 말했고, 짧지만 그 슬픔과 함께 머무를 수 있었다. 그러나 그는 눈을 뜨더니 말했다. "많은 시끄러운 소리가 여기서 일어나고 있어요."

"더 말씀해보세요."

"이 탐색이 의미가 없다는 것에 대한 대화죠."

"그리고요?"

"저는 이 모든 것을 수년 전에 제 뒤로 밀어놓았었어요. 저는 아버지와 함께 사는 법을 배웠고 그의 방식들을 배웠어요. 저는 다시 과거로 돌아가고 싶지 않아요."

"당신에게는 이 모든 것을 당신 뒤로 밀어놓으려고 애쓰는 파트들이 있군요. 하지만 당신과 나딘이 서로 동의하지 않을 때 무슨 일이 일어나나요?"

"그럴 때는 그녀가 저의 아버지처럼 느껴집니다"라고 그가 말했다.

"그런 식으로 될 필요는 없겠지요." 내가 말했다. 어린 시절의 영향이 현재 관계에 미칠 때 그것을 인식하도록 초대하는 것을 유턴이라고 한다. **"우리는 소년을 과거에서 데리고 나와서 현재의 당신과 함께 살 수 있도록 도와줄 수 있습니다.** 그에게로 다시 돌아가 볼까요?"

미치가 말했다. "그를 바라보니까 그가 움찔하네요."

"그것은 무슨 의미입니까?"

"그는 어른들을 믿지 못해요."

"그 마음을 이해할 수 있습니까?"

"물론이죠!"

"그가 거기에서 당신을 느낄 수 있나요?" 내가 물었다.

그는 고개를 끄덕였다.

"그와 함께 잠시만 있어보세요 제가 나딘을 만나는 동안에요." 나딘을 향하면서 나는 말했다. **"제가 미치와 작업하는 동안 당신도 여기에 머물러 계실 수 있으셨나요?"**

"네. 매우 많이요." 나딘이 말했다. "저는 그의 아버지가 잔인한 사람이었다는 걸 알아요"

미치에게 몸을 돌려 물었다. "당신의 소년은 지금 어떻게 하고 있나요?"

"비난받고 있는 장면들이 많이 떠오르고 있어요." 미치가 말했다.

"그가 당신에게 기억해주기를 원하는 특별한 일이 거기에 있나요?"

"바로 그것이 계속해서 떠오르고 떠오르는 거죠."

"그래서 그가 자신에 대하여 무엇을 믿었나요?"

"그는 나쁜 아이이고 그런 취급을 받을 만 하다는 거죠. 그리고 제 안에 목소리가 있는데, 당신도 알다시피, 그 말에 동의하고 있어요."

다음 단계는 미치를 돕는 것인데, 수치를 당하는 게 마땅하다고 믿고 있는 그의 신념을 놓아버리는 것이다.

"그가 당신과 함께 있나요?" 나는 미치의 참나와 그 소년사이에 연결이 되어있는지 확인하면서 질문했다.

"네."

"당신이 이해한다는 걸 그가 믿나요?"

"네, 그는 믿어요." 미치는 대답했고, 눈을 감았는데, 눈물이 그의 뺨을 통해서 흘러내렸다. "저는 절대로 아무에게도 저를 알리고 싶지 않았어요. 저는 인생을 살아오면서 이것을 숨기기 위해 애를 써왔어요."

나딘은 몸을 기울여서 한 손을 그의 무릎 위에 올려놓았다. 그는 눈을 뜨고, 그녀의 손을 잡았다. 그리고 그들은 서로의 눈을 마주 보았다. 나는 그들이 그렇게 하도록 두었고 그들이 다시 돌아올 때까지 잠시 바라보고 있었다.

미치는 나를 돌아보았다.

"그가 거기에서 나올 준비가 되었나요?" 내가 물었다.

미치는 고개를 끄덕였고 그의 눈을 다시 감았다.

나는 계속 진행했다. **"그가 그 당시에 발달시킨 짐들을 놓아버릴 준비가 되었나요?"**

"그건 이미 일어난 것 같은데요."

"정말 훌륭해요. 그와 함께 머물러주세요. 그가 그 수치심을 내려놓았나요?"

"이제 그것은 사라졌어요."

"이제 그 수치심이 사라진 곳에 그는 무엇을 초대하여 그 자리를 채우기를 원하나요?"

"웃음, 그리고 밝음."

"그리고 그는 무엇을 하려고 했었나요?" 나는 물었다.

"악기 연주요." 미치가 말했다. "그는 재능이 있는 아이에요."

"그에게 어떤 메시지를 주고 싶어요?"

"그가 얼마나 창의적인 아이인지 내가 알고 있다고요. 그리고 그로부터 빼앗은 모든 것에 대해 미안하다고요. 그는 두려움 속에서 살았어요. 저는 음악과 흥을 우리 삶속에서 더 많이 누릴 수 있는 방법을 찾을 거예요."

몇 분이 지난 후, 나는 미치가 여기로 돌아오도록 초대했다. 그는 눈을 뜨고, 주변을 돌아보고 나서 나딘이 내민 손을 다시 잡았다.

"미치," 나는 말했다. **"그 소년이 당신의 눈을 통해서 나딘을 바라보고, 그녀의 손을 느끼고, 그녀의 부드러움을 알 수 있는지 보겠어요?"**

"네. 그는 할 수 있어요."

"어떻게 느껴지나요?" 나는 물었다.

"그가 좋아하네요." 미치가 말했다.

"그가 무엇이든 나딘에게 하고 싶은 말이 있는지 보세요, 아니면 그를 위해 대신 말해주겠어요?" 내가 물었다.

"그를 위해 여기 함께 있어줘서 고마워, 아니 우리를 위해서."

"이 소년이 사랑스러워요." 나딘이 대답했다. "그가 그걸 알아주면 좋겠어요."

이것은 *관계적 짐 내려놓기*의 아름다운 한 사례이다. 미치가 공포에 사로잡힌 그의 아이를 목격하고 그 아이에게 사랑을 전해 주는 동안, 나딘의 전체 체계가 부드러워졌고, 점차 그 소년과 미치에게 더욱 가용해질 수 있도록 나딘은 자신을 허용했다. 결과적으로, 소년은 그가 그토록 간절히 필요로 했던 사랑을 내면과 외면inside and out 양쪽에서 충분히 받았다고 느끼게 되었다. 이러한 종류의 내면과 외면의 조율은 암묵적 앎의 방식을 전환시켜서 – 즉, 우리의 오래된 신념과 기억들을 – 명시적 알아차림으로 넘어오도록 하여, 그들이 서로 충돌함으로 인해 관계적 기대에 대한 수정을 할 수 있게 된다. 이러한 효과는 종종 영속적이다(Ecker, 2012).

치료사를 위한 조언

- 회기의 시작에서부터 치료자 자신의 상태를 점검해 본다.
- 자신의 호흡과 몸을 통해 참나 에너지에 접근한다.
- 내담자와의 관계에서 뿐만 아니라 자신의 내적 관계에서도 조율되고 연결된 상태를 유지하도록 한다.

파트너의 참여하에 진행되는 내적 작업*

이 세션 후에 나딘과 미치가 나와 함께 계속 진행하는 작업에는, 더 많은 자기탐색이 있었고, 어린 추방자의 짐 내려놓기, 파트들을 대변하여 말하는 연습과 참나 상태에서 듣는 연습 그래서 그들이 상대방의 요청

* 이 장에서 설명한 개인 작업은 IFS치료의 프로토콜을 따른 것이다. 더 자세한 정보를 위해서는 리처드 슈워츠의 저서 『*Internal Family Systems Therapy 내면가족체계치료*』를 읽으시오.

을 요청으로서 들을 수 있도록 하는 것이 포함되어있다. 그들이 더 많은 접촉을 그들의 추방자 파트들과 함께 하면 할수록, 더 많이 그들이 서로를 과거로부터의 상처를 주는 자나 간절히 기다리던 현재의 구세주가 아닌, 좌절감을 느끼는 한 사람으로서의 파트너로 각자 상대방을 인식하게 되었다.

치료사를 위한 조언

- **한 내담자와의 내적 작업은 목격자 역할을 하는 파트너가 분리된 상태를 유지할 수 있을 때 진행한다.**
- 당신의 직관을 믿는다.
- 이자 관계[a dyad]가 아니라 삼자 관계[a triad] 속에서 작업하고 있음을 기억하라. 작업을 심화시키고 관계적 짐 내려놓기를 촉진하기 위한 최적의 요건은, 목격자 역할을 하는 파트너가 현재에 머무르면서 함께 참여할 때이다.
- 이런 까닭에, 치료사는 양쪽 파트너들과 조율하고 연결을 유지해야만 하며, 한 사람에게 집중된 작업을 할 때일지라도 이를 기억한다. 이것은 목격자 역할을 하는 파트너와의 눈 맞춤이나 잠깐씩 시간을 내어 상태를 점검하는 방식으로 할 수 있다.
  – *당신의 파트너가 이 부분과 작업을 하는 동안 마음을 열고 저와 함께 호기심을 갖고 지켜봐 주실 수 있겠습니까?*
- 두 파트너 모두에게 안전은 필수적이다.

요약

커플치료에서 개인 작업은 전통적인 것은 아니지만, 우리의 경험에서 보았을 때, 이것은 치유적인 작업이다. IFIO에서 우리의 일은 부드럽게 그리고 존중하면서 내적인 애착관계 수립을 위한 작업을 촉진하고, 내담자와 그의 취약하고 상처 입은 파트들 사이에서의 연민 어린 대화를 발달시키는 것인데, 그러는 동안 동시에 상대 파트너가 이 작업에 참여하면서 연민을 가지고 목격자 역할을 할 수 있도록 지원하는 것이다. 이러한 취약성에 대한 이중 초점dual focus은 이것은 커플의 참나 에너지를 불러 모으고 그들의 추방자들을 위한 사랑을 불러일으키는 것인데, 내부와 외부 양쪽에서 그렇게 진행한다.

개인 작업의 단계

▌1단계

- 한 파트너가 내적 집중을 하는 개인 작업을 하기로 커플과 계약을 맺는다.

▌2단계

- 목격자 역할을 하는 사람이 섞이지 않고 분리된 상태에 있음으로써 자신이 가용하다고 느낄 수 있도록 돕는다.

- 커플에게 치료사가 그들이 어떤지를 자주 확인하게 될 것이라고 알려준다.

▌3단계

- 부드럽고 존중하는 태도로 내적 애착관계 작업을 촉진하면서, 내담자와 그녀의 상처 입은 추방자(들) 사이에서 연민적 대화가 발전해 나갈 수 있도록 한다.
- 보호적인 시스템에 주의를 두고 마음챙김을 하면서 안전과 신경계 조절을 유지할 수 있도록 한다.

▌4단계

- 참나의 목격을 통해서 추방자를 치유하고, 추방자가 수치심의 짐을 내려놓을 수 있도록 돕는다.

▌5단계

- 가능하다면, 목격자 역할을 하는 파트너에게 어린 파트들을 소개하고 그들을 인식하도록 함으로써, 파트너들 사이에서의 대인관계적 연결을 지원한다.

6장

커플치료에서의 역전이

이 장에서는 우리의 작업에서 핵심이 되는 측면에 대하여 말하고자 하는데, 그것은 치료사의 역할과 역전이에 대한 우리의 입장이다. 커플치료사들은 극단적으로 복합적인 상황을 다루어가야만 한다. 그것을 효과적으로 다루기 위해서는, 우리의 내면을 먼저 살피고, 견고한 내적 연결을 발달시키고 유지해나가며, 우리가 막혔다고 느낄 때 우리의 파트들에게 무슨 일이 일어났는지 발견하는 것이다. 여기에 참나가 주도하는Self-led 세션을 유지하기 위하여 우리가 요청하는 몇 가지 질문이 있다. (IFS에서와 같이) IFIO에서는 우리가 우리의 내담자들이 그들의 파트들에게 제공하도록 안내하는 것과 마찬가지로, 우리의 파트들을 향해 똑같은 호기심, 보살핌, 그리고 연민을 주도록 하는 것에 목표를 둔다. 이 일을 효과적으로 하기 위해서는, 우리는 우리가 전하는 것을 가장 먼저 중요하게 연습해야만 한다.

치료사의 유턴

어떤 다른 모델로 작업하는 치료사들과 마찬가지로, IFIO 치료사들은 전이와 역전이를 경험한다. 그것은 우리의 내담자들이 우리의 파트들을 불러낸다는 의미가 된다. 전이와 역전이가 지속적인 행동action과 반응reaction의 순환(어떤 때는 친밀함과 연결감을 조성하고, 또 다른 때는 고통을 느끼는)을 형성한다는 것을 인식함으로써 커플들과 작업하는 치료사들은 자신들의 파트들에게 주의를 기울이는 법을 온전히 배워야만 한다.

치료사 사무실에서 내담자와 작업할 때, 무엇이 일어나든지 일어나는 것들에 대해 허용해주고 수용하며, 그러한 것들에 대해 직접 작업하는 것을 배우는 서비스의 장에서, 우리는 내담자와 치료자 모두가 파트들의 감정을 이해할 수 있도록 내면을 살피는 일을 격려한다. 내담자들의 분노, 방어, 과장, 취약함, 그리고 수치심을 당한 파트들, 혹은 우리의 파트들은 다른 사람들의 보호자들을 불러낼 수 있는 강력한 힘을 가지고 있다. 가장 숙달된 치료사일지라도 추방자와 섞일 수 있기 때문에 압도된 느낌을 갖거나, 얼어붙음, 불안감, 또는 두렵다고 느끼거나 겁을 내기도 한다. 또 다른 경우에는, 우리가 보호자와 섞여서 한쪽 극단을 취하려는 충동을 갖게 되면서, 분노를 표출하거나 위축되기도 한다. 우리는 한쪽 파트너 혹은 다른 쪽 파트너를 통제하려고 할 수도 있고, 또한 도움을 주려는 우리의 능력에 대해 의심을 하거나, 상처받는 것으로부터 우리 자신을 방어하려고 하는 파트들을 가지고 있다. 이 모든 것은 흔히 일어날 수 있는 일이다. 우리 일의 더 많은 부분은 우리 자신의 파트들을 알아차리고 보살피는 일이라고 할 수 있다.

치료사를 위한 조언

다음의 질문들을 자기 자신에게 하는 것이 습관이 되도록 하시오.

- 내 몸이 이완되어 있는가, 나의 신경체계는 조절되어 있는가?
- 만일 내가 트리거(촉발)된다면, 그 순간 나는 누구를 떠올리는가?
- 이 커플의 이야기를 들으면서 나는 무엇을 느끼는가?
- 커플 중 한쪽 파트너에게 기울어져 있는가?
- 내담자의 보호자들을 향해 친밀함을 느끼는가?
- 한쪽 파트너가 나에게 겁을 주거나 위협적인가?
- 나의 파트들은 내가 커플의 이야기를 들을 수 있도록 그들의 입장을 잠시 보류하며 잠잠하게 있어 주는가?

우리가 내면에 주의를 기울여 탐색하고 이해하게 되면서, 내담자에게 반응하고 판단하는 우리의 내적 대화는, 우리의 주의 깊은 관심과 존중을 받을 가치가 있다. 이것은 우리 자신에 대한 중요한 정보이고 어떤 경우에는 커플에 대한 중요한 정보이다. 우리가 우리 자신의 파트들과의 관계 속에 있음으로써, 내적 자원에 접근하는 것이 더욱 용이해지며, 우리가 우리 자신의 파트들에 대해 앎으로써, 또한 프로세스를 지연시킬 수도 있는 우리 자신에 대한 무언가를 우리에게 말해주는 것을 듣게 되는 것이다. 우리는 우리의 부분들의 신념과 느낌에 주의를 기울임으로써, 지속 가능한 치료적 동맹을 발달시킬 수 있는 기회를 얻게 되는데, 이에 따라 내담자와의 치료 회기가 협력적이고 힘이 실리는 것이 될 것이라고 믿는다.

체화된 치료사

치료 세션을 시작하기 전, 신체적 정신적으로 그라운딩을 하는 것은 좋은 생각이다. 우리가 신체적으로 더 조율이 될수록, 파트들이 활기를 띠고 있을지라도 더 빨리 참나에게로 돌아갈 수 있게 된다. 파트들이 신뢰하기 시작하고 내적으로 분화하기 시작하면, 그들의 분투와 긴장은 사라지고 이완됨의 느낌과 생동감으로 전환되며, 그것은 신체가 참나 에너지를 위한 매체로서 더욱 가용하다는 신호를 주는 것이다(McConnell, 2013).

IFIO에서 우리는 치료사들에게 그들의 신체를 잘 알아차리도록 함으로써, 그들의 몸 안에서 작업을 하는 데 방해를 할 수도 있는 파트들을 구별해 낼 수 있는 방법으로써 사용할 수 있도록 가르친다. 사람들은 그들의 신체 안에서 자신을 그라운딩하는 것으로 여러 가지 방식을 사용하는데, 그것은 호흡하기, 이완하기 그리고 긴장이 있는 곳에 에너지 보내기를 포함한다. 우리가 신체에 더 많이 조율하면 할수록, 우리는 파트들이 섞이기 시작할 때 참나에게로 더 빨리 돌아갈 수 있는 힘이 생긴다.

삼각관계에서 작업하기

이자관계a dyad에서의 긴장을 줄이기 위해서 제삼자a third를 투입하는 것이 도움이 되기 때문에 관계적 삼각형relational triangle은, 시스템(체계) 작업을 하는 임상가들에게 오랫동안 흥미를 제공해 주었다. 보다 건강하고 지지적인 삼각관계의 역사를 갖고 있는 더 분화된 개인이거나, 또는 차이에 대해 더 나은 기술로 협상할 수 있는 능력을 가진 더 분화된 개인일수록 그들의 이자관계에 제삼자를 끌어들일 필요성을 덜 느끼게 된다.

커플치료는 본질적으로 삼자 간triangular의 작업이라는 것에 주목하면서, IFIO 트레이너인 미쉘 보그라드Michele Bograd는 보웬의 가족체계에서 나온 삼각관계에 놓인 치료자 개념을 IFIO로 가져왔다(Bowen, 1978). 이자관계로서 오는 커플은, 풀리지 않은 갈등과 긴장을 가진 상태에서 안정을 찾기 위해 치료에 온다. 제삼자인 치료사를 그들의 갈등 시스템에 포함한다고 해도 그들의 문제는 당장 아무것도 해결될 수 없지만, 그 긴장감을 치료사 앞에 펼쳐놓는 것만으로도, 그들의 시스템을 안정화하는 데 도움을 줄 수 있다. 테이블 상판 아래에 세 번째 다리를 추가로 받쳐 놓는 것을 생각해보시라. 중요한 것은 이 안정화는 세 번째 다리의 견고함과 강함에 달려있는 것이다. 보웬(1978)은 삼각형 주변의 참여자들이 인정과 자원을 놓고 서로 경쟁하게 될 때, 결국은 그들 모두가 본질적으로 취약한 상태로 들어가고 거기에 갇힌 채로 있게 된다는 것을 관찰했다. 이 지점에서 하던 작업은 멈춰 서게 될 것이다. 이와 반대로, 만일 삼각형의 한 멤버가 침착함을 유지하고 정서적으로 다른 두 사람과 연결을 하게 되면, 이들 사이에서 침착함이 우세해진다.

섞인 파트들은, 위험에 반응하는 대처전략으로서 가장 효과적인 게 아닌, 가장 습관적인 반응을 하는 까닭에, 보그라드Bograd는 우리 치료사가 우리에게 중요한 어린 시절의 삼각형에서 우리 자신의 개인적인 위치personal position에 대한 지식을 갖게 되기를 원한다고 제안한다. 우리 자신의 파트들이 스트레스를 받는 상황에서 취하는 역할을 알아차림으로써, 우리가 분리하는 데 도움을 받는다. 따라서 우리가 커플을 침착하게 하려는 목적으로 그들을 돕는 데 힘을 쏟기보다는, 치료적 삼각형therapeutic triangle에서 우리 자신이 불안정하게 되어 섞이게 되는/혼합되는 것을 민감하게 알아차릴 수 있는 것이 매우 중요하다.

예를 들어, 어떤 커플들은 치료사가 상대방의 행동을 바꾸는 데 도움을 줄 것을 기대하면서 치료에 참여하고자 한다. 그리고 둘 중 한 파트너에게는 그들의 갈등에 제삼자를 끌어들여 삼각관계를 만드는 데 매우 뛰어난 기술을 가진 파트들이 내재해 있을 수 있다. 치료사의 과거 역사에 따라 – 그것은 이 대화의 내용과 관련이 있거나, 혹은 그것이 어린 시절 갈등이 있는 동안에 했던 역할과 관련이 있을 수 있는데 – 치료사는 한쪽 아니면 다른 쪽으로 기울어지도록 설득당할 수도 있다. 그렇게 함으로써, 여하간 삼각관계는 즉각적으로 불안정해지게 되고, 치료사는 그녀 자신도 모르는 사이에 다른 쪽에 대항해서 한 파트너와 동맹을 맺게 되는 것을 발견하게 된다.

치료사를 위한 조언

커플과 연관된 어려운 임상적 상황을 생각해본다. 그리고 잠깐 시간을 갖고 자신에게 다음의 질문들을 해본다.

- *무엇이 나의 자동 반응인가?*
- *이 삼각관계에서 내가 편안하게 느끼는 지점은 어디인가?*
- *이 감정은 어린 시절의 경험과 흡사하게 느껴지는가?*
- *나의 원가족에서 온 삼각관계에서 나의 파트들이 했던 역할은 무엇이었는가?(예를 들면, 중재자, 희생자, 보호자 중에)*
- *내 사무실에서 커플들과 함께 있을 때 이런 역할을 맡았던 적이 있었는가?*

(이 질문들을 개발한 미쉘 보그라드에게 감사를 드린다.)

역전이와 작업하기 위한 방법

칼 로저스Carl Rogers(1951)는 진솔함과 실제적인 자기 알아차림이 있는 상태가 적절한 성장과 변화의 핵심 요소들이라고 믿었다. 그것이 의미하는 것은 이러한 행동들은 내담자와 치료자가 정서적인 일치감emotional synchrony을 경험하도록 돕는다는 것이다. 연민, 호기심, 명확성과 열린 마음으로 우리가 내담자와 연결할 수 있을 때, 그들의 내면에서 활성화된 파트들을 조율하도록 도움을 줄 수 있고, 그들이 분리할 수 있도록 지원하는 것이다. 가장 중요한 것은, 우리가 보호자들 뒤에 있는 상처 입은 추방자들을 볼 수 있고, 용기를 얻어서 그들을 친절하게 대하면서도 단호하게 도전하여, 해로운 상호작용을 이해하도록 하고 그것을 멈추도록 개입하는 것이다.

치료사의 역할 안에서 당신의 파트들을 대변하여speaking for 이야기하는 것은 지지적인 개입이 된다. 예를 들어, 자기혐오self-hating를 하는 파트를 가진 내담자와 작업할 때, 나는 나의 슬픔을 표현할 수 있다. 가끔 나는 그것에 공명하는 파트를 대신하여 말할 것이다. 내 경험에서 보면, 내담자를 초대하는 자기개방self-revealing은, 치료자를, 분투하는 파트들을 가진 인간존재로서 볼 수 있도록 그리고 연결하고 치유하는 참나를 가진 인간존재로서 볼 수 있도록 하는데, 이것은 신뢰하는 관계로 가는 데 기여한다.

다음의 예는 내가 나의 내담자인 미셸과 함께 했던 개입에 대해 설명한 것이다. 그는 자신의 파트와 투쟁을 하고 있었는데, 주기적으로 그의 파트너를 향해, "나는 이 관계를 끝내겠어"라고 선언을 하곤 했다.

"저는 이 파트를 이해해요, 미셸." 나는 말했다. "나 또한 제가 위협당했다고 느낄 때, 제 파트너로부터 떠나도록 저를 부추기는 파트를 가지고 있어요. 저는 그런 식으로 매우 보호적인 역할을 하는 파트들을 이해한답니다." 미셸은 고개를 끄덕였고 나는 계속했다. "저는 또한 이 파트의 행동이 제 파트너를 고통스럽게 할 것을 알고 있지요."

"흠, 적어도 그 충동은 당신에게 이해를 받는군요." 그는 말했다.

"그렇죠. 그것은 이해를 받지요. 그리고 거기에는 안전하게 느낄 수 있는 또 다른 방법이 있지요. 만일 당신이 흥미를 가진다면 말이죠."

IFIO에서 우리는 역전이와 관련하여 몇 가지 우려들을 강조한다. 그것들은 분노와 갈등에 대한 두려움, 어떤 내용들에 대한 불편감(예를 들어, 외도, 성생활, 중독 그리고 사회적 지위, 인종 혹은 권력 차이 등), 그리고 어디에나 있는 내면의 비판자inner critic인데 그것은 수치심과 실패의 감정을 막기 위한 시도로 창피를 주는 것이다. 이 비판자는 자주 역설적인 혹은 무익한 이러한 행동에 대하여 전혀 조망하지 못하고 있으며, 또한 치료사가 압도되거나 얼어붙거나 혹은 갇혀버렸다고 느낄 때, 내적 공격으로 인해 당면한 문제를 더욱 어렵게 만드는 것에 대하여도 전혀 조망하지 못한다. 다음의 사례 예시는 언제 그리고 어떻게 치료사가 자신의 비판자를 도울 수 있는지에 대한 설명을 해준다.

드래곤 길들이기: 내면의 비판자를 사랑하라

"그들에게 창피를 줄 수 있는 어떤 말도 하고 싶지 않아요." 죠Zoe는 수퍼바이저인 나에게 설명했다.

"당신은 어떻게 그들에게 창피를 주나요?" 내가 질문했다.

"저는 사실상 그들이 창피해하기를 원해요. 그래서 그들에게, 그들이 서로에게 말하는 방식은 어린아이 같고, 어리석고, 좋지 않으며 더 해롭게 한다고 말해요." 죠가 말했다.

죠가 옳다. 이 커플의 행동은 생산적이지 못하다. 하지만 그녀는 그들에게 기술적으로 개입할 수가 없었는데 그 이유는, 커플의 영향을 받아 조절장애 상태에 빠진 걸 느낀 파트가 그녀와 섞여버렸기 때문이다.

"아마도 그런 경향성에는 어떤 지혜가 숨어 있을 것 같네요." 내가 말했다. "저는 그 파트가 이런 식으로 느낀 것에 호기심을 느낍니다. 잠시 시간을 갖고 그 파트에 주목해 볼까요?" 나는 질문했다.

"여기 제 배 안에 심각한 걱정 같은 게 있네요."

"그것에 집중하는 것이 괜찮겠어요?" 내가 질문했다. 죠는 이미 이 영역에서의 협상 경험이 있었기 때문에, 나는 그녀를 신뢰하면서 조용히 기다렸다.

"억!" 그녀는 소리를 냈다. "저는 이것이 제게 무엇을 기억나게 하는지 알아요. 제가 어렸을 때 저의 부모님이 싸웠었어요. 저는 중재하려고 애를 썼지만, 물론 성공하지 못했지요. 이것이 저를 부끄럽게 느끼게 해요."

"더 얘기해주세요."

"저는 수년간의 교육과 상담일을 해왔음에도 아직도 커플과의 작업에서 그렇게 쉽게 똑같은 잘못에 빠지는 것이 정말 부끄럽고 당혹스러워요!"

"비판자가 당신에게 내려왔나요?" 내가 물었다.

"예."

"우리가 그를 도와볼까요?" 나는 물었다.

내면의 비판자는 내담자에게 그러하듯이 자주 치료자에게 먼저 배치된다. 우리의 보호적인 파트들은 우리의 성과를 평가하는데 그들은 다음과 같이 믿기 때문이다. *우리가 너에게 창피를 주면 줄수록, 너는 더 나아질 것이고 그러면 더 잘 하게 될 것이다.* 만일 우리가 이것에 주목하지 않고 그들이 덜 극단적으로 되도록 돕지 않는다면, 그들의 쉴 새 없는 노력은 무력해지고 말 것이다.

"오 하느님, 이 파트는 제가 지금쯤이면 이일을 훨씬 더 잘 해내야 한다고 생각하네요." 죠가 말했다. "그것은 저의 평판에 대해 걱정하느라 제정신이 아니에요."

"그 파트는 당신에게 무엇을 원하나요?"

"그것은 단지 제가 꽤 괜찮은 치료사가 되는 거라고 말해요."

"그 파트에게 무엇이든 말해주고 싶은 게 있으신가요?"

"이런 식의 접근은 도움이 안 돼."

"그 파트가 어떻게 반응하나요?"

"다른 어떤 방법도 먹히지 않아!"

"이 파트는 당신을 비난하는 것이 당신을 향상시키는 거라고 어디서 배웠나요?"

죠는 잠시 멈췄다. "저는 학습장애가 있었고 다른 애들 앞에서 모욕을 당했어요. 그렇지만 저는 계속 노력했는데, 왜냐하면 저는 실패해서 어려움을 당하는 것에 대한 두려움으로 몹시 떨었거든요. 저의 가족은 성취와 야망에 대한 모든 것이에요."

"그래서 당신을 비난하는 것으로 그 파트는 당신에게 무엇을 할 수 있다고 생각하나요?"

"나를 고치는 거죠. 제가 되어야만 하는 그런 사람이 되도록 저를 만드는 거죠. 제가 무슨 잘못이라도 하게 된다면 그 부분은 저를 인정사정없이 공격해요."

"그 부분을 향해서 어떻게 느껴지나요?" 내가 물었다.

"오, 수년 동안 열심히 일해 온 친구라는 걸 저는 알아요. 저는 그가 품위 있게 은퇴하도록 돕고 싶네요." 죠는 미소 지었다. "하지만 그건 선택의 문제라고 하면서 믿지 않네요."

"당신에게 이 비판자에 대해 희망이 없다고 느끼는 파트들이 있나요?" 내가 물었다.

"확실히 있습니다." 그녀는 대답했다.

"그것은 얼마나 오랫동안 존재했나요?"

"정확히는 모르겠어요. 하지만 교실에서 제가 일어나 서있도록 요구받았던 일과 그런 상황에서 선생님이 이일 저일 그밖에 다른 일들에 대해 저를 질책했던 일을 기억하고 있어요. 저는 이 비판자가 제 선생님이 남겨놓은 것들을 주워 모았다고 생각돼요."

"당신이 초등학교 시절의 일을 기억할 때 그를 향해 어떤 기분이 드나요?"

"정말 슬퍼요. 실패자처럼 느꼈던 초등학교 소녀에게, 슬프게도 다른 파트들이 그녀를 비난하는 일이 시작되었는데, 그것은 그녀가 앞서가게 하도록 동기를 부여했다고 생각해요."

죠는 실패자처럼 느꼈던 그 소녀와 그녀의 성공을 도우려고 애를 썼던 비판자와의 관계가 어떤 특정한 내담자들과의 작업을 하는 동안 가장 활발하게 나타났던 것을 알아차리게 되었고, 그것은 죠에게 그녀 개인의 과거 역사에 대한 더 많은 통찰을 주었다. 그녀는 정직하고 좋은 뜻을 가진 이 아이 덕분에, 이 비판자를 친절함으로 맞아들이기 시작하였고, 치료회기들을 진행하는 가운데 이것이 보호하던 추방자가 십자포화cross-fire를 퍼부어대는 공격으로부터 빠져나오게 되면서 계속해서 이 비판자와 작업을 하였고, 그럼으로써 그녀가 참나 에너지와 함께 주도권을 잡아 나가는 것이 가능하게 되었다.

어려운 내용을 다루기

커플치료사들은 내담자의 극단적인 파트들과 마주할 수 있으며 또한 극단적인 문제에 마주할 수도 있다. IFIO 치료사가 자신의 참나가 주도하는 지점에서 부분들과 연결감을 유지하고 있을 때, 내담자들은 어떤 주제의 문제이든지 상관없이 치료자가 열려있고 자신을 도울 수 있는 여력이 있다는 것에 대해 더 쉽게 신뢰할 수 있게 된다. 어려운 내용을 몇 가지만 나열한다면, 외도, 음란물 중독, 자녀양육, 권력의 차이, 끊임없이 끈질기게 쏟아지는 자기비난, 그리고 정신적 혹은 신체적 건강 문제 등을 포함한다. 만일에 다루는 문제가 치료사의 강한 신념을 불러일으키는 주제라면, 혹은 그의 과거역사나 현재의 관계적 딜레마에 접근하게 하는 문제라면, 참나가 주도하는 알아차림의 상태를 유지하는 것은 쉽지 않게 된다. 아래의 또 다른 예시는, 한 치료사와 했던 나의 수퍼바이저로서의 경험을 보여주는데, 그 치료사의 부분들은 불륜 문제에 활성화된 상태였다.

"어쩌면 그렇게 거짓말을 하는지!" 아람Aram은 말했다. "이 여자는 치료에 참여해오고 있으면서도 아직도 다른 남자와 잠을 자고 있어요!"

"지금 당신에게 무엇이 올라오고 있나요?" 내가 물었다.

"단순하고 간단해요. 그 여자는 거짓말쟁이이고 사기꾼이에요."

"그러면 그것은 당신에게 어떤 의미인가요?" 나는 물러서지 않고 물었다.

"저는 그 여자가 외도를 지속한다면, 그들과 함께 작업할 수 없어요."

"좀 더 얘기해보세요." 내가 말했다.

아람은 망설였다. "흠. 외도에 관한 모든 문헌들은…" 그의 목소리는 점점 잦아들었다.

"당신의 감정을 이해할 수 있다고 생각해요." 나는 말했다. "그리고 많은 치료사들이 외도에 대해 강한 감정을 느끼는 파트들을 가지고 있다는 것을 저는 알고 있습니다. 하지만 내담자와의 종결을 결정하기 전에, 저는 항상 저의 반응적인 부분들의 이야기를 들어요. 한번 시도해 보지 않겠어요?"

"네, 네, 네, 해보겠어요." 아람이 대답했다. "가만있어보자! 제가 강하게 반응을 했네요, 그렇지 않았나요?"

"그가 누구인가요?" 내가 물었다.

"분노하는, 판단하는 파트죠."

"그것을 확인해보시죠." 내가 말했다.

"제 배 안에 매듭이 있어요." 그의 손을 배 위에 올려놓으며 그는 말했다. 감각은 흔히 감춰진 것들로 인도하기 때문에, 나는 말했다. "그것에 머물러 보세요. 그 파트가 괜찮다고 하면요."

"저의 아빠가 외도를 했어요." 그는 보고했다. "그리고 저는 그런 일을 저지른 아빠를 미워했어요. 아빠는 그 일을 저지르고 있었지만, 저의 엄마는 단지 의심만 했을 뿐이라는 걸 저는 알았어요. 그리고 저도 배신을 당했지요. 저는 제 치료실에서 이런 행동이 나타나는 것을 용서할 수가 없어요."

"이해할 만합니다." 나는 말했다. "그밖에 그 파트가 또 무엇을 말해주나요?"

"그것은 너무나 고통스러워요. 그것은 회복될 수 없고, 범죄자는 절대로 책임지지 않아요. 관계에서 그런 식으로 행동하는 사람들에게는 노력해줄 가치가 없어요."

"당신 아빠와 당신의 남자친구는 전혀 책임을 지지 않았나요?" 내가 물었다.

"맞아요. 제 치료실에 온 그 사람이랑 똑같아요. 저는 혼자서 감당해 냈어야만 했어요."

우리는 내담자들 사이에서 비난을 퍼붓는 일에 갇혀있는 파트들을 초대했다. 그들 자신의 경험으로 말미암아 갇혀있는 파트들에게 그들의 이야기를 말 할 기회를 갖도록 그리고 그들의 흑백논리, 전부이거나 아무것도 아니라는 조망에 대한 신념의 짐을 내려놓도록 도움을 주기 위해서 초대했다. 이 파트들이 아람과 함께 섞이게 될 때에는 이 문제가 아람을 넘어지게 할 것이라는 것은 충분히 이해할 만한 일이다. 그가 자신의 판단적인 보호자 그리고 그의 상처 입은 추방자를 도울 수 있을 때 비로소 이 커플과 작업하는 데 있어서 의식이 있고 참나가 이끄는 결정을 내릴 수 있게 될 것이다. 우리는 우리의 내담자들에게 하는 것처럼, 이와 똑같은 초대를 우리 자신들에게도 할 수 있다. 내면 작업은 참나가 주도하는 선택지로 우리를 인도한다.

치료사여, 당신의 파트들을 사랑하라!

IFIO에서 우리는 치료사들에게 유턴을 연습하도록 함으로써 일어나는 감정과 반응성들을 기회로 삼을 수 있도록, 그래서 열심히 일하고 상처 입은 파트들 모두를 사랑할 수 있는 기회가 되도록, 그리고 참나 리더십을 지금 여기로 가져와서 치료적 관계에서 현존할 수 있도록 가르쳐 줌으로써 치료사의 역전이를 다룬다. 슈워츠(2013)는 이렇게 말했다. "*참나가 치유한다*Self heals." 마음챙김과 자기연민에 대한 연구들은(Neff, 2011) 이 주장을 지지하고 있는데, 연민과 자기용서가 내적 치유의 효과를 가져오고, 또한 우리 자신이 타인을 사랑하게 하는 데에 도움이 된다는 결론을 내린다.

요약

역전이가 우리에게 내담자들의 파트들에 대한 정보를 주긴 하지만, 우리는 우리 자신의 반응을 먼저 살펴서 파트들에 대한 정보로서 주목하는 것이 필요하다. 치료자는 내담자와 마찬가지로, 고통 받는 파트들을 가지고 있고, 이러한 파트들은 갈등상황에서 커플이 십자포화를 퍼붓는 상황에 갇히기 쉬운 상태에 놓여있다. 우리가 내담자들에게 친절하게 그들의 부분들에게 주목하기를 가르쳐주듯이, 우리는 자신에게도 똑같이 우리의 모든 부분들과 가까워지도록 하고 우리가 겪어온 것들에 대하여 목격하기를 견뎌내는 일을 우리 자신에게도 해준다. 자기연민을 실천하는 것은 우리의 행동에 대한 책임을 스스로 지도록 하는 데 있어 도움이 된다(Neff, 2011).

7장

욕구 협상하기

이 장에서 우리는 커플들이 어떻게 그들의 정서적 필요를 서로 간에 협상할 수 있을지에 대한 필수적인 문제를 IFIO 도구를 사용하면서 다루게 될 것이다. 많은 사람들은 그들의 필요 가 무엇인지에 대하여 혼란스러워하며, 그들의 필요를 충족시키기 위해 요청하는 일에 서투르다. IFIO 접근은 커플을 안내하며 지지하는 방식을 가지고 있는데, 그것은 그들이 어떻게 어린 시절의 상처를 그들의 현재 관계에 투사하는지에 대하여 알아보는 것이고, 또한 그들이 자신의 좌절과 분노 아래에 있는 진정한 욕구true needs를 식별할 수 있도록 도와주는 것이다. 우리는 또한 그들에게 요청하는 방법을 가르쳐주는데, 그것은 그들의 필요를 채우기 위하여 파트너를 위협하기보다는, 요청함으로써 상대방을 초대하는 것을 말한다. 그리고 적어도 우리는 각 파트너가 그녀 자신의 파트들과 애정 어린 관계를 유지하도록 도와주는데, 그렇게 함으로써 파트너가 함께 할 수 없을 때에 어떤 부분도 혼자 남겨졌다고 느끼지 않도록 해주는 것이다.

진정한 욕구

우리 모두가 함께 가지고 있는 욕구에는, 인정받고 싶은 욕구, 이해받고 사랑받고 싶은 욕구가 포함되어 있다. 우리는 정서적 안전감, 연결감 그리고 혼자가 아니라는 앎의 느낌felt knowledge을 필요로 하고 있다(Siegel, 2003). 나의 경험에서 보면, 많은 사람들은 욕구를 가지는 것에 수치심을 느끼며, 그것들을 인식하기 위해 버둥거리고, 그것들을 만족시키기 위해 어떻게 친밀한 파트너와 협상할 수 있는지에 대해 방법을 잘 알지 못한다. 관계의 초기에서는 이러한 협상이 흔히 쉬운 과제로 보이는데, 왜냐하면 새로운 연인은 요청받지 않아도 정서적으로 가용하기 때문이다. 그렇지만 시간이 흐르다 보면 커플은 관계에서 불화를 경험하기도 하고, 소통의 문제가 생기고 조율이 틀어지는 순간에 – 일상생활에서의 삶의 요구는 말할 것도 없이 – 보호벽이 세워지고, 조심성은 흐트러지고, 욕구를 가지는 것은 위험할 만큼 취약한 것처럼 보인다.

사랑과 연결감에 대한 욕구를 가질 때, 우리 안에 외로움, 슬픔, 두려움, 간절함 그리고 수치심의 감정을 불러일으키게 되는데, 이때 우리는 추방자와 섞여 있는 상태라는 것을 쉽게 알 수 있다. 우리가 상처 입은 추방자를 덮어 보호하기 위해 공격하거나 철수하는 것과 같은 방식으로 준비된 비효율적인 행동에 착수하게 될 때, 우리는, 위와 대조적으로, 보호자들과 섞이게 된다. 친밀한 파트너십이 성공할 수 있으려면, 정서적 욕구가 채워져야만 한다. 보호자들은 이 책의 사례를 통해 우리가 볼 수 있듯이, 욕구의 중재자mediator of need로서는 효과적이지 못하다. 관계세우기relationship building는 그들의 전문분야bailiwick가 아니다. 대신에 그들의 미션은 과거의 재연을 막는 것이거나, 혹은 때때로 단순히 과거를 틀어막아 버리는 것이다. 물론, 우리는 그들이 전자를 어떻게 하는지 알지 못한다는 것과 후자는 불가능하다는 것을 알고 있다.*

커플치료에서 IFIO 접근은, 커플들이 부분들을 위해 대변하는 방법을 배우는 것과 그들의 파트너들이 그들에게 반응하도록 하기 위해 위협하기보다는, 초대하는 요청을 할 수 있는 방법을 배울 수 있도록 커플들을 안내하고 지지하는 방식을 취한다. 그들이 기술을 더 개발하여 협상할 수 있게 되면, 보호자들은 공격하거나 철수하는 것을 덜 하게 되는데, 그것은 다시 치료가 안과 밖에서 분화될 수 있고, 연결감에 대한 감각이 더욱 적절하고 안정적인 상태로 향상될 수 있도록 허용해준다. 행동적인 변화는 시간이 걸리겠지만, 인내심을 가지고 연습을 반복함으로써 커플들은 변화할 수 있다(Lind-Kyle, 2009). 내 경험으로는, 과정에 충실하도록 장려하는 것은 대부분 유턴U-turn으로부터 나오는 것인데, 그것은 커플들이 어떻게 그들의 어린 시절의 상처를 투사하는지에 대한 마음챙김을 하도록 안내하는 것이며, 그것은 커플들에게 그들의 좌절과 분노 아래에 있는 진정한 욕구true need를 발견할 수 있도록 도움을 주는 것이다.

---

* 전자는 욕구중재자 혹은 관계세우기이며 후자는 과거의 재연을 막는 것이다(역자 주).

구체화하기

다음의 사례는 커플이 자신들의 욕구를 식별할 수 있고, 그들의 정서적 욕구를 만족시킬 수 있도록 도울 수 있게 고안된 6단계를 설명한다. **첫 번째,** 우리는 당면한 이슈가 무엇인지 식별한다. **두 번째,** 이것은 일반적으로 시간이 오래 걸리는 작업이 되는데, 커플의 싸움(혹은 관계가 망가짐collapse)의 악순환을 파악한다. **세 번째,** 좌절하고 분노한 보호자들을 인정해주고 분리되도록 한다. **네 번째,** 한 번에 한 파트너씩 유턴을 하도록 초대하여, 그들의 분노 아래에 있는 욕구를 조명할 수 있도록 어린 시절의 사건을 탐색하도록 한다. **다섯 번째,** 내담자가 그녀의 파트너에게로 돌아와서[리턴] 그녀가 배운 것에 대하여 이야기할 수 있도록 돕는다. **여섯 번째,** 우리는 내담자가 그녀의 파트너에게 지금 여기에서 자신의 필요를 채울 수 있도록 요청하는 방법을 가르쳐준다.

정서적 욕구를 발견하고 만족시키기

1. 이슈들을 식별해 낸다.
2. 커플의 싸움의 (혹은 관계의 망가짐) 악순환을 식별한다.
3. 좌절하고 분노하는 보호자들을 인정해주고 분리하도록 한다.
4. 한 번에 한 파트너씩 초대하여 유턴을 하도록 하며, 어린 시절의 사건들을 탐색해서 분노감정의 아래에 놓여있는 욕구들을 이해할 수 있도록 한다.

5. 내담자가 파트너에게로 다시 돌아와서[리턴] 그녀가 알게 된 것에 대하여 파트너에게 이야기해주도록 돕는다.
6. 내담자가 지금 여기에서 자신의 욕구를 충족시킬 수 있도록 파트너에게 요청하는 방법을 가르쳐 준다.

1단계: 이슈들을 식별하기

톰과 이사벨

"제가 톰Tom을 치료에 데리고 온 이유는 그가 자신의 감정에 대해서 배울 수 있도록 하기 위해서예요." 이사벨Isabel은 2회기 상담회기를 마친 후에 선언하듯 말했다.

이러한 종류의 개방은 커플치료에서 흔한 일이다. 한 파트너가 다른 파트너를 치료에 데려오는 것은 상대 파트너가 그의 정서적 삶을 조사해보도록 하는 것에 동의해 주기를 희망하는 가운데서 이루어진다. 그런데 간절함으로 행동하는 부분으로부터 나온 이러한 초대는 대부분 상대 파트너 입장에서는 강요로 경험된다.

"그래서 톰." 이사벨의 남편을 돌아보면서, 내가 말했다. "이사벨이 당신의 감정을 얘기해주기를 원한다고 말했을 때, 당신에게는 그게 어떤 의미로 들렸나요?"

"정직하게 말하면… 저는 정말로 별로 느낌이 없습니다." 그가 대답했다.

"당신 말을 잘 들었어요." 내가 말했다. **"당신은 바로 지금 당신 자신이나 이사벨에 대해서 자신에게 무엇이라고 말하나요?"**

그는 잠깐 멈추고는 말했다. "정직하게요?"

"네, 정직하게 말이죠." 내가 말했다.

"그녀가 저에게서 무엇을 원하는지 잘 모르겠어요. 저는 느끼는 자 혹은 말하는 자가 아니에요. 저는 행동하는 사람이에요. 절반 정도는 그녀가 무엇을 요구하는지 잘 모릅니다. 저는 그녀에게 그녀가 원하는 것을 주려고 노력하지만, 이미 증명되었듯이 저는 어떻게 하는지를 잘 모르겠어요."

"당신은 노력하지 않아." 이사벨이 말했는데, 그녀의 목소리는 거의 들리지 않을 정도로 작았다.

"이사벨." 그녀를 향해 돌아보면서 내가 말했다. **"바로 지금 무슨 일이 일어나고 있나요, 이 순간, 당신에게 말이죠?"**

"저는 당혹스러워요."

"당신 얘기를 들었어요." 나는 부드럽게 대답했다. **"당신의 당혹스러움 아래에는 무엇이 놓여있나요?"**

이사벨은 창밖을 뚫어지게 바라보다가, 나를 향해 그녀의 몸을 돌렸고 톰으로부터는 멀어지게 했다.

"저는 외로워요." 그녀가 말했다. "저는 오랜 시간 그렇게 지내왔어요. 저는 절망적으로 느껴요… 우리의 관계가 언제까지나… 단절된 상태에 놓이게 될 거예요."

"톰." 내가 말했다. **"저는 호기심이 생깁니다. 당신은 무엇을 들었**

나요?"

"저는 그녀가 화난 상태에 있는 것에 익숙해요." 그는 잠시 동안 조용했다. "저는 그녀가 절망적으로 느꼈다는 걸 알지 못했습니다."

"이사벨에게 절망적인 파트가 있다는 얘기를 듣는 것은 당신에게는 무엇과 같은가요?" 나는 질문했고, 부분(파트)이라는 언어를 소개하기 위한 기회로 가졌다.

"불편해요." 그가 말했다.

"당신의 이 불편한 파트는 이사벨에게 무엇을 말하고 싶어 하나요?"

"나는 당신이 행복하기를 원해. 나는 당신이 절망적으로 느끼지 않았으면 좋겠어." 그녀를 바라보면서 그가 말했다. "나는 당신이 나로부터 뭔가 다른 것을 원한다는 것을 알고 있어. 나는 그냥 그것을 어떻게 해야 하는지를 모르겠어."

"나는 당신을 믿을 수가 없어!" 이사벨이 되받아쳤다.

톰은 패배한 것처럼 보였다.

"다시 여쭤볼게요, **방금 무슨 일이 일어났나요?"** 내가 이사벨에게 물었다.

"저는 그렇게 쉽게 눈감아주지 않을 거예요." 그녀가 말했는데, 저항하는 것처럼 보였다.

치료사를 위한 조언

한 파트너는 취약한 상태이고 다른 파트너는 공격을 할 때

- 공격자를 행동하도록 몰아가는 취약한 자(추방자)를 타당화 해준다.
- 그리고 분명하고, 단호하고 친절한 태도로 공격하는 파트가 분리될 수 있도록 돕는다.

2단계: 커플 싸움의 악순환을 식별하기

이사벨은 수년 동안 그녀의 남편과 연결감을 거의 느끼지 못한 것에 대하여 결국은 분노를 표출하게 되었다. 여러 해를 거치면서 쌓아온 심각한 관계적 상처를 풀기 위해서는 그리고 보수하기 위해서는 어느 정도의 시간이 필요하다. 비록 톰의 감정을 명확하게 담아내지는 못했지만, 그로부터 나온 취약함의 순간은, 그녀에게 좌절을 안겨준 수년간의 세월을 지우기에는 역부족이었다.

"당신이 분노할 수밖에 없다는 것을 이해해요." 내가 말했다. "당신은 뭔가 중요하고 의미 있는 것을 요구하고 있고, 그렇게 수년 동안을 기다려왔다는 것에 대해 분노하는 파트가 당신에게 있다는 것도 알겠어요. 제가 맞게 이해했나요?"

"네, 맞아요." 이사벨이 대답했다.

3단계: 좌절하거나 분노하는 보호자들을 타당화해주고 분리하도록 하기

"그리고 만일 이 파트가 톰을 뒤쫓지 않게 된다면, 그것은 무슨 일이 일어날까 봐 두려워하나요?"

"그는 지금 그대로에 만족하면서 아무것도 하지 않게 될 거예요!" 그녀가 말했다.

"그리고 나면요?"

"우리의 삶은 이대로 가버리고 말게 될 거예요! 아무것도 변하지 않을 것이고, 어떤 변화도 일어나지 않을 거예요."

이 모델에서 우리는 이사벨의 파트와 같은 보호자는, 연결에 대한 간절한 호소를 하고 있는 것이라고 믿는다. 그래서 우리는 그것의 의도와 행동을 비난하지 않으면서 계속 반복해서 타당화를 해주는 것이다.

"이 분노 파트는 당신에게 좋은 일을 하는 것이라고 믿고, 역시 당신의 관계에서도 좋을 수 있다고 믿고 있는 어떤 일을 하고 있는 것으로 보입니다. 그게 맞나요?"

"아마도 그렇게 말할 수 있을 것 같아요."

"그리고 그것은 톰이 참여하도록 하게 하는 유일한 방법은 당신이 화를 내는 상태에 머물러 있는 것이라고 믿고 있네요. 그리고 당신이 그렇게도 간절히 원했던 바로 그것을, 톰이 하기 시작했을 때조차도 말이죠. 당신이 원했던 그것은 그가 자신의 감정을 인식하기 시작하는 것이죠. 제가 말한 게 맞나요?" 내가 물었다.

"선생님께서 그렇게 말씀하시는 것을 들으니 제가 미친 것 같네요.

하지만 그는 절대로 변하지 않아요!" 이사벨은 톰의 관심이 진전된 것을 경험하기에는 아직은 그녀의 분노파트와 너무 섞인 상태에서 말했다.

"다른 사람을 변화시키려고 노력하는 것은 힘든 일입니다." 내가 두 사람 모두에게 말했다. "제 입장에서 보기에는, 두 분이 지금 빠져 있는 이러한 패턴 안에서는 좌절스럽고도 고통스럽게 보일 수 있지요, 그러나 제가 보기에 거기에는 또 다른 해결방법이 있다고 믿어요. **두 분이 더 효과적으로 협상하는 방법을 배울 수 있도록, 그래서 두 분 모두 자신에게 필요한 것을 얻을 수 있도록 도와드리고 싶습니다."**

"저는 항상 제가 필요한 것을 요구해요." 이사벨이 말했다.

"그러실 거라고 믿어요." 내가 말했다. "제가 들은 것을 말씀드리면, 두 분에게는 요청을 하는 파트들이 있네요. 하지만 그 요청들은 비판으로 인해 가려졌어요. **제가 어떻게 하면 당신들이 더 효과적으로 요청을 할 수 있는지를 알 수 있도록 가르쳐 드릴 수 있어요."**

"그것이 우리가 여기에 온 이유입니다." 톰이 말했다.

나는 톰을 바라보았고 그다음에 그녀를 바라보았다. 그리고 그녀의 반응을 기다렸다. 그녀는 아무 말도 하지 않았다.

"그렇게도 절망적인 당신의 파트에 대하여 좀 더 알아보는 것은 어떻겠습니까?" 나는 마침내 그녀에게 질문했다.

"저는 그 부분을 저의 몸 전체를 통해서 느낄 수 있어요." 그녀가 말했다.

"그 부분에 집중해 보세요. 그리고 그것이 사라지기를 바라지 않으면서 잠시 동안 그 부분이 이곳에서 당신과 함께 있을 수 있도록 우리가 허락해 보려고 합니다." 내가 말했다. 잠시 후에, 내가 물었다. "그 부분을 향해서 어떤 기분이 듭니까?"

"저는 그 부분을 이해해요."

"당신이 이해한다는 것을 그 부분이 알도록 해주세요. 그리고 거기에 무엇이 더 있는지 보시겠어요."

이사벨에게 그 파트와 함께 몇 분간 더 머물러 있어 주도록 한 후에, 나는 계속 말했다. "당신이 이해해주는 것이 이 파트에게는 어떤 건가요?"

"좋아요."

"만일 그 파트가 분노 감정을 유지하지 않으면 무슨 일이 일어날까봐 두려워하나요?"

"그가 절대로 그것을 알 수 없을 거예요."

"그러면 이 파트는 톰이 무엇을 알기를 원하나요?"

"그 부분은 제가 혼자라고 느끼지 않기를 바라죠. 저는 톰이 저를 이해하기를 원하고, 저의 말을 들어주기를 원하고, 저의 감정에 대해 보살펴주기를 바라고, 그가 자신의 감정을 이해하기를 바라죠."

"톰이 이 파트에게 어떻게 반응하나요?"

"그는 저항해요." 그녀는 말했다.

"한 걸음 물러서서 당신과 톰 사이에서 일어나는 악순환을 관찰하고, 그리고 당신의 분노와 그의 저항이 교착상태에 빠져있을 때 무슨 일이 일어나는지 관찰해보도록 하시겠어요?"

"우리는 비참해져요." 그녀가 보고했다.

"당신의 분노 파트가 이것을 인식하나요?"

"그 부분은 상관하지 않아요." 그녀가 말했다. "다른 어떤 방법도 먹히지 않아요."

"맞는 말씀이에요. 다른 어떤 방법으로도 해결이 안 되지요." 나는 동의했다. "그리고 다시금, 만일에 **그가 하던 일을 멈추게 된다면, 당신에게 무슨 일이 일어날까 봐 두려워하나요?"**

"저는 혼자가 될 거예요."

4단계: 어린 시절의 고통을 발견하기

"당신의 분노는 또 다른 파트를 보호하고 있나요?" 나는 이사벨에게 질문했다.

"거기에는 외로운 작은 소녀가 있어요." 그녀의 분노 보호자를 동기화하고 있는 상처 입은 추방자를 언급하며, 그녀가 잠시 후에 말했다.

"그녀를 향하여 어떻게 느끼나요?"

"슬퍼요."

"슬픈 당신의 마음을 그녀에게 열어보시겠어요?" 내가 물었다. "네." 이사벨이 대답했다.

"그리고 그녀가 어떻게 반응하나요?"

"그 아이는 아직도 슬퍼요."

"네, 그 아이가 슬프네요. 그녀는 당신에게 자신의 외로움에서 오는 슬픔에 대하여 무엇을 알려주기를 원하나요?"

"그 아이는 언제나 혼자 남겨졌어요. 거기에는 아무도 없어요. 정서적으로 아무도 함께 해주지 않아요."

"그 아이는 당신이 지금 자기와 함께 있다고 느끼나요?"

"그 아이는 제가 자기 이야기를 들어주기를 바라요."

"당신도 괜찮나요?"

이사벨은 그녀의 눈을 뜨고 말했다. "하지만 저는 톰이 이것을 해주기를 바래요. 저는 항상 저 자신을 보살펴주어야만 했으니까요!"

삐거덕거리는 동안에, 불안해하는 보호자 파트의 이러한 반응은 흔하게 나타난다. 어린 시절 방치되었던 경험이 있는 개인에게는 특히 그러하다. 사랑받고자 하는 욕구에 대해 정당화하고 타당화해주는 것은 최선의 전략이 된다.

"물론 당신은 톰이 이것을 해주기를 바라죠." 내가 말했다. "그리고 그것은 우리가 가려고 하는 방향이고요. 그렇지만 먼저 당신에게 이 어린 소녀를 소개하도록 하지요."

"왜요?"

"왜냐하면, 톰이 항상 그곳에서 그 아이와 함께 할 수 없을 때, 당신이 함께해줄 수 있지요. 그래서 그 아이에게는 당신 두 사람이 모두 필요해요."

이사벨은 그녀의 눈을 다시 감았고, 그리고 잠시 동안 조용하게 있었다. "나는 절대로 혼자 남겨지면 안 돼요!" 눈물이 솟아오르면서 그녀는 갑자기 말했다.

그녀가 작은 소녀를 대변해서 말하기보다는 그 아이로부터 말하는 것을 알아차리고는, 나는 대답했다. "그건 맞아요. 당신은 아시겠어요, 이사벨? 그 아이는 절대로 혼자 남겨지면 안 됩니다. 그녀가 그런 식으로 다루어져서는 안 되는 거죠. 그건 어떤 아이라도 같아요."

“그 아이는 자신이 사랑받을 만하지 못하다고 생각해요.”

나는 톰을 흘낏 바라보았고, 그는 고개를 끄덕였는데, 분명히 여기에 참여하고 있는 상태였다. 이사벨을 돌아보면서 나는 질문했다. “그리고 이 아이에 대해서 무엇이 진실인가요?”

“그 아이는 아름답고, 활기차요! 그녀는 사랑스러운 아이예요.”

“아이가 당신 말을 듣고 있나요?”

“슬픈 일이에요. 그녀는 제가 그동안 어디에 있었는지 궁금해해요.”

“그녀에게 무엇이라고 말하겠어요?” 내가 물었다.

“너를 혼자 남겨두려는 것은 아니었어. 내가 지금 여기에 있단다.”

“그리고 그녀가 어떻게 반응하나요?”

“그 아이는 기뻐해요. 하지만 저를 믿지 않아요.”

“그녀가 당신에게 바로 지금 무엇을 원하고 있나요?”

“아이는 제가 떠나지 않기를 원해요.”

“아이는 당신과 함께 있기를 바라는군요. 그것이 당신에게 괜찮은가요? 그렇다면 아이가 그것을 알도록 해주세요. 그리고 우리가 아이를 돕기 위해 돌아올 것이라고 아이에게 말해주세요.”

“알겠어요.” 이사벨이 보고했다.

“제가 지금 당신에게 또 다른 파트에 대하여 뭔가 질문해도 괜찮으시겠어요?”

“네.”

“이 작은 소녀와 분노 파트와는 어떤 관계인가요?”

“그는 그 아이를 보호한다고 말하네요.”

“그는 지금 무엇을 하고 있나요?”

"그는 지켜보고 있어요."

"고립되었고 혼자라고 느끼면서 그 모든 세월을 보내온 것을 생각하면, 그가 그 아이 대신에 분노하게 된 것은 당연하지요. 그를 만나기 위해 우리가 다시 돌아올 거예요." 나는 말했다. "하지만 지금은, 우리가 톰에게로 돌아가도 괜찮을까요?"

5단계: 통찰과 함께 파트너에게 되돌아가기[리턴]

이사벨은 눈을 뜨고 톰을 바라보았다.

"당신의 이야기를 잘 들었어." 그는 말했다. 잠시 후에, 그는 덧붙였다. "미안해. 내가 사라졌던 걸 알고 있어. 그렇지만 당신을 혼자 남겨두려던 것은 아니었어."

나는 이사벨에게 말했다. "톰이 당신 말을 듣고 있으니까 당신은 어떤가요?"

"기분이 나아졌어요." 그녀가 대답했다.

6단계: 요청하기

내담자가 파트너에게 자기의 필요를 충족시키기 위한 요청을 하게 됨으로써 더 취약해지는 상태에 놓이게 되도록 하는 것을 격려하기 전에, 그녀에게 충분한 참나 에너지가 있는지를 평가해야 하는데, 그것은 거절을 견딜 수 있도록 그리고 그녀를 도와서 분리할 수 있도록, 그리고 내면에 초점을 두면서 자신의 필요에 대해 이야기를 하도록 함으로써 어린 파트들을 보살펴 줄 수 있도록 하기 위함이다. 이러한 방식으로 할 때 만일 파트너의 대답이 "노*No*"라면 혹은 단지 요청의 일부분만 해주겠다고 한다면, 취약한 파트(욕구를 가진 파트)는 내담자의 참나와 이미 관계를 형성하고 있기 때문에, 재차 상처re-injury를 입지 않도록 얼마간의 보호능력을 갖춘 상태에 있는 것이다.

"바로 지금 톰에게 요청하고 싶은 게 있나요?" 나는 이사벨에게 물었다.

"오늘 밤 저녁 식사 후에 개를 산책시키러 나갈 때 나와 함께 가줄 수 있나요?" 그녀는 말했다.

그는 씁쓸하게 웃었다. "*그건* 내가 할 수 있어."

다음 단계는 톰과 그의 파트들과의 작업이 될 것인데, 그 파트들은 톰이 스스로를 닫아 걸도록 하고 있다.

매 순간의 선택©

몇 년 전 나는 연습훈련(케이트와 죠엘 펠드맨Kate and Joel Feldman이 1995년에 그들의 워크숍에 참여한 커플들을 위해 개발했던 연습훈련에 기초한 것)을 고안했는데 그것은 분노 감정의 아래에 있는 정서적 욕구emotional needs를 탐색하기 위하여 그리고 자신의 필요를 보다 기술 좋게 요청할 수 있도록 하기 위하여 만들었다. 나는 그것을 *매 순간의 선택*이라고 불렀다(아래의 박스를 보라). 이 연습은 내담자들이 *천천히* 속도를 늦

추면서 몇몇 단계들을 사용하도록 하는 것인데, 이것은 그들이 그들의 파트너에게 반응할 때에 그들의 선택에 대한 감각을 극대화하도록 하는 데 도움이 되도록 설계되어 있다. 그것들은 다음과 같은 내용들을 포함한다. *좌절감을 느끼는 파트에게 접근하기, 반복적이고 패턴화한 상호작용을 인지하기, 특정 행동을 추구하도록 연료를 주는 추방자에게 접근할 수 있도록 어린 시절의 경험을 탐색하기*, 마지막으로 *참나로부터 추방자의 욕구를 들어주기* 등을 포함한다.

선택을 훈련하는 나의 목표는, 내담자들이 천천히 작업할 수 있도록 속도를 늦추게 하면서 그들이 어린 시절에 추방했던 핵심적인 정서적 욕구와 갈망을 탐색하고 이해할 수 있도록 하는 것이다. 사람들이 상처 입은 존재의 본래original 경험과 이러한 상처 때문에 충족되지 못했던 핵심 욕구a core need를 그들이 이해할 수 있는 방법으로 조율할 수 있게 되면, 그들의 파트들의 현재 욕구를 향해 더욱 연민 어린 눈으로 바라볼 수 있게 되고 더욱 견뎌내기가 쉽게 된다. 이것은 차례차례로, 그들이 탈섞임할 수 있도록 하게 되고, 요청하는 것을 보다 더 기술적으로 할 수 있게 되는데, 이 일은 보호적인 파트들보다는 참나로부터 하는 것이다. 아마도 가장 중요하게는, 사람들이 그들의 파트들과의 사이에서 참나가 주도하는Self-led 관계가 이루어지면, 파트너가 가용한 상태인지 아닌지에 상관없이, 그들이 반응하는 방식에 있어서 더 많은 대안들이 있음을 볼 수 있게 되고, 그러면 그들은 더욱 자발적으로 선택할 수 있는 능력을 발휘할 수 있게 된다.

치료사를 위한 조언

다음의 연습훈련을 커플과 하기 전에 당신 자신부터 먼저 적용해보라. 당신의 욕구를 탐색하면서 나온 내용물을 내부에서 외부로 통합하라. 나는 일반적으로 이것을 안내 멘트가 있는 명상으로서 제공하는데, 그러고 나서는 내담자들이 아래의 질문들에 대한 답을 기록하도록 한다. 그런 뒤에, 커플로서의 경험에 대하여 이야기를 나누도록 한다.

매 순간의 선택©

- 당신의 분노나 좌절에 주의의 초점을 둔다. 당신은 무엇을 알아차리나요? 당신은 무엇을 듣고 있나요?
- 당신이 좌절감을 느낄 때, 가장 자동적으로 나오는 당신의 반응은 무엇입니까?
  - 예를 들면, 당신이 통제받는다고 느끼거나, 분노하는, 참지 못하는, 조종하는, 순응하는, 분석하는….
  - 당신 자신에게 물어보세요. 누가 반응적인지를 그리고 그 파트를 주목하세요.
- 당신의 반사적 행동은 당신의 파트너로부터 어떤 반응을 흔히 이끌어냅니까?

- 당신의 파트너가 이런 방식으로 반응하게 될 때 *당신의 내면*에서는 무슨 일이 일어나나요?
  - 예를 들면, 당신이 분노를 느낀다거나, 슬픔, 행복, 신남, 걱정, 등등….
- 당신의 보호자들 사이에서 그리고 당신의 파트너의 보호자들과의 사이에서 나타나는 이러한 작용과 반작용의 사이클에 대하여 당신은 무엇을 알아차립니까?
- 만일 당신이 좌절된 보호자들을 가까이에서 경청하게 되면, 당신은 그 아래에 있는 취약한 파트(추방자)를 감지할 수 있습니까?
  - 당신은 추방자에 대하여 무엇을 보거나 느끼거나 감지합니까?
  - 이 파트가 상처를 받게 되었던 어린 시절의 사건이나 상호작용 패턴은 무엇입니까?
  - 그 당시에 양육자로부터 받지 못했던 것으로서 이 파트가 필요로 했던 것은 무엇이었습니까?
  - 당신이 적어도 그것 중에 일부라도 바로 지금 제공해 줄 수 있는지 물어보시오.
- 당신이 이 부분 또는 이 문제에 관련하여 당신의 파트너로부터 필요로 하는 것이 무엇입니까?
- 이제 유턴에서 리턴으로 되돌아와서 당신의 파트너와 함께 이러한 파트들을 대변하여 말하는 것을 시도해 보시오.

- 바로 지금 무언가를 당신의 참나로부터 요청할 수 있겠습니까?

요약

우리는 분노와 좌절을, 어린 시절 충족되지 못했던 개인들의 욕구에 대해 보여주고자 하는, 들려주고자 하는, 그리고 알려주고자 하는 단서로서 바라보는데, 우리는 그들이 드러난 것의 수면 아래로 헤엄치도록 함으로써 어떻게 그 욕구들이 보호자 파트들을 행동하도록 몰아가는지를 볼 수 있도록 돕는다. 만일 커플이 자기보살핌에 대해서, 서로를 보살피기로 약속한 그들의 서약을 훼손할 수 있는undermines their pledge 것으로 믿는 입장을 가졌다면, 그들은 자기보살핌이 상호 간의 관대함만큼이나 관계에서 필수적인 것이고, 파트너가 함께 할 수 없을 때 참나가 사랑의 근원이 되어준다는 것에 대한 우리의 주장에 그들은 놀라게 될 것이다. 우리는 더 나아가서 욕구를 만족시키기 위하여 파트너에게 요청하는 것이 괜찮은 거라고, 그리고 가능한 한 기술적으로 그렇게 하는 것이 가능하다고 주장한다. 그리고 나서 우리는 커플들이 그것에 대한 연습을 하도록 돕는다.

8장

당신, 나, 우리?
상충하는 상호욕구 협상하기

이 장에서 우리는 상호적이지만 상충하는 욕구들(모든 커플들이 거치게 되는 하나의 현상)을 어떻게 다룰 것인가에 대한 문제를 다루고자 한다. 우리는 그러한 경험을 정상적인 것으로 간주하며, 커플들이 상충하는 욕구들에 대하여 협상하는 것을 배울 수 있다고 본다. 우리의 목표는 커플 둘 다의 욕구가 타당하다는 사실, 그리고 다시 말하자면, 아동기에 욕구를 갖는 것에 대해 수치를 당했던 경험 때문에 이에 대해 스스로 능숙하게 협상하는 경험을 하지 못하였다는 사실을 커플들이 인식하도록 돕는 것이다.

누가 우선인가?

욕구를 충족시킨다는 것은 일반적으로 다음과 같이 분리된 것이지만 서로 연관 있는 두 가지 사항을 포함한다. 만일 나의 파트너가 내가 원하는 것을 정확히 내가 원할 때 줄 수 없는 상황이라면 어떻게 해야 할 것인가? 우리의 욕구가 서로 갈등할 때 누구의 욕구가 우선되어야 하는가? 우리의 목표는 커플들이 격렬한 힘겨루기를 하지 않으면서도 이러한 문제들에 대하여 협상할 수 있도록 하는 것이다.

우리는 고통스러운 아동기 경험에서 구원되길 바라는 추방자들이 자신들이 필요로 하는 것들을 우선 참나에게서 얻을 수 있고, 이차적으로 파트너에게서 얻을 수 있다는 것을 내담자들에게 가르친다(Schwartz, 2008). 나의 경험에 따르면, 사람들은 일단 자신의 부분들과 참나 사이에 안정되고 분화된 애착을 정립하게 되면, 상대방이 바뀌어야 할 필요성에 대해 덜 집중하게 되고, 자신이 현존하고 있다는 느낌을 더 많이 갖게 되며, 다른 이의 욕구에 대하여 압도되거나 분개하지 않으면서 마음이 더욱 열려 있게 된다. 아울러 이들은 자신의 욕구가 우선되어야 한다고 여길 때는 정중한 경계를 세우는 것에 대해 배울 수 있다. 욕구와 관련한 협상에서의 불균형(예: 한 사람의 욕구가 언제나 우선됨)은 관계를 악화시키는 것으로서 치료 대상이 될 수 있다는 사실을 나는 커플들에게 상기시켜 준다.

베라와 피터

"오늘은 어떤 주제에 대해 작업하고 싶으신가요?" 나는 물어보았다.

"당신이 먼저 얘기해요." 베라Vera가 피터Peter를 바라보며 말하였다.

"제가 베라를 끊임없이 쫓아다니는 것처럼 느껴집니다. 베라가 시간을 저와 더 많이 보내주길 바라며 애쓰고 있는 거죠." 피터가 말하였다. "그녀는 결코 가만히 앉아있지를 않아요. 그녀는 언제나 컴퓨터 앞에 앉아 있거나 전화를 하고 있어요. 저는 더 이상 우선순위에 못 들어가는 거죠…. 적어도 예전 수준에 미치지 못해요, 제가 아니었다면 우리는 아마도 시간을 함께 보내지도, 휴가를 가지도, 심지어 성관계를 갖지도 못했을 겁니다!"

나는 베라가 참여하길 바라는 눈빛으로 그녀를 바라보았다. 베라가 말하였다. "피터, 내가 집안 경제를 책임지고 있어요. 하루 종일 일을 하고, 집에 돌아올 때쯤 나는 완전 지쳐있어요. 아이들은 내가 필요하고, 당신도 내가 필요하지만, 내게 필요한 것은 단지 정신을 차릴 수 있는 약간의 휴식 시간이에요."

이러한 사이클은 물론 커플들에게 흔히 일어난다. 말다툼의 내용이 무엇이 되었든, 나는 그러한 사이클에 내재하는 그들의 갈등의 성격을 이해하도록 돕는 것으로 치료작업을 시작한다.

"그럼 피터, **당신이 베라를 쫓아다니는 것은 연결감을 느끼기 위해서인가요? 당신이 그걸 어떤 식으로 하는지 말씀해주실 수 있나요?**"

"저는 요구쟁이asker가 되어버립니다." 피터가 말하였다. "저는 요구하고 요구하고 또 요구합니다. 결국, 저는 절망감을 느끼게 되고 제가 요구하고 있는 게 베라의 관심사에서 저 멀리 후 순위로 밀려 있다고 믿게 됩니다."

여기서 알 수 있듯이, 한쪽이 종종 가까워지는 것에 집중하는 것과는 대조적으로 다른 한쪽은 자신만의 여유로움을 요구하고 있다. 더 많은 친밀감을 바라는 파트너는 상대방에 의해 애정에 굶주린 것처럼 보일 수 있는 반면에, 거리를 두려는 파트너는 마치 차단하는 것처럼 보일 수도 있다. 내 경험으로는, 개인적 여유를 충분히 가지려는 자신의 욕구를 독립성의 욕구로 해석하는 사람들은 일반적으로 회피성향이 있는 반면에, 더욱 가까워지기를 바라는 사람들은 홀로 있는 것을 두려워하는 경향이 있다. 어느 경우가 되었든, 그들은 건강한 분화를 추구하는 과정에서 둘 다 자신들의 특정한 역할에 대해 수치심을 느낄 수도 있다.

나는 베라가 입술을 꼭 다물고서 팔짱을 끼고 있는 모습을 알아차렸고, 그녀에게 직접 말하였다. **"무슨 일이 일어나고 있는 건가요?"**

"제가 우리 관계를 유지하기 위해 아무것도 하지 않고 있다고 피터가 얘기하는 것 같네요."

나는 부드럽게 물어보았다. "그럼 당신이 방금 들은 이야기는 당신이 아무것도 하지 않고 있다고 피터가 생각한다는 말씀인 거죠?"

피터는 고개를 저으며 한숨을 내쉬었다. "제가 그런 의미로 말한 게 아닙니다. 이게 문제예요. 베라는 너무 예민해서 모든 걸 비난으로 받아들입니다. 대화를 시도하는 것조차 아무런 의미가 없게 됩니다."

"아니죠." 베라가 말하였다. "당신은 스스로 말하는 걸 이해하지 못하고 있어요! 당신이 나와 대화하는 방식에 대해 아무런 책임도 지지 않고 있다고요!"

"알았어요." 내가 그들에게 말하였다. **"우리 좀 차분하게 진행해볼까요. 제가 제대로 이해했는지 들어 봐주세요.** 피터, 당신에게는 베라와 충분히 만족할 만한 시간을 갖지 못한다고 느끼는 부분이 있어요. 그 부분은 당신이 베라에게 더 많은 시간을 함께해달라고 요청했을 때, 베라가 비난받는 것으로 느끼게 되면 좌절감을 느끼는 부분입니다. 베라, 당신은 일을 무척 많이 하고 있습니다. 피터가 당신과 더 많은 시간을 보내기를 원할 때, 휴식 시간을 필요로 하는 당신의 부분은 비난받는 걸로 느낍니다. 제가 제대로 이해한 건가요?"

"맞습니다." 그들은 동의하였다.

"내 입장에서 보면 내가 아무리 노력해도 해결할 수 없다는 거죠." 베라는 피터를 바라보았다. "내가 무얼 해도 당신을 만족시킬 수 없군요."

나는 베라를 향하였다. "잠시 그 '해결할 수 없다'라고 말한 부분에 머물러 보실 수 있을까요?"

"저는 완전히 지쳐 있어요." 베라가 답하였다. "저는 항상 경계를 서는 상태에 있어요."

"그럼 어떤 부분이 당신의 주의를 먼저 필요로 하나요? '해결할 수 없어'라고 말하는 부분인지, '완전히 지쳐 있는' 부분인지, 아니면 '항상 경계 상태에 있는' 부분인지요?"

"항상 경계 상태에 있는 부분이에요."

"그 부분에 대해서 어떻게 느끼시나요?"

"오, 저는 그 부분을 잘 알고 있어요!"

"그럼 그 부분에 대해 어떤 마음이 드나요?"

"감사한 마음이 들어요."

"그 부분이 보호하고 있는 건 누구인가요?"

"제가 어렸을 때, 아버지는 언제나 관심의 중심에 계셔야만 했어요. 정말 언제나 그러셨어요. 그건 제게 당황스러운 일이었어요. 엄마는 남몰래 아버지를 미워했고요. 제 남자 형제들은 모두 미친 척 행동했어요. 저는 그저 사라져버리는 걸 배웠지요. 혼자 있는 게 차라리 그들 주변에 있는 것보다 나았거든요."

"아버님의 욕구는 모든 자원들을 빨아들일 만큼 강력했는데, 그 때문에 가족 안에 머물 곳이 없다고 느끼게 되면서 사라져버리는 걸 배운 소녀를 이 파트가 보호해주고 있는 거군요."

"그게 저예요. 이 경호원은 욕구불만인 사람들을 좋아하지 않아요."

"그럼 그 부분이 피터의 욕구에 대해 경계하곤 하는 것이 당신에게 납득이 가나요?"

"네." 베라가 조금 뒤 말하였다.

나는 피터를 향하였다. "당신의 가족들은 어떠했나요?"

"저희는 일곱 형제였습니다. 솔직하게 말하자면, 저는 주목을 받으려고 노력하고 있거나, 주목받을 수 있는 기회를 기다리곤 했었습니다."

"만일 짓밟히거나 버림받는 것에 대한 두려움을 덜 느끼면서 두 분 사이의 욕구를 협상할 방법이 있습니다. 그러한 방법을 배워보실 의향이 있으신가요?"

그들이 고개를 끄덕였다.

"좋습니다. 제가 두 분을 도와드릴 수 있습니다."

다음 회기

피터가 다음 회기에서 먼저 시작하였다. "제가 이번 주에 뭔가를 요청했는데 잘되지 않았습니다."

"두 분의 부분들이 충돌했나요?" 내가 물었다.

"네." 베라가 대답하였다.

"다시 한번 **해봅시다. 먼저 무슨 일이 일어났었는지 제게 말씀해주세요. 그러고 나서 우리는 그 문제를 단순화시켜볼 겁니다. 그러면 반사적으로 행동했던 부분들을 알 수 있게 되면서 다시 시도해 볼 수도 있을 겁니다"**라고 내가 제안하였다.

"베라가 일터에서 집으로 돌아왔을 때, 그녀가 음성 메일을 듣거나 이메일을 확인하기 전에 저와 아이들과 함께 시간을 보낼 수 있는지 물어보았습니다." 피터가 보고하였다. "제가 물어보는 걸 제대로 잘했다고 생각하거든요."

"그래요." 베라가 말하였다. "이해할 만하게 들리긴 하지만요, 피터는 제가 그렇게 할 수 없다는 것도 알고, 왜 그런지도 알고 있어요. 그러니 그건 덫과 같았어요."

"어떤 걸 느끼셨나요?" 나는 그녀에게 물어보았다.

"화가 났죠. 그렇지만 제가 심했다는 것도 압니다."

"당신의 화가 난 그 파트는 무엇을 바랐던 거죠?" 내가 물었다.

"경계boundary를 세우려는 거죠. 또 다시요!"

"그 화내는 부분이 그런 식으로 경계를 세우는 것에서 가장 중요하게 여긴 것은 무엇이었나요?"

"그가 알아듣게 만드는 거였죠."

"그리고 무슨 일이 일어났나요?"

"그는 물론 상처를 받았어요."

"저는 두 분이 결속을 손상시키지 않는 방식으로 경계를 세우고 피터에게 '아니오'라는 말을 하면서도 편안하게 느끼도록 도와드리고 싶습니다."

"멋진 말이네요." 베라가 거의 비꼬듯 말하였다.

"그러나 당신은 그게 가능하다는 걸 믿지 않으시는 거죠? 이해할 만합니다. 어쨌든 시도해 보실 의향이 있으신가요? 당신이 화가 났던 순간으로 돌아가 볼까요."

베라는 눈을 감고서 고개를 약간 끄덕였다.

"자신의 몸에 집중해 보세요. 무엇이 느껴지나요?"

"가슴이 답답하게 느껴져요." 그녀가 대답하였다.

"가슴에 있는 그 부분이 잠시 동안만 당신을 장악하지 않고 있을 수 있는지 물어보세요." 내가 말했다. "그 부분에게 그럴 의향이 있나요?"

그녀가 고개를 끄덕였다.

"그러면 그 감각에 집중해 보세요. 그래서 그 감각이 당신에게 정보를 줄 수 있도록 해보세요." 내가 말하였다.

"모두 당신 때문이에요. 모두 당신 때문이라고요!" 베라가 소리를 버럭 질렀다.

"당신 아버지인가요?" 내가 부드럽게 물었다.

"네."

"이 부분이 피터를 당신 아버지로 오해하고 있는 건가요?" 내가 물었다. **"바로 지금 피터를 당신의 눈을 통해서 바라보실 수 있을까요?"**

베라는 눈을 뜨고서 피터를 뚫어져라 쳐다보았다.

"그 부분이 누굴 보고 있나요?" 내가 물었다.

"제 남편이 보이네요." 그녀가 말하였다.

"우리는 당신에게 상처를 주고 싶지 않아요." 피터가 미소를 지었다. "우리는 당신을 좋아해요. 우리는 그저 당신과 함께 시간을 보냈으면 하는 거예요."

베라의 눈에 눈물이 그득해졌다. "그런 말을 해줘서 고마워요."

잠시 후 내가 말했다. **"그리고 '안 돼요'라고 말해도 괜찮아요. 당신도 자신이 필요로 하는 것들을 요청할 수 있어요."**

"그게 저는 어렵게 느껴져요." 베라가 말하였다.

"알아요. 제가 도와드릴까요? **경계를 세우는 그 화난 부분에게 돌아가 보죠. 그 부분이 긴장을 풀게 되면 무슨 일이 일어날까요?"**

"저는 모든 사람의 욕구에 압도되고 말 거예요. 제가 그러한 것에 확고하게 대처하지 않는다면 결코 혼자 있을 수 없어요."

"그 압도되는 부분을 당신이 도와줄 수 있도록 그 확고한 파트가 허락할 용의가 있을까요?'

"네, 있어요."

베라가 자신의 보호자와 탈섞임하여 그 압도된 부분에게 호기심을 갖도록 내가 도와주고 나자, 그녀는 이렇게 말하였다. "저는 하루 종일 무수한 사항들에 대해 신경을 쏟고 나서는 집으로 돌아오는 길에 차 안에서 공황상태에 빠져요. 문을 열고 들어서는 순간, 모두의 욕구에 의해 빨리는 느낌이 정말 무서워요. 이안류(離岸流, riptide) 같은 거죠.

전화기와 컴퓨터로 곧장 가는 게 그런 감정들을 다루기 위한 방식이었다는 걸 이제 알겠어요. 제가 불리한 입장에 처한 것 같네요. 이제 진실을 말하자면, 저는 집에 돌아왔을 때 계속해서 일할 필요가 없어요."

"이렇게 공황상태에 빠진 부분이 당신에게서 필요로 하는 건 무엇인가요?"

"보호받는 겁니다."

"그 부분에 대하여 어떤 마음이 드나요?"

"이제 알겠어요. 내가 맡은 일 때문에 이 부분이 얼마나 과도하게 자극되어 있는지 그리고 아이들이 지쳐 있고 애정에 굶주려 있을 때 얼마나 무능하게 느껴지는지 알겠어요. 이 부분을 돌봐주고 싶어요."

"그 부분이 어떻게 반응하나요?"

"약간 절망감을 느끼네요. 자신이 나빠서 제 인생을 망쳤다는 듯이요."

"다른 부분이 그렇게 말하고 있나요?"

"네, 그렇게 생각되네요."

"그 다른 부분이 그렇게 말하는 게 효과가 있는지 물어보세요."

"비난하는 걸 말씀하시나요? 아니요, 효과가 없어요."

"그렇다면 압도당하는 부분을 당신이 돕도록 그 부분이 허락해 줄 의향이 있을까요?"

"괜찮다고 하는데, 그렇게 해야만 되겠지요."

"위협하는 게 이 부분의 오랜 습관인 것 같아요? 그래도 좋습니다. 이 부분이 새로운 방식을 꼭 믿어야만 하는 건 아닙니다만, **이 부분이 성과를 얻고자 한다면 당신에게 중단하지 않고 시도해 볼 기회를 주어야만 합니다.** 이 부분에게 그럴 의향이 있나요?"

"네."

"이 부분에게도 도움이 될 거예요. 이 작업은 모두를 위한 것이니까요."

"알겠어요."

"이제 그 압도당한 부분에 대해서 어떻게 느껴지나요?"

"저는 그녀를 볼 수 있어요. 그녀는 어려요. 그녀가 압도당한다고 느끼는 건 당연해요!"

"당신이 일과 아이들 그리고 피터와의 관계를 돌볼 수 있다는 사실을 그녀가 알고 있나요?"

"당신이 그렇게 말하는 것을 듣고서 그녀는 놀라워하네요."

"무엇 때문이죠?"

베라는 머리를 천천히 흔들었다. "그녀는 오랫동안 제 인생을 책임져왔어요. 저는 정말 몰랐어요! 내가 얼마나 미안해하고 있는지 그녀에게 말해주고 있어요. 그런 식으로 되는 걸 의도한 게 아니었거든요."

"그녀가 보호하고 있는 게 누구인지 물어보세요."

베라는 눈을 감고 조용히 있었지만 의아해하는 듯이 보였다.

"검열하지 마시고요. 무엇을 알게 되셨나요?"

"아기가 잠깐 보였어요." 그녀가 대답했다. "그 아기는 무엇을 의미하는 걸까요?"

"그녀가 보호하는 부분이 그 아기예요." 내가 말하였다. "당신이 그 아기를 도와줄 계획을 세운다면 그녀가 허락할까요?"

"제가 도와주기를 바라네요. 자기가 얼마나 지쳐 있는지 제게 보여주고 있어요."

나는 베라가 압도감을 느끼고 있는 부분이 보호하고 있는 아기를 도와줄 계획을 세운 다음, 회기를 마치기 전에 그녀가 자신의 욕구를 충족시키는 다른 방식을 실습할 기회를 갖기를 바랐다. 그래서 그녀가 피터와 상호작용을 다시 해보는 것으로 돌아갔다. 하지만 나는 피터에게 먼저 물었다. "이러한 작업이 당신에게 이해가 되나요?

"네, 이해가 됩니다." 그는 베라를 사랑스럽게 바라보았다.

"그녀가 당신에게서 원하는 것을 요구할 수 있을 만큼 당신은 여유가 있으신가요?"

"네, 있습니다." 그가 답하였다.

나는 베라를 향하였다. "이제 당신은 직장에서 집으로 돌아왔을 때, 내면에서 어떤 일이 벌어지는지 알아차리고 있습니다. 당신의 화가 난 보호자보다는 압도된 부분을 대변하여 자신이 원하는 것을 피터에게 요청해 보실 수 있겠어요?"

베라가 끄덕였다.

"좋아요, 다시 시도해봅시다. 피터, 매우 활력 있게 해보시죠. 당신과 아이들이 베라를 정말로 필요로 하고 있다는 것을 바로 지금 그녀에게 얘기해보세요. 그녀가 짐을 내려놓기도 전에 말이죠."

피터가 그렇게 하자 베라는 심호흡을 하였고, 눈을 감고 마치 내면에서 협상을 진행하는 듯하였다. 그러고 나서 말했다. "좋아요. 피터, 나는 정말로 지쳐 있는데요, 압도감을 좀 느껴요. 당신들과 시간을 보내기 전에 먼저 샤워를 하고 옷을 갈아입고 정신을 차릴 시간이 조금 필요해요. 한 20분 정도?"

"물론 좋아요." 그가 말했다 "무슨 일을 하려는지 내게 알려주고 요청만 해주면 돼요! 그런데 나도 요청사항이 있어요. 이렇게 하기 전에 먼저 우리 둘이서 아이들에게 얘길 해줬으면 해요. 당신이 우리들과 함께할 수 있기 전에 먼저 일터 모드에서 벗어나야 한다는 것을 당신이 아이들에게 얘기해 주길 바래요."

나는 베라를 보았는데, 그녀는 입술을 깨물었다. "이게 당연히 해야 할 일이고 완전히 합리적이라는 걸 알고 있어요. 그런데 그게 왜 저를 두렵게 만들까요?"

"이 부분이 당신이 무언가를 요청하는 걸 어렵게 느끼는 그 부분인가요?" 내가 물었다. **"그 부분에게 무슨 말을 하고 싶나요?"**

잠시 뒤에 베라가 말하였다. "이렇게 하면 아이들은 괜찮을 거예요. 아이들은 단지 일이 어떻게 돼가는지 알아야겠지요. 만약 아이들이 이에 대해 괜찮지 않다면, 우리는 문제가 무엇인지 함께 찾아보고 해결해 갈 거예요. 우리는 부모로서 역할을 할 겁니다. 가족들 모두 제각기 욕구가 있어요. 우리는 아이들을 위해 본보기를 보여야 해요."

피터는 약간 놀란 듯이 보였는데, 이렇게 말했다. "그래요! 나도 동의해요."

탈쉬임을 익히고 새로운 행동을 실험하는 회기들을 여러 차례 갖게 되면서, 베라는 요청하고 거절하는 능력, 피터와 아이들의 실망하는 모습을 참아내는 능력 그리고 그들의 연결 시도를 그녀가 회피해야 할 욕구라기보다는 친밀해지자는 초대로서 알아차리는 능력을 점진적으로 기르게 되었다. 피터는 베라의 '아니오'에 대하여 슬픔과 공황 상태에 빠지는 자신의 반응이, 자신의 추방자(자신을 알아주길 바라고 가까이 있고 싶어 하는 마음에 대해 수치를 당했다고 느끼는 부분)에게로 이끌어주는 기점(起點, trailhead)이라는 사실을 알게 되었다. 일단 그가 이 추방자를 돌보게 되자, 베라를 비난해서 굴복시키려던 그의 보호자는 애초의 자기 직무에서 조기 은퇴할 것을 선택하였고, 피터는 그녀가 때때로 "아니오"라고 말할 필요성에 대해 훨씬 너그러워졌으며, 동시에 자신의 요구를 더 직접적으로 표현하게 되었다.

파트너가 표현하고 있는 욕구가 자신의 욕구와 상충하게 될 경우, 욕구를 충족하기 위하여 분명하고 직접적으로 요구하는 것이 어려울 수 있다. 자신이 원하는 것에 대하여 어떤 사람들은 강압적으로 요구를 하고, 또 어떤 사람들은 살짝 암시만 하는데, 아무런 긍정적인 결과도 얻지 못한다. IFIO에서 우리는 연결이나 개인적 시간과 공간에 대한 파트너의 욕구를 알아차리고, 현재 시점에서 요청하거나 "아니오"라고 말하기 어렵게 만드는 아동기 딜레마를 탐색하도록 가르친다.

연결에 대한 욕구를 알아차린다는 것은 파트들과 관계를 맺어가는 것, 그들에게 내적 연결성의 최우선 원천이 되어준다는 것을 의미한다(Schwartz, 2008). 우리는 사람들에게 이렇게 하는 방법과 파트너에게 요청하는 방법을 가르친다. 상대방이 요청을 충족시켜주기 위한 준비가 되어 있지 않다면, 이는 취약한 부분이 여전히 내면에서 확고하게 연관되어 있다는 것을 의미한다. 나의 경험으로는 커플이 탈섞임하는 것과 표현을 명료하게 하는 것을 익히고, 요청에 대한 승낙 또는 거절을 그들이 견뎌낼 수 있다는 사실을 알게 되면서, 그들의 협상기술은 크게 향상될 것이고, 아울러 서로의 요청이 열린 마음으로 응답받게 될 가능성도 높아질 것이다.

어떻게 할 것인가

우리는 모두 파트너로부터 이해와 돌봄을 받고 싶어 하지만 커플은 종종 상충되는 욕구를 가지며, 자신의 욕구를 충족시키려고 할 때 그러한 욕구는 양극화하게 된다. 커플이 이런 딜레마를 제기할 때, 우리의 우선적인 개입은 그러한 상황을 정상적인 것으로 여기도록 하고, 비록 그들의 욕구가 때때로 상충된다 하더라도 각자의 욕구를 충족시키는 보다 효과적인 방법을 그들이 배워나갈 수 있다는 사실을 알려주는 것이 된다. 본질적으로 우리는 커플의 욕구가 타당하다는 사실 그리고 아동기 경험 때문에 보다 능숙하게 요청하거나 "아니오"라고 말하지 못하고 있다는 사실을 그들이 알아차리도록 돕는다. 끝으로 우리는 그들에게 초대 요청을 해보도록 가르친다. 대부분의 커플들은 상담실에서 이러한 단계들을 많이 실습한 다음에 자신의 집에서 성공적으로 해낼 수 있게 된다.

커플에게 욕구 협상을 가르치기

1단계: 보다 효과적인 요청 방법을 구체화한다.

- 예를 들면, **"당신과 더 많은 시간을 보내는 게 필요해요"**보다는 **"당신이 그리워요, 당신과 함께 얼마간의 좋은 시간을 보냈으면 정말 좋겠어요"**라고 말하기.

▌2단계: 커플의 사이클을 추적한다.

▌3단계: 반사적인 보호자가 분리하도록 돕는다.

▌4단계: 초대한다.

- 예를 들면, **"짓밟히거나 버림받는 것에 대한 두려움을 줄이면서 두 분 사이의 욕구를 협상할 방법이 있습니다. 그러한 방법을 배워볼 의향이 있으신가요?"**

▌5단계: 양극화의 한 당사자에게 주의를 기울이는 것으로 시작한다. 한 사람의 보호자에 대해 작업하는 가운데 다른 파트너는 목격자의 역할을 한다. 필요하다면 역할을 바꾸어서 해본다.

▌6단계: 커플이 보호자에게서 탈섞임하는 것을 촉진하고, 서로 다른 욕구에 대하여 협상하는 실습을 격려한다.

요약

커플이 잘 분화되어 있지 않은 상태에서는 서로의 말을 주의 깊게 듣는 것이 특히 어려워진다. 그들이 분화되지 않은 상태에서 서로 다른 욕구를 협상하려고 할 때, 그들은 아동기의 투쟁fight 또는 얼음freeze 패턴에 빠지게 될 가능성이 더욱 높아지며, 요청하기보다는 요구하기를 통해 협상을 시도할 가능성이 더욱 높아진다. 그래서 우리는 커플이 분화하는 데 초점을 둔다. 분화에 성공하게 되면 누구에게나 자신의 얘기를 들어주고, 자신을 보아주고, 이해해주길 바라는 핵심 욕구가 있다는 사실, 그리고 그들의 협상이 고통스러웠던 이유가 그들이 아동기에 욕구를 갖는 것에 대해 수치를 당하게 되면서 욕구의 충족을 포기했던 파트들이 있게 되었고, 그들의 파트너의 여유 없음을 자신의 욕구에 대한 수치스러운 거절로 경험하기 때문이라는 사실을 알아차리게 된다.

커플이 보다 많은 참나 에너지를 느끼고 그들 자신의 욕구를 내면에서 충족시키는 방법을 배우게 되면, 그들은 관계에서 실수와 용서에 대한 여유 공간을 얻게 된다. 그 결과 욕구를 억압하는 보호자들과 욕구를 충족시키려는 보호자들 사이의 양극성을 완화하는 데 도움을 받는다. 일단 보호자들이 긴장을 풀게 되면, 커플은 가슴에서 우러나는 요청을 하게 되고, 한계를 너그러이 용인할 가능성이 훨씬 더 높아진다. 아울러 "아니오"(또는 "네")라고 말하는 것이 생존을 위협하는 것이 아니라는 사실, 그리고 언제 어느 때이든 누구의 욕구를 우선할 것인가에 대한 협상을 주고받으면서 안전하게 참여할 수 있다는 사실을 알게 된다.

9장

커플치료에서 수치심 다루기

이 장에서 우리는 수치심을 주는 것과 수치를 당한 느낌shaming and feeling shamed에 대해 살펴볼 것인데, 그것은 커플치료에서 불가피하게 일어나는 일이며 친밀한 관계에 뿌리 깊이 부정적인 영향을 미친다. 안전한 장을 마련하기 위해, 치료사는 비난하기와 수치심 주기blaming and shaming의 부정적 사이클에서 두려움 없이 그 장면에 머물러 있을 수 있어야만 한다. IFIO에서 우리는 수치심에 대항하는 보호자들에게 면밀한 주의를 기울여야 하는데, 그들의 요새는 내부(다른 파트들) 혹은 외부(파트너)의 수치심이다. 그래서 우리는 그들이 야만적으로 대해왔던 파트들뿐만 아니라 그들도 짐을 내려놓을 수 있도록 작업한다. 이러한 부분들이 마침내 분리하게 되면, 커플은 자기인식self-knowledge과 자기연민self-compassion을 위한 얼마간의 공간을 갖게 되고, 그렇게 되면 그들은 상대를 위협으로 느끼기보다는 자원으로 볼 수 있게 된다.

수치심의 고통

우리는 인간으로서 난문제를 가지고 있다. 다시 말하면, 우리는 긍정적인 정서적 연결감 없이 생존하기에는 삶이 너무나 버겁다(Siegel, 2003). 관계를 맺는 것은 중요하지만 또한 그것은 위험할 수 있는데 왜냐하면 우리는 수치스러운 느낌feeling shamed에 너무 취약하기 때문이다. 수치를 한번 당하게 되면 우리의 보호자들은, 생존하려면 회피해야 한다고 자주 결론을 내리곤 한다. 그렇게 되면, 그들은 관계적 욕구를 가지고 있는 파트들을 추방해버릴 것이다. 한 파트는, 그의 욕구가 혐오감을 주거나 수용되지 못한다고 느끼게 되면, 이에 따라오는 그의 고통과 갈망은, 그것들을 사라지게 만들 수 없는 그의 무능함과 함께 결부되어, 보호자들을 끈질기게 부추겨서 단절로 가도록 유도한다. 따라서 수치심의 고통은, 관계에 뿌리 깊이 부정적인 충격을 주게 된다. 이에 더하여, 수치심이 확실하게 자기평가로 내재화되어 버리면, 수치심 보호자들에게 그 수치심 감정이 유발되는 데 있어서, 대인관계적 상호작용이 굳이 필요하지 않게 되며, 다만 그들 자신이 그것을 재창조하게 되는 것이다.

관계에서의 수치심 보호자들

수치심 보호자들은, 내부 그리고 외부를 향해 동시에 주목하고 있는데, 그들은 다양한 능력을 가지고 있어서 변신할 수 있고, 수치심을 막기 위해 다양한 역할을 하거나 혹은 산만하게 만들 수 있다. 그들의 목표는 '*절대로 다시는 안 돼* never again'이고, 그들은 흔히 커플치료 초기에 매우 눈에 띄게 나타난다. 그들은 양보하지 않고 고집이 세거나, 강렬하고 처벌적이거나, 수동적이고 회피적일 수 있다. 하지만 그들이 사용하는 전략이 어떠한 것이든, 그들의 그런 행동으로는 그 일*을 완수할 수 없다. 예를 들어 격렬한 분노, 즉 수치를 당한 추방자shamed exiles들을 위한 빈번한 보호 반응 등의 행동은 다른 사람들을 깊이 소외시키고 내면에서 일어나고 있는 자기비판self-criticism과 자기혐오self-loathing를 가릴 뿐이다(Kaufman, 1980). 남성 내담자들은 흔히 수치심을 부인하는 것이 수치스러운 상태가 되는 것에 취약하다는 것을 인정하는 것보다 안전하게 느껴진다고 나에게 말하는데, 수치심을 인정하는 것은 약해 보이기 때문에 그들이 더욱 부끄럽게 느끼게 되는 것이다. 그들의 격노rage에 대한 반응으로, 다른 사람들은 부인, 복종과 철수 혹은 망신을 줌으로 되갚기shaming in return, 혹은 이것들의 몇 가지 조합으로 반응하는 경향이 있다. 우리의 목표는 커플이 그들의 수치심 주기와 비난하기 사이클은 사실상 수치심의 감정을 막기 위한 잘못 안내된 시도misguided attempts라는 것을 이해할 수 있도록 돕는 것이다.

수치심과 작업하기: 치료사의 역할

치료 성과의 보증마크인 취약한 상태being vulnerable에 놓이는 것에는 큰 위험부담이 있는데, 그것은 파트너가 잠재적으로 적대적인 목격자이고,

---

* 수치심을 막는 일(역자 주).

치료사는 내담자에게 있어서 상대적으로 알려지지 않은 사람이기 때문이다. 때때로 양쪽 파트너들은 취약함은 약한 것이라는 믿음을 가지고 상담소로 걸어들어 온다. 그리고 그들의 보호자들은 민감함이나 불안감에 대한 어떠한 인정이라도 벌주려고 하는 경향이 있다(Sweezy, 2013). 그런 까닭에, 나의 경험으로는, 수치심을 주는 파트와 수치를 당하는 파트shaming and shamed parts들에 대하여 두려워하지 않으면서도 그것에 대한 지식이 있는 치료사가 가장 잘 대처할 수 있다고 본다. 수치심은, 목격하기에 고통스럽고 우리 안의 부끄러움을 당하는 추방자나 부끄러움을 주는 보호자들을 불러일으키기 쉬움에도 불구하고, 그것은 좋은 치료적 기회가 되는데, 수치를 주는 것과 수치를 당한 느낌에 조율하는 우리의 능력은 치유적 진전의 모든 변화를 만들어 낼 수 있을 것이기 때문이다(Lewis, 1987).

치료사를 위한 조언

당신 자신에게 다음의 질문들을 해보라.

- 치료 회기에서 수치심을 언급하는 것에 대해 생각할 때 나는 무엇을 느끼는가?
- 내담자에게 수치심이 일어날 때, 나는 그것을 인정하는 것이 편안한가? 만일 그렇지 못 하다면, 이유는 무엇인가?
- 수치심에 대한 나의 신념은 무엇인가? 그들의 신념과 나의 신념은….

친밀한 관계에서의 수치심의 영향

수치심은 친밀한 관계에 지대한 영향을 끼친다. 수치스럽게 하는 보호자들과 수치를 당한 추방자들 사이에서의 역동이 만연하게 일어날 때, 커플의 삶에 영향을 미치지 않는 곳이 없게 된다. 한 파트너가 다른 파트너를, 어린 시절 자신의 삶에서 온 수치심을 주었던 보호자shaming caretaker로서 경험하며, 그런 수치심의 감정이 지금 자신의 내면에서 유발된 것임을 놓쳐버린다. 대화는 진전을 보지 못해 겉돌고, 성적 활동은 위축되며, 관계회복이나 용서는 불가능하다고 느낀다. 이는 주요 영역에 미치는 충격의 예를 두세 가지 정도만 들어본 것에 불과하다.

수치심 치유하기

의식적인 알아차림과 내적 시스템 안에서 수치심의 짐을 지고 있는 소외된 파트들disowned parts로부터의 분화는 대단히 중요하다(Kaufman, 1980). 내담자들은 소외되고, 수치심을 입은 파트들과의 관계 속으로 들어가야만 한다. IFS에서 내적 안전감은, 참나와의 애착이라고 부르는데, 그것은 평안의 회복과 내적 조화의 열쇠가 된다. 파트들이 참나와 강한 애착관계를 형성하고 나면, 그들은 서로 간의 싸움을 멈춘다. 어쨌든, 파트들이 참나와 관계를 맺도록 하기 위하여 우리는 관계적 상처를 치료하는 것뿐만 아니라 보호자 파트들에 의한 내적 가해의 영향으로부터도 벗어나도록 해야 한다.

따라서, 내담자들이 수치심으로부터 치유되는 것을 돕기 위한 마지막 단계는, 개인의 외적 관계적 체계에서 다른 사람들에게 상처를 주는 것뿐만 아니라 내적 체계에서 다른 파트들에게 상처를 주는 보호자들에게 주의를 기울이는 것이다. 그들 역시, 나누어야 할 이야기가 있고 내보내야 할 짐들이 있다. 내 의견으로는, 그렇게 할 수 있을 때, 악순환의 내적 그리고 외적 전쟁을 종식시킬 수 있다고 믿는다.

수치심과 비난의 순환에 개입하기

다음의 사례는 내가 경험한 아주 힘겨운 사례들 중의 하나인데, 매우 반응적이고 수치심을 잘 느끼는 커플과 작업하고 있었을 때의 상황을 보여준다. 이 커플이 보호자들로부터 분리되도록 돕는 데 있어서 내게 엄청난 인내가 필요했는데, 그 보호자 파트들은 안전과 연결감에 대한 그들의 욕구를 인정할 수 없도록 막아서고 있었다. 다음의 이야기를 통해서 나는 커플이 그들의 싸우거나 도망가는 반응을 조절하도록 돕는 준비된 개입과 그들의 수치심과 비난 사이클에 개입하는 방법을 자세히 설명하고자 한다. 나는 또한 IFIO 접근법을 사용하는 데 있어서 미묘한 차이점을 언급하고, 나 자신의 매우 격앙된 보호자들과 함께 하는 나의 내적 과정에 대해 논의할 것이다.

감정적으로 격앙된 커플과의 작업: 알렉스와 데이비드

"그는 단지 분노하는 한 남자예요, 이것이 거기에 있는 모든 것을 말해줍니다." 알렉스가 나를 바라보면서 말했다. "그리고 내가 할 수 있는 것은 다 했어요. 나는 이제 더 이상 견딜 수가 없어요!"

그 후 이어진 잠깐의 휴지기 동안에, 나는 나의 부분들을 확인했다. 나는 이전의 회기들을 통해서 이런 도발은 데이비드로부터 분노 반응을 불러일으킬 것을 알고 있었기 때문에, 나는 나의 분노 공포증 파트들이 어떻게 하고 있는지 알고자 했다. 그들은 내가 안전 기준the safety parameters 들을 정해놓아야 한다고 상기시켜 주었는데, 그것은 내가 항상 치료의 시작에서 하는 것이다. 그리고 그것은 매우 반응적인 파트들을 가지고 있는 커플들에게 반복적으로 말해 줄 필요가 있는 것이기도 하다.

"**몇 가지 상기시켜 드릴 게 있는데요.**" 내가 말했다. "**우리가 계약한 게 있지요. 그것은 당신들 두 분 모두 당신의 부분들로*부터* 말하기보다는 부분들을 *대변하여* 말하는 것입니다. 또한 할 말이 있을 때는, 말을 시작하기 전에 다른 사람이 말하는 것을 마칠 때까지 기다려주셔야 합니다.**"

"나는 규칙을 따를 수가 있지." 데이비드가 비꼬는 투로 말했다. "나는 군대에 있었지, 기억하니?"

"방해하는 것은 바로 나겠지!" 알렉스가 재빨리 말했다. "왜 그런지 알겠니? 네가 진실을 말하지 않기 때문이야. 그렇지 않으면, 적어도 너는 이야기 전체를 다 말하지 않는 거겠지."

"흥, 엿이나 먹으라 그래." 데이비드는 말했다.

알렉스는 그의 눈을 굴려댔다. "저 남자는 바로 분노한, 빈정대는 남자예요."

이 지점에서 나는 나의 위장근육이 조여지는 것을 알아차렸고, 내 머릿속에서 어떤 목소리가 충고하고 있었다. ***"이 커플은 통제 불능이야, 뭔가 빨리하지 않으면 이들은 더 열 받게 될 거야!"*** 이 파트는 내가 분노에 냉소가 가미된 소리를 들을 때 수면으로 떠올랐다. 나는, 만일 나의 파트가 장악해버리게 되면 참나가 주도하는 조망을 잃어버리게 된다는 것을 경험으로 알았는데, 그래서 나는 그들이 분리하도록* 돕는 일을 시작할 필요가 있었다. 나는 먼저 나의 몸과 호흡을 관찰하였는데, 이렇게 하는 것은 나 자신으로 돌아오도록 해주기 때문이고, 그것으로부터 얻는 유리한 점은, 내가 과정을 믿을 수 있고 다시금 호기심을 느끼게 되기 때문이다. 다음으로 나는 내 파트들에게 메시지를 보낸다. ***나는 괜찮아, 나는 이 작업을 어떻게 하는지 알고 있어.*** 그리고 내가 자주 나의 자율신경계에 브레이크를 걸고 감정적인 분리를 하게 되면서 신체적 방출을 느끼게 됨에 따라, 나는 나의 주의를 알렉스와 데이비드에게로 되돌릴 수 있게 되었다.

이 시점에서 나는 그들이 어느 정도의 평정을 유지할 때까지 자주 개입을 하게 될 것에 대하여 마음을 정했고, 그리고 아주 약간의 분리를 할 수 있을 만한 정도라도 그게 그들에게 가능한지를 평가하고자 했다. 나는 또한 그들의 최근 분노에 대하여 약간의 맥락을 알게 되기를 원했다. 나는 단호하지만 친절하게 시작했다. "두 분 말이죠, 제가 느끼기로

---

* 파트가 참나로부터(역자 주).

는 뭔가 집에서 일어났던 일로 인해 화가 났고, 상처받아서 속상한 것으로 보입니다. 제가 맞나요?"

"네 그래요. 저는 말도 안 되는 비난을 받았어요." 데이비드가 말했다.

"그 일에 대해 얘기해주겠어요?" 나는 요청했다.

"네." 그들 둘 다 대답했다.

"누가 먼저 시작하실까요?"

"저요." 데이비드가 말했다.

훼방을 미리 예방하기 위해서는, 우리는 보호자들이 분리되도록 도와야 하는데, 그래서 나는 알렉스의 파트에게(직접 접속을 통해) 그가 동등하게 말할 수 있는 기회를 갖게 될 것이라고 확인해주었다. **"데이비드가 먼저 시작하면, 당신 역시 그것에 대해 반응할 수 있고, 당신의 입장에서 얘기할 수 있는 기회를 똑같이 가지게 될 것입니다."**

"알았어요." 알렉스가 말했다. "조용히 있도록 열심히 노력할게요."

"나는 이번 주에 그에게 철저히 배신당했어요." 데이비드가 말했다. "나는 우리 동네에서 도로협회road association를 이끌고 있었어요. 우리에게는 많은 규칙과 규정이 있는데 일이 어떻게 다루어져야 할지에 대한 것이죠. 그래서 나는 흥분했고 위원회의 몇몇 사람들에 의해서 내 지위를 내려놓으라는 요구를 받았어요. 그리고 알렉스는 그들 편에 섰어요. 완전히 말이죠! 그리고 저는 이제 거기서 나오게 된 거죠. 바로 이렇게 된 거예요."

알렉스는 몸을 앞으로 기울이고 입을 열었다.

"알렉스." 나는 그를 막았다. **"이것이 어렵겠지만, 나는 지금 당신이**

1분이나 2분 정도만 더 기다려주었으면 해요.**"**

알렉스는 뒤로 물러나 앉았고, 그의 팔을 가슴에 놓고 팔짱을 끼고 말했다. "너는 지금 왜곡된 이야기를 지어내고 있어."

데이비드의 몸짓언어를 주목하면서 그리고 그의 주의와 호기심을 그의 신체와 정서적 경험으로 가져오기를 희망하면서, 나는 그에게 요청했다. **"당신에게 바로 지금 무슨 일이 일어나고 있나요?"**

"기가 막히네요!"

"당신의 몸에서 무슨 일이 일어나고 있는지 주목하시겠어요?" 나는 데이비드의 다리가 떨리는 것을 보면서 말했다.

"나는 떨고 있어요."

"그리고 당신은 무엇을 느끼나요?" 나는 물었다.

"이것은 감정에 대한 것이 아니에요. 진실에 대한 것이라고요!"

"네, 맞아요. **나는 당신의 이야기를 듣고 있어요.** 여기에는 일어난 일에 대한 당신의 진실이 있고, 바로 지금 당신의 다리에 얼마간의 에너지가 흐르고 있어요, 그리고 당신은 격노하고 있지요."

"선생님이 그렇게 주목하셨다니 우습군요." 눈길을 돌리면서 데이비드는 말했다.

비록 나는 데이비드에게 기울어져 있다고 느꼈으나 나는 또한 이 커플에게 나의 주의를 고르게 나누어 주지 않는다면 어떠한 평정도 이룰 수 없다는 것을 알고 있다. *모든 파트들은 환영받으며, 어떤 파트도 다른 파트보다 더 중요하지 않다.* 그래서 나는 알렉스를 돌아보고, 그의 입장을 얘기하도록 초대하였다.

"좀 더 상세하게 이야기할게요." 알렉스는 말했다. "데이비드는 회의 도중에 우리 이웃 중 한 사람을 공격했어요 – 그것은, 그런데, 그는 전에도 그런 일을 했어요 – 그리고 그것이 그들에게 한 일이에요. 그들은 데이비드에게 내려오라고 했지요, 그것은 말하자면 – "

"그 남자는 그가 해야 할 일을 절대로 한 적이 없어!" 데이비드는 소리쳤다.

나의 역할의 한 부분은, 커플이 경계를 유지하도록 돕는 것이고 또한 파트너 두 사람이 한 사람씩 말을 하고 청취를 하는 계약을 지키도록 하는 것이다. 그것은 바로 이 중요한 시점에 내가 데이비드에게 기다려달라고 요청하는 일이다. 나는 그가 할 수 있을지 호기심을 가지고 알아보기로 했다.

"데이비드." 나는 그의 눈을 바라보며 말했다, **"제가 알렉스의 얘기를 듣는 동안 기다려주기를 요청합니다. 저는 두 분의 이야기를 듣고 싶고, 이 일에 대하여 두 분 다 얘기할 기회를 가질 수 있도록 도와 드리고자 합니다. 그러나 먼저 알렉스 또한 말할 수 있도록 허용해 줄 필요가 있습니다."**

"그것은 나에게 완전히 모욕적이었어요." 알렉스가 말했다. "이런 일은 전에도 일어났었고 나는 항상 너를 방어해줬어."

알렉스가 모욕당한 감정에 대하여 말할 수 있는 능력은 나에게 중요한 경고 신호였다. 수치를 당한 파트들이 표면으로 떠오르면, 양쪽 파트너들 내면에서 보호자들의 고통이 증가할 것이고, 그렇게 되면 그들이 이 치료회기를 낚아채 갈 확률이 더욱 높아진다. 나는 이 남자들 각자의 내면에서 바로 지금, 비판자들이 수위를 높여가고 있으며 추방자들은 움츠리고 있다는 것을 알고 있다.

"알았습니다." 나는 말했다. **"당신 말을 듣고 있어요.** 이것은 고통스럽고 모욕적인 일입니다. 저는 당신이 천천히 하도록 도울 것이고, 제가 데이비드에게 했던 것과 같은 질문을 드리겠어요. **바로 지금 당신의 내면에서 무슨 일이 벌어지고 있나요?"**

"격노furious하고 있어요." 알렉스는 이를 악물고 대답했다.

알렉스가 그의 모욕감이라는 감정을 명명하는 위험부담을 가졌기 때문에, 내가 할 일은 그의 용기를 타당화해주고 우리 모두가 피하여 돌아가는 그런 주제에 대한 그의 인식을 지지해주는 것이다. 나는 일반적으로 이것을 '*물론이죠*'라는 태도를 가지고, 수치심의 단어와 그것의 반의어를 사용해서 일반적으로 수치심의 주제를 흥미와 호기심을 보일 가치가 있는 주제로서 다룬다.

어쨌든, 이 순간에 나는 내 안에서 놀란 파트가 말하는 것을 듣는다. *이들은 둘 다 정말로 화가 났어. 일이 복잡하게 될 거야.* 그래서 다시 한번 나는 나의 주의를 내면으로 되돌린다. 이번에는 나의 부분이 커플을 잃을까 봐 두려워하고 있고, 그것은 물론 나의 수치심을 자아낼 것이다. 나는 그 파트에게 내가 그의 염려를 이해하고 있다는 것을 알도록 한다. 그렇지만 이 남자들이 *조용해지도록 만들거나 혹은 관리될* 필요는 없으며, 그들은 자신들의 이야기가 경청되고, 그들의 고통이 힘든 것임을 이해받고 도움받을 필요가 있다는 것을 알도록 해줬다. *나를 믿어*, 나는 조용히 나의 겁먹은 파트에게 말했다.

알렉스와 데이비드가 분투하고 있을 때, 그들의 보호자들은 더욱더 강하게 반대쪽 입장을 취하고 있었다. 성공적이지 못한 협상들은 보호자 파트들이 더욱더 두려움과 분노 속에 자리 잡게 되는 결과를 가져온다. 그래서 나는 그들이 집에서 이 일을 어떻게 풀어나가려고 노력했는지 듣기를 원했는데 그러면 내가 그들의 연속적인 사건들과 그들의 무기력감을 구체화할 수 있기 때문이다.

의자에 앉아 뒤로 기대면서, 나는 말했다. "저는 두 분 모두가 일어난 일에 대하여 화가 나있다는 것을 들었어요. **그 일에 대하여 집에서 좀 풀어보려고 시도했을 때는 어떻게 되었나요?"**

"알렉스는 이해하지 못했어요." 데이비드는 말했다. "저는 뭔가 중요한 것을 하려고 노력했어요. 저 녀석은 일이 꼬이게 만들었고 결국에는 제가 그의 실수에 대해 책임을 지게 되었죠! 도대체 내가 무엇을 해야 하는 거죠?"

"이것이 당신이 그것에 대해 이야기하는 방식인가요?"

"대략 그렇습니다." 데이비드는 말했다.

"이런 식으로 하게 되면 어떻게 되나요?"

"음, 솔직히 말하면, 언제나 이런 식으로 하죠."

"더 얘기해주세요."

"내가 무엇을 더 얘기할 수 있죠? 여기서 그냥 선생님이 항상 보게 되는 그런 거예요." 데이비드가 심드렁하게 반응했다.

"제가 여기서 보는 것은 당신들 중 어느 누구에게도 기분이 좋게 느껴지지는 않는다는 거죠." 나는 말했다.

"이게 우리가 하는 방식이에요." 데이비드가 반복했다.

알렉스를 돌아보며 나는 질문했다. **"이 문제를 집에서 얘기할 때, 당신에게는 어떤 것과 같나요?"**

"그것은 붉고 뜨거운 돌 벽에 대고 말하는 것과 같아요. 그리고 수년 동안 그런 식으로 해왔던 거죠." 알렉스가 말했다.

내가 분명하게 볼 수 있듯이, 그들의 패턴은 분노와 판단적인 파트들이 더 취약한 부분들을 보호하기 위해 서로 간에 엄호사격barraging each other을 하는 것을 포함하는 것이다. 이러한 전략은 힘과 통제의 느낌을 동반하는 일시적인 안도감을 제공하긴 하지만, 상처받은 파트들은 재손상을 입게 되고 해로운 양극화toxic polarities는 더욱 강화된다. 이 시점에서, 나의 주된 목표는 그들이 그들의 분노 아래에 있는 취약함에 주목하도록 그들을 인도하는 것이다.

"그리고 당신이 데이비드를 붉고 뜨거운 돌 벽으로 경험할 때 **어떻게 느껴지나요?"**

"그는 저에게 화를 내왔고… 이웃 사람 모두에게도 수년 동안 그래왔어요. 그것은 마치 전쟁터에서 살고 있는 것과 같아요." 알렉스는 데이비드를 노려보았다.

"저와 함께 잠깐 있어보세요, 알렉스. 당신이 정말로 화가 났다는 것을 제가 듣고 있어요. 그리고 이 싸움은, 당신들 둘 사이에 오랫동안 일어났던 일이네요. 마치 당신이 전쟁터에 살고 있는 것처럼 느낄 정도로 말이죠. **저와 함께 있는 거죠? 바로 지금 당신이 화가 나지 않았다면, 무엇을 느낄 수 있을까요?"**

"가슴이 조이는 것을 느껴요. 그리고 내 장이 언제나 꼬여있어요. 때때로 저는 심장마비가 오는 것은 아닐까 해요. 그것은 정말 저를 아프게 만들어요. 저는 이제 더 이상 그를 방어해 줄 수조차 없어요. 이제 멈춰야만 해요."

"무엇이 멈춰져야만 하나요?" 내가 물었다.

"격노하는 거요." 알렉스가 말했다.

그의 보호자 파트가 어떤 부분이라도 내놓기를 어려워하였기 때문에, 나는 그들의 드러나지 않은 취약성에 대하여 나 자신이 이름 붙이고 그들이 그것을 인식할 수 있는지 보기로 했다. 그렇게 하면 그들의 분노 파트들이 뒤로 물러서는 데 도움이 될 수도 있을 것이다.

"알겠어요, 질문 하나 할게요. 두 분 모두 파트들이 다음과 같이 말하는 것을 들을 수 있다고 보는데 이것이 사실인가요? *당신은 나에게 상처를 주고 있어요. 당신은 변해야 하지 않을까요?*"

그들은 잠시 동안 조용했고 두 사람 다 고개를 끄덕였다.

"그리고 데이비드, 당신에게 어떤 파트가 있는데, 그 파트는 알렉스가 당신 말을 듣도록 하기 위해서 소리를 지르고 있군요?"

"그밖에 내가 어떻게 그를 이해시킬 수 있단 말입니까?"

"알겠어요." 나는 말했다. **"우리는 그 부분의 입장을 듣고 있어요."**

"그리고," 알렉스가 끼어들었다. "저는, 제가 왜 그를 더 이상 방어해 줄 수 없는지 그가 이해했으면 해요."

"그래요." **"이것이 저에게는 또 다른 설명이 되네요. 두 분 모두 상대방이 당신의 입장을 이해해주기를 바라는 거죠, 맞나요?"**

그들은 고개를 끄덕였다.

보호자 파트들의 두려움과 희망을 불러일으키는 질문으로 돌아가서, 나는 물었다. "당신의 파트너가 당신을 이해할 수 있다면 어떨까요? 당신은 어떤가요, 데이비드, 알렉스가 정말로 당신을 이해한다면 당신은 어떻게 느끼게 될까요?"

"더 안전하게 느끼게 될 거예요."

"더 안전하게?"

"음, 그렇게 말한 것은 좀 유감이네요"라고 데이비드는 말했다. "제가 무슨 말을 했는지 모르겠어요." 그는 혼란스럽게 보였다. "당신의 질문이 무엇이었지요?"

내담자가 생각의 줄을 놓치면, 그를 바로 최근 정보로 데려 오기 bringing him up to date보다는 그 순간을 탐색할 수 있도록 그를 도울 수 있다. 길을 잃었다는 것은 강렬한 감정을 지닌 어떤 파트를 가리킬 수 있는데, 그 강렬한 감정은 두려움이나 수치감과 같은 감정들이고, 해리와 같은 주요 보호자와 함께 표면으로 떠오를 수 있다.

"방금 무슨 일이 일어났죠?" 나는 질문했다.

"혼란스러웠어요." 데이비드는 말했다.

"잠시 동안 그 혼란함에 주목해 봐도 괜찮겠어요?"

그는 끄덕였다.

"그것을 확인해 보세요."

"내가 어린애처럼 말했네요." 그는 말했다.

"안전을 원하는 것이 아기 같은 소리인가요?"

"약한 거죠." 눈을 찡그리고 바닥을 바라보면서 데이비드는 대답했다.

"사실상, 안전과 같은 욕구에 대해 말하는 것에는 용기가 필요하다고 제 책에 언급해 놓은 게 있습니다." 나는 말했다. **"소원이나 소망이 우리를 연약하게 느끼도록 한다면 그것에 대해 말하는 것은 쉽지가 않지요."**

"알렉스가 나를 이해해줄 때는 항상 기분이 좋게 느껴져요." 데이비드가 천천히 말했다.

"이해가 돼요." 나는 말했다. 알렉스를 바라보면서, 나는 유사한 초대를 했고 그래서 우리가 그의 보호자들의 두려움과 희망을 들을 수 있도록 하였다. **"당신의 화난 파트가 화를 내지 않는다면 무슨 일이 일어날까 봐 걱정하나요?"**

"그러면 이 행동이 계속될 것이고, 그러면 나는 고립될 거라고 느껴요. 나의 결혼생활뿐만이 아니라 지역사회에서도 말이죠. 저희 친구들 모두 정말로 충격을 먹었어요. 그렇지만." 그는 데이비드를 바라보면서 덧붙였다. "나는 적어도 15년 동안 살면서 네가 이렇게 말하는 것을 들어본 적이 없어."

"데이비드는 당신과 연결된 느낌을 좋아해요. 제가 이렇게 말할 때 당신은 무엇을 알아차리셨나요?" 나는 알렉스에게 질문했다.

취약함이 올라오기 시작할 때, 알렉스가 그렇게 했던 것처럼 우리는 그 취약함이 다른 사람이 들어오도록 초대하기를 희망한다. "나는 슬퍼요." 알렉스가 대답했다. "우리 관계에 무슨 일이 생긴 걸까요? 전에는 그렇게 관계가 좋았었는데 말이죠. 맨 처음 5년 동안 우리는 굉장한 시간을 가졌어요. 그러나 그 이후로는 그렇지 못했어요."

"당신에게 있는 한 파트는 당신이 데이비드와 초기에 가졌던 관계 속에서 굉장한 연결감을 느꼈던 그것을 지금 그리워하는군요."

하지만 또한 그것은 보호 파트를 더욱 촉발할 수 있는데, 데이비드가 그러했다.

"그가 물러났어요." 데이비드가 괴로워하며 말했다. 위를 바라보면서 그는 계속 말했다. "그가 만일 뒤로 물러나지 않았다면, 우리는 지금 이렇게 되지 않았을 거예요. 우리는 한 팀이었어요. 우리관계가 멀어진

건 내 잘못이 아니에요!"

"바로 지금 어떤 기분을 느끼세요?" 나는 데이비드에게 질문했다.

"그가 나를 비난해요."

양쪽 파트너들은 수치당한 느낌의 경험을 말하고 있다. 알렉스는, 타인에게 한 데이비드의 행동으로 인해 모욕감을 느꼈던 경험을 그리고 데이비드는 알렉스로부터 비난받는 느낌(그것은 수치심이다)을 말한다. 데이비드의 최근 마음 상태에서는, 알렉스의 부드러워짐이 아무런 변화를 만들어 내지 못했다. 나의 현재 목표는 그들의 주의를 되돌리도록 하는 것인데, 주의를 싸움의 내용으로부터 그들의 습관적 상호작용으로 되돌리고, 다시 돌아가서 그들의 보호자들의 두려움에 대하여 협상하는 것이다.

"당신이 비난당한다고 느꼈을 때, 무슨 일이 일어나나요?" 나는 데이비드에게 물었다.

"나는 그가 허풍으로 가득 차 있다고 말해요."

"그러고 나면 무슨 일이 일어나나요?"

"그가 성을 내죠."

"더." 알렉스가 말했다. "더 성이 난, 나는 이미 성이 났어요."

"당신의 성난 파트가 더 성이 나면, 무슨 일이 일어나나요?" 나는 물었다.

"저는 그 명백함에 대해 다시 말하죠. *그리고* 제가 그것에 이미 신물이 났다는 것을 분명히 해요." 알렉스는 말했다.

"그렇게 하지 않는다면 당신의 화난 파트는 무슨 일이 일어날 거라고 생각하나요?" 나는 물었다.

"데이비드가 제 말을 듣지 않을 거라고 생각해요. 어쨌든 그는 제 말을 듣고 있지 않죠."

"데이비드, 당신은 알렉스의 그 부분을 알고 있나요?" 나는 물었다.

"네 알아요." 그는 말했다.

"그 파트가 뭔가를 반복했을 때 당신에게 무슨 일이 일어나나요?"

"격분furious하게 되죠."

"그리고 너는 격노rage하지!" 알렉스는 강조하여 말했다.

"사실인가요?" 나는 물었다.

"아마도." 그는 말했다. "나는 그가 나를 입 다물게 하려는 것 같다고 느껴요. 그는 더 이상 내 말을 듣지 않으려고 해요."

많은 파트들이 표면으로 나타날 때, 섞인 상태를 분리할 수가 없기 때문에 더 많은 이해와 타당화가 필요한 것으로 보인다. 이때 나는 잠시 멈추어서 큰 그림으로 비춰보도록 제안한다. 또 내가 제대로 듣고 있는지 확인하고 섞인 파트들에게 메시지를 보낸다. *누군가 듣고 있고 이해하고 있다!*

"저는 제가 들은 것을 반영해 드릴 것입니다. 그리고 제가 제대로 이해했는지를 듣고 말씀해 주시기를 바랍니다. 데이비드, 나는 당신의 파트가 엄청난 충격을 받고 배신을 당했다고 느낀다는 것을 들었어요. 왜냐하면 알렉스가 더 이상 당신 편에 서주지도 않고 당신 말을 들어주는 것조차도 하지 않는 것 같다고 보니까요. 그리고 알렉스, 당신의 한 파트는 당신이 말하는 것이 명백한 사실임이 틀림없다고 생각하고 있음에도 불구하고 데이비드가 당신 말을 듣지 않고 있다고 믿는 당신 파트의 이야기를 들었어요. 그래서 이 부분은 자신의 입장을 반복하여 말하고 있고, 그러고 나서는 데이비드의 격분하는 반응으로 인해 충격을 받는다고 느끼네요."

"요약이 잘 되었어요." 알렉스가 말했다.

데이비드는 끄덕였다.

이제 내가 말할 시간이다. 그들의 싸움은 내용과는 상관없이 반복적이라는 것을 되풀이하여 말해주고 그들이 내 도움을 받아 뭔가 새로운 것을 시도해 보도록 그들을 초대해야 할 시간이다. **"오늘 여기에서 일어난 일은 당신들이 집에서 싸우는 것과 유사한 거네요, 맞나요?** 당신들 중 어느 누구도 상대방이 자신의 얘기를 잘 들어주었다거나 상대방으로부터 이해받는다고 느끼지 않죠. 그래서 그 결과로서, 당신들 모두에게 있는 분노 파트가 상대방을 압박하여 듣게 하려고 하죠. 이런 방법은 두 사람 간 싸움을 더 과열시켜서, 고통스럽게 하고 한 발짝도 전진할 수 없게 만들죠."

"그렇습니다." 그들은 동의했다.

"그래서 두 분 모두 변화를 원한다는 것은 이해할만합니다." 나는 말했다.

"원하는 것은 갖는 것과는 다른 것이에요." 데이비드가 말했다. "선생님의 말씀을 들을 때, 저는 저의 아버지처럼 되어가는 것 같아 두려운 마음이 들었어요."

"너의 아빠는 그랬지만 너는 아니었어. 네가 화가 났을 때조차도 그와 같지 않았어. 나는 분명히 너의 아버지 같은 사람과는 사랑에 빠지지 않았을 거야." 알렉스가 말했다.

데이비드는 자신의 머리를 손으로 감쌌다. "내가 왜 그렇게 화가 나는지 모르겠어. 내가 그렇게 행동하지 않았더라면 이 모든 게 달라졌을 거야."

"제가 당신과 당신의 분노 파트를 도울 수 있어요. 관심이 있으신가요?" 나는 말했다.

"저의 아버지는 폭력적인 사람이었어요." 데이비드는 계속해서 말했다. "나는 절대로 그와 같은 사람이 되고 싶지 않아요. 하지만 그거 아세요? 저는 어떻게 달라질 수 있을지 이제는 정말 생각할 수가 없어요."

"괜찮아요." 나는 말했다. **"저는 방법을 알아요. 관심 가져보시겠어요?"**

"물론이지요."

아이였을 때 심각한 비난과 신체적인 공격을 받고 자란 남자는 견고한 보호자들로 둘러싸이게 된다. 그 보호자들의 일은 더 이상의 수치심과 상처를 물리치는 것이다. 그러한 보호자들을 타당화해 줄 필요가 있다.

"당신이 화가 났을 때." 나는 말했다. **"거기에는 어떤 이유가 있기 마련이죠. 그리고 저는 당신이 다르게 느끼는 것을 어떠한 부정도 하지 않고 표현할 수 있도록 도울 수 있습니다.** 이것은 사실상, 당신들의 관계에 큰 선물이 되어줄 것입니다."

"저의 분노는 때때로 나쁜 것 같아요. 하지만 그것은 저를 보호해왔어요." 데이비드는 말했다.

"저도 그랬을 거라고 봐요. 어떻게 그래왔는지 말해줄 수 있나요?"

"그 나이 먹은 남자로부터 멀리 떨어지는 것, 커밍아웃, 누가 나를 뭐라고 생각하든지 안중에 두지 않는 것과 같은 것not giving a crap들이죠."

"당신의 분노 파트는 중요한 방식으로 당신을 보호해 왔군요. 우리 모두는 삶이 위험에 빠질 때, 우리의 분노 파트들이 필요합니다. 하지만 당신의 분노 파트가 이제 이것을 혼자서 할 필요가 없게 된다면, 그리고 당신 역시 그곳에 같이 있을 수 있게 된다면 어떨까요? 당신 자신을 알아가는 것에 관심을 가져보겠습니까?"

"네."

"당신의 그 분노 파트를 바로 지금 어디에서 알아차리나요?"

"나의 팔 안에서요."

"물어보세요, 그것이 누구를 보호하는지."

데이비드는 위를 바라보았다. "왜 그렇게 말하세요?"

"경험에서죠." 나는 대답했다. **"당신의 분노 파트가 나타났을 때 당신은 몇 살이었나요?"**

그는 바닥을 내려다보았다. "저는 열다섯 살이었어요. 저는 아무도 나를 이용get over on me하게 될 일 같은 것은 다시는 없게 될 거라고 다짐했어요. 저는 저의 아버지 때문에 공포에 떨지 않겠다고 그리고 학교에서 동성애자라는 이유로 개똥 취급을 받지 않을 거라고 마음먹었어요. 그래서 저는 제가 할 수 있는 한 빨리 일을 시작했어요. 저는 사람들을 어떻게 두들겨 팰 수 있는지 누군가 나에게 가르쳐주기를 원했어요. 저는 근육을 만들기 원했고 권총을 사용하는 방법을 알기를 원했어요. 기관총machine gun을 선호했어요."

그는 천천히 고개를 들었고, 알렉스의 확고하면서도 지금은 따뜻한 시선과 마주쳤다. 하지만 그는 고개를 다시 아래로 떨궜고, 알렉스와의 눈 맞춤을 유지하지 못했다. "저는 언제나 도움을 필요로 해왔다고 생각돼요. 그리고 이 분노 파트가 유일하게 저를 드러내 보였던 부분이었어요… 알렉스를 만날 때까지는." 그는 말했다. "어떻게 해야 할지 알지 못하지만 – 혹은 그것이 가능할지조차 모르지만 – 저는 우리의 관계를 되돌리고 싶어요. 나는 너를 사랑하고 네가 필요해. 아마도 나는 우리의 이웃에게 사과apology라는 빚을 졌을지도 몰라. 내가 원하는 것이 있다면, 나의 아버지처럼 되지 않는 거야."

보호자의 비판적인 판단을 친절함과 연민으로 반론하는 동안에, 보호자를 동기화하는 수치심에 주목하여 보는 것은 보호자를 신뢰하게 하고 분리하는 데 도움이 되어준다. 그러면 우리는 추방자에게로 추적해서 돌아갈 수 있게 되고, 그것이 어떻게 수치를 당했는지 추방자로부터 들을 수 있게 된다(Sweezy, 2013). 알아차림으로써 분리가 될 수 있고, 현재에 살 수 있도록 선택과 자유를 얻을 수 있으며, 과거로부터 변화할 수 있게 된다(Kaufman, 1980).

보호자들은 수치심을 다루는 방법으로 양극화를 하는 경향이 있다. 다른 보호자들이 격노하고, 비판하고, 비난하며 반대 방향을 취하는 동안, 어떤 보호자들은 숨는다. 그렇지만 수치심의 진정한 해독제는 자기 연민이다. 그것은 사람들이 그들의 행동과 반응에 책임을 지는 추가적인 유익이 있다(Neff, 2011). 우리는 내담자들을 안내하여 그들의 상처 입은 파트들이 고립에서 나와 연민 어린 내적 목격을 통해 연결되도록 초대한다. 동시에, 우리는 수치심을 주는 보호자들이 충분히 안전하게 느껴서 그 일을 그만둘 수 있도록 돕는다. 이러한 모든 과정이 수치심으로 인하여 부과된 고립에 대한 내적 교정으로서 사용된다(Bradshaw, 1988; Neff, 2011).

하지만 우리의 내담자들을 도와 그들이 자기연민으로 가도록 하는 것은 상처 입은 내면 아이뿐만 아니라, 고통을 막아내기 위해 내적으로는 다른 파트들을 지속해서 상처 주면서 외적으로는 다른 사람들을 공격하는 자신의 행동에 대한 인정과 수용을 하도록 그들을 돕는 일이 포함된다. 궁극적으로 우리의 보호자들을 용서하고 그것으로부터 분리하는 법을 배우는 것은, 그들이 해온 것이 얼마나 심각하게 잘못됐는지에 관계없이, 진정한 자기사랑을 향하여, 다시 말하면 우리 자신을 보살피기 위한 능력을 향한 문을 열어놓는 것이다(Kaufman, 1980). 우리가 자기용서를 실천할 수 있기 전까지는 우리는 수치심과 자기혐오에서 벗어날 수 없다.

알렉스와 데이비드 커플과 함께하는 치료는 천천히 진전되었다. 나는 그들과 수개월 동안 일관되게 작업을 해왔는데, 그들의 분노한 보호자들과 겁먹은 추방자들로부터 분리하는 연습을 해온 것이다. 조금씩 조금씩, 그들의 파트들은 그들의 참나 에너지를 경험하였고 그것을 신뢰하기 시작했다. 그리고 그러한 경험은 그들이 도발되었을 때, 자기조절 능력을 향상시키는 데 일조했다. 데이비드의 극심한 아동기 학대와 방임 당한 경험으로 인해 그리고 알렉스의 동성애혐오증homophobia으로 인한 자신의 청소년기 외상 경험 때문에, 그들의 치료 여정은 매우 도전적인 일이었다. 그러나 그들이 수치심의 짐을 벗어버리게 되면서 그리고 새로운 행동을 연습함으로써 그들은 그들의 연결감을 재 발달시킬 수 있게 되었고 다시 보살핌을 줄 수 있도록 충분히 안전하게 느끼게 되었다.

방법

수치를 당하는 그 순간에 순응하는 것뿐만 아니라 수치심을 주는 것에 대해, 그런 일이 일어났을 때 그것을 인식할 수 있는 능력은 가장 중요한 기술이다. 이러한 이유로, 치료사는 수치를 당해왔던 경험들로 인해 짊어지게 된 짐을 내려놓을 수 있도록 자신의 시스템을 도울 수 있어야 하며,(필요하다면 반복해서) 또한 수치심을 주는 보호자들이 자신의 하던 일에서 은퇴하거나 방향을 재설정할 수 있도록 도움을 주어야만 한다.

치료사를 위한 조언

1. 수치심을 주는 보호자들, 비난하는 보호자들의 얘기를 듣는다.
2. 계약을 명확히 한다.
   예를 들면, *나는 당신이 끼어들지 말 것을 요청할 것입니다. 당신들 두 분 모두 자기 자신을 표현하고 자신의 입장을 말할 수 있는 기회를 갖게 될 것입니다.*
3. 치료사 파트들을 알아차리고 그들이 재빨리 분리되도록 한다.
   당신의 파트들이 압도된다고 느끼거나 수치심을 주거나 수치심을 받는 것을 피하려고 하는지 살펴본다.

4. *직접 접근*을 사용하는 방법과 신체에 초점을 두는 방법을 사용하여 보호자를 분리시키는 것으로 시작한다. 보호자들의 역할과 그들이 추방자들에게 상처를 주어왔던 방식들 둘 다에 대해 타당화해준다.
5. 그들의 사이클을 반복한다(전체 치료과정을 통해 그리고 치료회기 중에 여러 차례에 걸쳐서 - 3장 참조).
6. 그들의 욕구를 인정한다(7장과 8장 참조).
7. 어린 시절의 곤경에 접근하게 되면, 수치심을 당한 추방자들과 수치심을 주는 보호자들이 파트너가 참여하는 가운데 짐 내려놓기를 하도록 한다.

요약

커플의 보호자들이 전투 모드에 있을 때 현존하기 위해서는, 끈기와 인내 그리고 열린 마음이 필요하다. 그들의 가장 강렬한 파트들은 수치심에 대항하여 보호하기 위해서, 아이러니하게도 수치심 주기와 비난하기를 사용하는 것이다. 우리가 할 일은 그들의 공격에 개입하는 것인데, 공격적인 행동은 취약하고 수치를 당한 파트들의 안전을 지키기 위한 보호자들의 방식이라는 것을 알아차림을 하면서 개입한다. 우리는 그들의 외적 상호작용의 사이클에서 시작하는데, 매 순간 그들의 상호작용을 추적하여 그들이 분리하고 그라운딩하도록 돕는다. 그러고 나서 우리는 유턴으로 이동하는데, 그렇게 함으로써 그들이 각자의 보호자들을 알아갈 수 있게 하는 것이다. 이렇게 열심히 일하는 파트들이 비록 우리에게 고통을 안겨주긴 하였지만, 그럼에도 그들은 이해받고 용서받을 자격이 있다.

10장

체험적으로 깊게 작업하기

우리는 이번 장에서 커플치료자들이 커플의 갈등 내용에 대해 보다 더 물러나서 바라볼 수 있도록 초대하여, 그들이 지금 여기에서 보다 분명하게 체험할 수 있도록 격려한다. 체험적인 실습을 통해 커플이 자율신경계를 비활성화하고, 탈섞임하고, 그들 자신을 다른 식으로 바라보게 하며, 새로운 행동을 시도해 보도록 도와준다.

경험을 체험하기

IFIO는 커플이 자신들의 프로세스를 이해하고 부분들의 짐을 내려놓는 것에 초점을 둘 뿐만 아니라, 접촉, 연결 그리고 체험적 학습을 지원하는 관계적인 체험을 창출한다. 우리의 목표는 두 가지이다. 우리는 각 내담자가 반사적으로 행동하는 부분들reactive parts로부터 탈섞임하는 것을 배우길 바라고, 하나의 커플로서 (치료자의 지원을 받아) 새로운 행동을 실습하여 이전과 다른 결과를 체험하기를 바란다. 기꺼이 새로운 행동을 하려는 시도는 보호적인 부분들의 탈섞임을 필요로 하는데, 내면의 분화는 자신의 부분들을 더 효과적이고 친절하게 돌보게 할 뿐만 아니라 다른 사람들에 대해서도 책임감을 더욱 느끼도록 이끌기 때문이다. 커플이 이렇게 기꺼이 하겠다는 의도를 세우고서 새로운 기술을 사용하고 새로운 체험을 하게 될 때, 그들의 관계가 갖는 역동은 단기 및 장기적으로 변화하게 될 것이다.

치료자가 내용에 초점을 맞추는 데 머물게 되면, 역기능적이지만 익숙한 관계맺기 방식으로 미묘하게(또는 미묘하지 않게) 빠져들 때 나타나는 부분들을 알아차리지 못할 수도 있다. 우리가 이러한 순간들을 놓치게 된다면, 체험 작업을 깊게 할 수 있는 최고의 기회 중 일부를 놓치게 된다. IFIO는 다른 많은 커플치료와 마찬가지로 치료실에서 다양한 실습들을 제공하는데, 이는 내담자들이 실험하며 배울 수 있는 안전한 실험실의 역할을 한다. 우리의 상담실에서 그리고 마침내는 그들의 집에서 능숙하면서도 효과적인 행동을 실습하고 반복하는 것은 성공 경험을 축적하게 하여 점진적으로 지속성 있는 변화를 이끌어내게 될 것이다(Lind-Kyle, 2009).

나는 체험적 실습을 포함하고 있는 하코미Hakomi(Fisher, 2002) 및 이마고 관계Imago Relationship(Hendrix, 1988) 치료들이 있다는 것을 알고는 있었지만, 이에 대해 배울 기회들을 놓쳤다는 것을 알아차리기 시작한 것은 커플들을 상대로 IFS를 몇 년 동안 적용해보고 난 다음이었다. 처음에는 이러한 직관을 무시하는 어떤 부분이 내 안에 있었다. 하지만 이렇게 방해하는 부분에게서 분리되어 나 자신을 신뢰할 수 있게 됨에 따라, 나의 직관을 따라가면서 내담자들에게 새로운 것들을 시도해 보라고 요청하기 시작하였다. 나는 이러한 접근의 성공이 나의 조율 수준에 달려 있다는 것을 곧 깨닫게 되었다. 나는 내담자들의 내면 경험에 대하여 극도로 민감해져야 했고 가용한 상태에 있어야 했다. 나는 결코 무슨 일이 일어날지 정확히 예측할 수 없었기 때문에, 미리 나의 부분들에 대한 작업을 하여 분리해놓는 것을 배움으로써 치료에서 무슨 일이 일어나든 열린 마음과 호기심을 갖고서 작업을 해낼 준비를 할 수 있었다. 작업 전반에 걸쳐서 파트너 양쪽 모두의 동의를 받는 것 또한 필수적이었다. 한 파트너가 다른 파트너보다 자신감이나 용기를 보다 쉽게 느낄 수 있고, 또 이러한 종류의 실험들은 노출되는 느낌이 들면서 수치심을 자아낼 수 있기 때문에, 나는 두려워하는 부분들을 억누르려는 충동에 따라 움직이는 순응적인 부분들에 대하여 주의를 기울여야 한다는 것을 알게 되었다.

치료사를 위한 조언

- 체험 작업을 진행하면서 자신의 편안함의 정도에 대해 알아차리도록 한다. 만약 당신이 수줍어하거나, 어색해하거나, 억제되거나 완고하게 느껴지는 부분들과 함께 진행하게 된다면, 당신의 내담자들도 그렇게 될 것이다.

- 내담자에게 어떤 실험을 소개하기 전에, 당신 안에 있는 주저하거나 확신이 부족한 부분들과 먼저 작업하도록 한다.
- 너무 일찍, 너무 빨리 내담자를 밀어붙이고 싶어 하는 당신의 부분들을 점검한다.

체험적 실습은 간단할 수도 있고 복잡할 수도 있다. 이러한 실습은 슬픔, 안도감, 두려움, 호기심, 그리고 심지어는 유머까지 포함하는 다양한 감정들을 강렬하게 불러일으키게 되는데, 이러한 감정들은 개인과 커플 모두의 깊이 있는 내면 작업을 위한 기점trailhead이 된다. 체험 작업에서의 성취감은 개인 내면과 대인관계 모두의 치유를 깊이 있게 해준다. 다음은 내가 정서적 접촉을 촉진하기 위하여 활용하는 하나의 작업 사례이다.

미쉘과 줄리엣: 자신의 방향으로 나아가기

이 여성들은 18년 동안 함께 살았고 결혼한 지는 8년이 되었다. 그들은 갱년기에 들어선 워킹 맘이었고, 십 대 아이들 둘을 키우고 있었다. 말할 필요도 없이 그들의 삶은 매우 바빴다. 그들의 현재 불만은 "우리는 더 이상 커플만의 시간을 갖지 못해요! 우리는 서로 중요한 일의 우선순위를 어떻게 정해야 할지 모르겠어요"라는 것이었다.

이들 커플의 치료의 첫 단계에서는 IFIO의 원리를 배우는 것, 압도당하고, 외롭고, 슬프고 좌절한 부분들을 탈섞임시키는 것 그리고 그 부분들을 대변하여 말하는 것을 배우는 것에 초점을 맞추었다. 그들은 치료에서 차분해지고 의사소통할 시간을 갖는 것이 매우 소중하다는 사실에 대해 동의하였다. 그러나 그들은 치료 회기에서조차도 친밀함을 요청하거나 이에 대한 욕구에 응하는 것을 회피하고 있다는 사실 또한 알아차리게 되었다.

"두 분이 앞으로 나아가지 못하게 붙들고 있는 것이 무엇인지 이해하는 데 초점을 둔 실험을 한번 해보려고 하는데 두 분께서는 그럴 만한 여유가 있으신가요?" 나는 그들에게 물었다.

"좀 더 말씀해 주시겠어요?" 미쉘이 불안한 표정으로 물었다.

"저는 이렇게 봅니다." 내가 말했다. "두 분 모두에게 친밀감을 더 많이 열망하는 부분들이 있고, 또 한편에선 친밀해지지 못하게 막고 있는 부분들이 있는 것으로 보여요. 비록 두 분이 지금 그 어느 때보다도 더 가깝게 느끼고 싶고 또 가까이 있고 싶은 소망이 있다는 것을 알고 있지만, 두 분이 그렇게 가까이 가려는 것을 막아서는 어떤 부분이 있군요."

그들이 고개를 끄덕였고 줄리엣이 덧붙였다. "제게는 그게 놀라운 일이라고 말씀드려야겠어요. 저도 알고는 있지만, 우리가 이미 여러 해를 함께 보내왔는데 새삼스레 이렇게 해야 한다는 게 좀 이상해 보이기도 하네요."

"이제 다음과 같은 실습에 초대해보겠습니다. 우선 두 분은 자신의 파트너가 자신을 진정시키도록 허용하는 가운데 자신의 보호자들을 분리시키고 진정시키는 작업을 할 것입니다. 그러고 나서 두 분은 자신의 욕구에 대해 귀를 기울여서 자신이 접촉을 더 많이 바라는지 또는 더 적게 바라는지를 알아차리시게 될 겁니다. 그리고 끝으로, 두 분은 상대방의 마음이 다치지 않도록 하면서 더 많이 또는 더 적게 접촉하기를 요청하게 될 것입니다."

그들이 동의하고 난 뒤에 나는 계속해서 설명하였다. **"먼저 자신의 내면을 잠시 스캔해보세요. 이러한 작업을 하는 것에 대해 당신에게 아직 동의할 준비가 되어 있지 않은 부분이 있는지 알아차려 보세요."**

"저는 선생님을 믿어요"라고 미쉘이 말했다. "하지만 너무 불편하게 느껴지면 잠시 멈춤을 요청해도 될까요?"

"물론입니다!" 내가 대답했다. "당신의 부분들의 허락이 가장 중요합니다."

이 실습에는 다음과 같이 구분되는 세 가지 단계가 있다.

1. 보호적인 충동들을 알아차리고 추적한다.
2. 취약성을 초대한다.
3. 공명, 긍정적인 접촉을 체험하고 그 효과를 알아차린다.

1단계: 파트너 쪽으로 이동하여 보호적인 충동을 감지하기

"좋습니다, 두 분." 내가 말했다. "일어서서 시작합시다." 당시 내 사무실은 널찍했기 때문에, 나는 의자를 뒤로 옮겨서 실습 작업을 위한 충분한 공간을 만들 수 있었다. "잠시 스트레칭을 해서 편안함을 느껴보겠습니다. 그리고 나서 방의 양쪽 끝으로 가보시겠어요?"

그들은 그렇게 움직였다.

"이제 잠시 후에 천천히 서로를 향해 걸어가기 시작하라고 요구할 거예요. 하지만 지침이 있어요. 두 분은 움직이실 때, **자신의 몸에 그리고 특히 자신의 신경계에 아주 면밀하게 주의를 기울여보세요.** 뒤로 물러서고 싶은 충동이나 앞으로 튀어 나가고 싶은 충동이 느껴진다면 움직임을 멈추도록 하세요." 나의 경험상 줄리엣의 파트가 머뭇거리는 동안 미쉘의 파트는 재빠르게 움직일 것이라고 예상하였다. "여러분이 서로를 향해 걸어가기 시작하면서 자신들이 면밀한 주의를 기울이고 있는 것들에 대하여 주의를 기울여 보세요"라고 나는 덧붙였다.

그들이 웃었다.

"서로를 바라보면서 상대방이 하고 있는 것들에 집중하고 있는 것 같아요." 줄리엣이 말했다.

"좋아요, 잠시 멈추고 그것에 대해 알아봅시다." 내가 말했다. "눈을 감고 숨을 천천히 쉬면서 자신의 어느 부분이 상대방에게 집중하고 있는지 알아차려 보세요."

미쉘이 먼저 말을 꺼냈다. "내게는 이런 게 정말 흔한 일이라는 걸 나는 알고 있어. 줄리엣, 너는 어떻게 생각하는지 궁금해." 그러고 나서 미쉘은 내게 말했다. "제가 먼저 움직이기 전에 그녀가 무엇을 하려고 하는지 알기 위해 저는 기다리죠."

줄리엣이 고개를 끄덕이고서 말했다. "하지만 나로서는 네가 무엇을 하지 않을지 알기 위해서 기다리고 있는 거야. 그러고 나서 나는 움직여."

"왜 그렇게 하는지 자신의 부분들에게 물어보세요." 내가 말했다.

"그게 더 안전하거든요." 줄리엣은 말했다.

"좋아요. 잘 하고 계세요. 내면에 주의를 기울이시고 부분들에게 귀를 기울여보세요…. 무엇이 더 안전하게 만드나요?"

"미쉘의 행동을 관찰하면서 그녀가 무엇을 원하는지를 제가 파악할 수 있다면, 내가 무엇을 할 수 있을지를 결정할 수 있거든요. 그래서 결과를 통제하게 될 거예요." 줄리엣이 말했다.

"그러면 그게 어떻게 더 안전하게 되나요?" 내가 물었다.

"이상하게 들리실 수도 있다는 거 아는데요, 저는 언제나 뒷받침을 해주거든요. 하지만 지금 제가 알아차리고 있는 게 있어요. 어떤 부분이 저를 점검해서 제가 바라는 게 너무 많아지지 않게 하려고 해요. 이 부분은 제가 거절당했을 때, 실망하지 않도록 저를 보호해줍니다." 그녀는 눈물을 글썽이기 시작하였다.

"무슨 일이 일어나고 있나요?" 내가 물었다.

"더 많이 바라는 그러한 느낌과 마주치는 일이 제게는 좀처럼 없거든요. 대개는 너무 많이 주어야 하는 것에 대해 두려워한다는 것은 알고 있어요."

"다른 부분이군요." 나는 말했다.

"정말 다르네요. 한 부분은 더 많이 원하고, 다른 한 부분은 어떤 종류의 욕구도 안전하지 않다고 생각하네요."

2단계: 취약함을 격려하기

"이 눈물에 대하여 조금 더 말씀해주실 수 있겠어요?" 내가 물었다.

"슬퍼요." 줄리엣이 말했다. "저를 보호하는 일에 너무 많은 에너지가 들어가요. 이제 그런 부분들도 좀 긴장을 풀고 쉴 수 있었으면 좋겠어요."

"그건 우리의 여정이에요. 취약한 측면을 보여주셔서 감사해요." 나는 미쉘을 향했다. "줄리엣의 얘기를 들어보니 어떠신가요?"

"안심이 되네요." 미쉘이 말했다. "줄리엣이 연결을 원하는지 기다리면서 지켜보고 있는 사람은 언제나 저였던 것 같거든요. 저는 그걸 감지할 수 있고, 그래서 그렇게 시작 지점들을 지켜보고 있는 거죠."

"왜죠?" 내가 물었다. "이러한 모든 것과 관련하여 당신의 부분들이 알고 있는 이야기는 어떤 건가요?"

"음." 그녀가 말했다. "저는 음… 저는 너무 많이 바라는 것에 대하여 수없이 거절을 당해왔다는 뜻이지요."

"납득이 가시나요?" 그들 둘을 모두 바라보면서 내가 물었다. "두 분 모두에게 있는 어떤 부분들이 부동자세 상태에서 상대방에 대하여 매우 경계하면서 거절당하는 것에 대해 주의하며 살펴보는 것 같군요."

그들은 고개를 끄덕였다.

"그리고." 내가 말했다. **"두 분의 부분들이 주위를 살피는 방식으로 여러분을 보호하는 것을 언제쯤 학습하게 되었는지 알고 계신가요?"**

"어릴 적에요." 줄리엣이 말했다.

"저도요." 미쉘이 말했다.

두 여성 모두에게는 추방된 부분들이 있었는데, 이 부분들은 어린 시절 접촉하고 연결되고자 하는 그들의 욕구에 대하여 견디기 어려운 부당한 메시지를 받았다. 줄리엣은 지금까지 자신의 욕구를 내면화하고 과도하게 독립적으로 되는 방식으로 이에 대처하였다. "혼자 떨어져 있는 게 더 좋은 거야"라고 그녀의 부분들은 얘기하였다. 이와는 대조적으로 미쉘의 보호자들은 무언가를 끈질기게 추구하는 것을 학습함으로써 적응하였는데, "어떤 접촉이든지 도움이 될 거야. 그게 아무리 불편하게 느껴진다 할지라도 말이야"라는 식으로 말하였다.

체험적 실습 중에 나타나는 보호자를 이해하고 인정해주면 그들은 부드러워지게 된다. 그 결과 마음이 열리게 되고 더 많은 사랑이 가능해진다. 코졸리노Cozolino(2006)가 언급했듯이, 사랑은 경보체계의 전원을 차단해준다.

3단계: 공명

줄리엣과 미쉘은 곧 서로 가까이 다가가서 잠시 포옹을 하였다. 그들은 미소를 지으며 계속 손을 잡고서 내 쪽을 향해 돌아섰다. 인간은 안전하다고 느낄 때, *변연계의 공명*limbic resonance(우리의 내면 상태와 대인관계에서의 조율에 대하여 복합적이고, 신속하며, 대개는 비언어적인 정보 교환)이 가능하게 되는데, 이는 깊은 개인적 연결을 가능하게 하고 조화로운 감정 상태로 이끌어준다(Lewis, Amini & Lannon, 2000).

"지금 무엇을 알아차리고 계시나요?"

"몸이 부드럽게 느껴져요." 미쉘이 말했다.

"저도요. 마음이 열리고 위협감을 덜 느껴요." 줄리엣이 말했다.

"그리고요?" 내가 물었다. **"지금은 어떤 충동이 느껴지나요?"**

"가까이 있고 싶어요." 미쉘이 말했다.

"저도요." 줄리엣이 말했다.

"그리고 그게 뭔가 다르게 느껴지나요?" 내가 물었다.

"정말 그러네요." 줄리엣이 말했다.

미셸이 끄덕였다.

"좋아요. **호흡을 하면서 알아차리시고요, 몸에서의 이러한 느낌에 대하여 언급할 만한 것이 있는지 찾아보도록 허용해보세요.**" 내가 안내하였다.

포지스Porges의 다미주신경多迷走神經, polyvagal 이론(2007)에 따르면, 미주신경vagus nerve 또는 *영리한 미주신경smart vagus*은 안전한 상황에서 활성화하고, 몸이 이완할 수 있게끔 해준다. 심지어 우리가 주변이 위험한지 살펴볼 때에도, 부드러운 눈 맞춤과 함께하는 기분 좋은 미소를 짓고 리듬감 있는 억양으로 부드럽게 말한다면 뇌에 단서를 주어서 미주신경을 조절하게 될 것이다. 그 결과 심박수는 느려지고 호흡은 편안해지며 스트레스 반응은 멈추게 되면서 사람들은 더 가까이 움직이게 된다(Porges, 2007). IFIO 언어로 말한다면, 보호자들을 알아차리고 돌봐주는 것은 보호자들이 비켜서게 함으로써 신경계가 이완될 수 있고, 참나가 더 가용될 수 있는 상태가 될 수 있게끔 해준다고 말할 수 있겠다. 이러한 상태에서 파트너는 사랑을 주고받는 자신들의 타고난 능력에 접근하게 된다.

"시간을 내서 실습하시면 이러한 방식이 두 분에게 새로운 습관이 될 겁니다." 내가 말했다.

두 여성은 상담실에서 이와 같은 실험을 더욱 많이 실습하고, 집에서 더더욱 많이 실행하게 되면서, 점차 안전감을 보다 많이 느끼게 되었고, 아울러 내면과 외부에서 더 많은 여유로움이 생기는 것을 느꼈다.

체험 실습 #1

1. 실습의 목적을 설명한다. *"여러분은 더 가깝게 느끼기를 바라시는군요. 우리는 그걸 실습해볼 수 있습니다."*
2. 이 실습에 무엇을 얻고자 하는지 분명한 그림을 그려준다. *"저는 여러분에게 서로를 향해 움직이면서 내면에서 무슨 일이 일어나고 있는지 알아차리도록 요청할 겁니다."*
3. 파트너 양쪽 모두에게서 동의를 얻음으로써 안전함을 창출한다.
4. 파트너가 현존하는 가운데 체현한embodied 보호자들에 대해 작업하여 그들이 탈섞임하도록 한다. 그리고 그 파트의 충동을 이해하도록 한다.
5. 취약한 부분들이 스스로를 표현할 수 있도록 격려한다. *"너의 두려움에 대하여 좀 더 말해줄 수 있겠니?"**
6. 보호자가 마음을 누그러뜨리면, 보호행동이 줄어들면서 무슨 일이 일어나고 있는지 알아차려 보도록 내담자에게 요청한다. *"무엇을 알아차리고 계시나요? 지금 무엇을 하려고 움직이신 건가요? 당신에게 어떤 점이 다르게 느껴지나요?"*
7. 체험의 닻을 굳게 내리도록 한다. *"호흡을 하시면서 몸에서 무슨 일이 일어나고 있는지 알아차려 보세요."*

* —라고 내담자가 자신의 부분에게 물어보도록 요청할 수 있다(역자 주).

치료사를 위한 조언

- 커플의 프로세스가 움직임이나 행동 변화를 통해 깊어지는 순간들에 대해 주의를 기울인다.
- 커플을 실험에 참여시키기 전에 언제나 안전함을 확인하고 양쪽 파트너에게서 허락을 얻도록 한다.
- 스스로의 자신감 수준을 알아차리도록 한다. 당신은 체험 실습이 진행되는 동안에 무슨 일이 일어나든지 관계없이 현존을 유지할 수 있는가?

대미언과 저스틴: 갈등을 고쳐보기

종종 커플들이 회기 사이에 갈등을 겪고 나서 상담실에 오게 되면, 그들은 무슨 일이 일어났고 누가 잘못을 했는지 말하고 싶어 한다. '그가 이랬어요.' '그녀가 저랬어요.' 이렇게 주고받는 것은 보호자들이 비난하고 수치심을 안겨주는 행동을 더 많이 하도록 부추길 뿐이다. 그들의 생각을 바꿔서 표현해보면, '내가 당신에게 충분히 상처를 줄 수 있다면, 당신은 후회하게 될 것이고, 내가 느꼈던 것을 당신도 느끼게 될 것이고, 당신이 하는 방식이 실수라는 것을 이해하게 되고, 그러면 당신이 한때 나를 사랑했던 것처럼 나를 사랑하게 될 거야.' 비록 이러한 전술이 자율신경계를 활성화시키고 커플에게 자신의 내면과 외부의 관계에서 제한된 자원만을 사용하도록 하게 하지만, 그들의 보호자들은 이러한 대화가 상대방의 사랑을 받는 데 도움이 되지 않는다는 생각에 대해 완고하게 저항한다.

그럼에도 불구하고, 커플들이 자신들의 갈등을 재구성하여 고쳐볼 수 있도록 도와줄 수 있는 유용한 방법들이 있다. 그 목적은 그들의 보호자들이 탈섞임하도록 해서 그들이 보호하고 있는 취약한 부분들에 대한 통찰력을 얻을 수 있도록 하는 것이다. 부분들이 탈섞임하게 되면, 커플은 자연스레 조절할 수 있는 기회를 갖게 되거나, 우리가 말해왔듯이 참나가 이끌게 된다. 참나가 이끄는 조망에서 보면, 커플은 대화를 바꾸어서 다시 해볼 수 있고, 서로에 대한 호기심과 친절한 태도로 경청할 수 있게 된다. 여기서 또 다른 체험적 실습 사례를 소개하도록 한다.

"잠깐만요." 대미언의 보호자가 저스틴의 주의를 끌기 위해 목소리를 높이는 것을 듣고 나서 내가 말했다. "무슨 일이 일어나고 있나요?"

"우린 다투고 있어요." 대미언이 말했다.

"도움을 좀 받아보실 생각이 있으신지요?" 나는 두 사람에게 말하였다.

"물론이죠." 저스틴이 기다리는 눈빛으로 말했다.

"좋아요, 우리가 예전에 작업했던 것을 해봅시다. 일단 진정하시고 나서 상황을 재구성하고 다시 시작해보는 겁니다. 해보시겠어요?"

"알겠습니다." 대미언이 대답했다.

"저도 동의합니다." 저스틴이 말했다.

"무슨 일이 일어나고 있는 건가요?" 내가 물었다.

"우리에겐 딜레마가 있어요. 이걸 다루어야 하지만 저스틴은 짜증을 내고 있고 친절하지 않아요." 대미언이 말했다.

"당신은 귀담아듣지 않잖아!" 저스틴이 소리쳤다. "내가 완벽하게 의사소통을 하지 않으면 당신은 흥분해서 맛이 가버리잖아."

"어떤 딜레마인가요?" 내가 물었다.

"기본적으로 그 문제는 계속되고 있어요. 지금 당장 우리는 해야 할 일이 산더미처럼 있는데, 누가 언제 무엇을 해야 할지에 대하여 끊임없이 싸우고만 있어요." 대미언이 말했다.

"대미언이 방어적으로 나와서 저는 자리를 빨리 떴어요." 저스틴이 덧붙였다.

인간은 두 가지 중요한 생존 기술을 갖고 있는데, 이러한 기술들이 관계에서는 방해가 된다. 즉, 우리는 안전하지 않은 것들이 무엇인지 학습하고 위협 요소들이 있는지 살펴본다(Porges, 2007). 학습된 위협 신호가 일단 활성화하면 자율신경계가 참여하게 되고, 우리는 더 이상 과거와 현재를 구분하지 못하게 되면서 각성 상태에 빠지고 만다(Cozolino 2008). 좋은 소식이 있는데, 인간은 자율신경계를 진정시킬 수 있는 내적 자원들 또한 갖고 있어서 우리의 중심에서부터 균형감을 갖고, 사랑과 호기심으로 관여할 수 있다는 것이다.

포지스의 다미주신경 이론은 인간이 배쪽미주신경腹迷走神經, ventral vagus nerve(연민의 신경)이라고 불리는 자율신경계의 한 가지branch를 활성화시키는 방법을 배울 수 있다고 제안한다. 배쪽미주신경은 생명을 위협하는 위험에 의하여 유발되는 투쟁/도피fight-or-flight 반응과 부교감신경계의 얼음freeze 반응에 브레이크를 제공함으로써 신경계를 진정시킨다. 모든 포유류는 고도의 경계 상태뿐만 아니라 변연계의 공명 및 조절에도 능하다. 다시 말해 인간은(우리는 포유류이다) 서로의 내적 상태에 대해 조율할 수 있고 서로를 일치된 감정 상태emotional congruence로 끌어들일 수 있다(Lewis et al., 2000). 우리 모델에서는 탈섞임을 활용하여 참나라고 하는 영성 자원에 가닿게 되는데, 이러한 상태에서는 신경계가 이완하게 되고 커플들이 사랑에 접속할 수 있다. 이렇게 되면 커플이 나누기 힘든 대화도 진행하는 게 가능해진다.

우리는 이미 탈섞임에 대하여 작업해왔기 때문에, 저스틴과 대미언은 나의 안내에 따를 준비가 되어 있었다. 그리고 수개월 동안 함께 작업해왔고 좋은 치료적 관계를 형성해왔기 때문에, 내가 그들의 보호자들을 촉발할 수 있다는 것을 알았다.

"먼저 두 분에게 몇 가지를 상기시켜드리고 싶습니다." 내가 말했다. "두 분 모두 말씀을 하시는 것과 듣는 것을 실습하실 겁니다. 하지만 무엇보다도 먼저, 그 보호자들이 잠시 긴장을 풀고 공통된 기반을 찾을 수 있도록 우리가 도울 수 있는지 알아볼게요. **자신의 몸을 알아차려 보시고, 호흡을 한두 번 정도 하시고, 여러분이 보호자들의 말을 잘 들어줄 거라고 보호자들을 안심시켜주세요.**"

그들은 둘 다 잠시 내면에 주의를 기울였다.

"자." 내가 말했다. "**두 분을 위한 실험이 있습니다. 거절하셔도 좋지만 우선 실험에 대한 설명을 드렸으면 합니다.** 이것은 보호자들이 서로를 다치지 않게 하는 가운데 분노나 불편한 감정들을 표출하는 것과 관련됩니다. 여러분이 일어서서 움직여야 하고요, 자신의 몸 안에서 일어나는 일들을 자각하셔야 합니다."

"해보고 싶어요!" 저스틴이 말했다.

"이상하게 느껴져요, 토니. 하지만 당신을 믿어요. 당신이 제안하는 것은 무엇이든지 해볼게요." 대미언이 말했다.

"좋습니다, 일어서주세요."

나는 마스킹 테이프를 바닥에 놓고 각자 한 쪽 끝을 잡아 달라고 부탁했다.

"여기 여러분의 보호자들이 지켜야 할 규칙이 있어요. 말을 해서도 안 되고, 선을 넘어서도 안 되며, 서로 터치를 해서도 안 됩니다. 이 실습은 여러분의 부분들이 움직임과 소리를 통하여 소통하도록 기회를 주는 것입니다. 마치 게임 같죠?" 내가 물었다.

그들은 동의하였고, 각자 테이프 한쪽에 자리를 잡았다.

"이제 그 좌절된 부분들, 즉 여러분이 욕구를 충족시키도록 도와주려고 애쓰는 부분들을 몸으로 체현해보세요."

그들은 눈을 마주치고 웃었는데, 이는 몸의 자연스러운 진정 효과 natural calming effect(Porges, 2007)를 활성화시키는 것, 또는 우리의 언어로는 각성된 부분들이 탈섞임하도록 돕는 첫걸음을 의미한다. 대미언이 먼저 뛰어들었고, 바로 테이프라인으로 올라갔다. 그는 얼굴을 찡그렸고, 저스틴을 가리키며 팔다리를 휘두르기 시작했다. 저스틴은 스스로를 더 크게 만들려는 것처럼 두 팔을 허공에 높이 들고 조용히 몸을 웅크리고 으르렁거리는 것으로 대응하고 나서 벌떡 일어났다. 그러고 나서 그들은 둘 다 점프를 하고, 서로를 가리키고, 혀를 내밀고, 쉰 목소리로 끙끙거리고 허공에 대고 권투를 하다가 마침내 웃음을 터뜨리고 숨차하면서 소파에 털썩 주저앉았다. 그들은 가까이 앉았고, 저스틴은 손을 뻗어 대미언의 손을 잡았다. 그러고서 그녀의 가슴은 흐느낌으로 들썩였다. 대미언은 그녀의 어깨에 팔을 둘러 감쌌고 그녀는 그의 품에 안겼다.

"잘 한 거 같아." 그녀가 눈물을 흘리며 말했다. "나는 그런 에너지를 방출해야만 해. 당신에게 화난 상태로 있는 건 너무 지치게 만들거든." 그녀는 대미언의 어깨에 몸을 웅크리고 더 흐느끼다가 얼굴을 내밀고 말했다. "나 잠깐 울고 싶어."

대미언은 그녀를 팔로 감싸고 부드럽게 흔들었다. "내가 곰이 될 수 있다는 걸 난 알고 있어. 하지만 당신을 해칠 의도는 없다는 것을 알아줘." 그가 말했다.

저스틴은 똑바로 앉아서 볼을 소매로 닦았다. "나는 성장 과정에서 비열한 짓들을 많이 목격했어. 아버지는 우리 모두를 비난해댔고 어머니는 아버지를 끔찍하게 비난해댔어. 내 생각에 나는 비난하는 걸 타고난 것 같아."

"당신의 비난하는 부분 그리고 욕구를 충족하려고 애쓰는 부분, 그 사이에는 어떤 관계가 있는 건가요?" 내가 부드럽게 물었다.

"그 부분은 그저 제가 필요로 하는 것을 대미언이 해주길 바랄 뿐이에요." 그녀가 말했다. 그리고는 그녀는 스스로가 웃기다는 듯이 대미언에게 말했다. "그렇게 하는 게 좋은 거 아냐? 당신은 그렇게 간단한 것에 대해 왜 불평하는 거야?"

대미언은 미소를 지었다.

"당신 역시 자신의 내면에 있는 욕구를 충족시키려고 애쓰는 부분과 보호자와의 관계에 대해 알아차리고 계시나요?" 내가 그에게 물었다.

"아닙니다, 그녀만 해당됩니다." 그가 시치미를 떼고 대답하였다. "저에게는 욕구가 없습니다."

저스틴은 그의 팔을 부드럽게 주먹으로 때렸고 그는 짐짓 겁나는 척

하며 몸을 피했다.

"다음 회기에서는 욕구 이슈를 다룰 겁니다. 우리가 오늘 목격한 두 보호자 모두 여러분의 욕구를 충족시켜주려고 애를 쓰고 있는 것으로 보입니다. 그리고 그 일을 더욱 효과적으로 할 수 있는 방법들이 많이 있습니다. 하지만 오늘을 마무리하기 위하여, 아까 이렇게 보다 부드러워진 분위기에서 나누려고 했던 대화를 다시 한 번 해보실 수 있을까요?"

"좋은 말씀 같네요." 대미언이 한숨을 쉬며 대답했다.

나는 이 커플이 나눠야 할 대화를 나눌 수 있을 만큼 그리고 내가 크게 돕지 않아도 그들이 필요로 하는 것들을 협상할 수 있을 만큼 탈섞임이 충분히 되었다고 믿었고, 그래서 나는 계획을 세운 다음 물러나 앉아 있었다. 그 결과 그들은 책임감 있게 말하고 제대로 잘 들었다. 그들이 마무리할 때 보고한 것에 따르면, 그들이 서로의 얘기를 기꺼이 들어주었던 것이 그들이 내린 대화의 결론보다 더 중요했다.

체험 실습 #2

1. 실험에 대해 설명한다. *"저는 두 분께서 보호자들과 접촉하고 탈섞임할 수 있도록 도와서 두 분의 갈등을 다시 다루어보도록 할 겁니다."*
2. 그들이 보호자를 알아차리고 탈섞임하도록 격려한다. *"자신의 몸을 살펴보고 심호흡을 해보세요. 자신의 부분들을 안심시켜주시고 그들이 부드러워질 수 있는지 요청해 보세요."*

3. 동의를 구하여 안전함을 창출한다. “다른 무언가를 시도해 보려고 합니다. 저의 제안을 거절하셔도 괜찮습니다.”
4. 체험 작업에 대해 설명한다. ***“우리는 보호자들이 그들 자신을 말이 아닌 몸으로 표현하도록 초대할 것입니다. 여러분은 나중에 그들에 대해 말할 기회가 있을 겁니다.”***
5. 감정을 수반하는 부분들이 나타날 때 조율되고 민감한 상태를 유지한다. 진행 과정의 속도를 늦추거나, 압도된 부분들이 분리되도록 돕거나, 내담자가 느낌을 이해하도록 도울 수도 있다.
6. 체현하는 부분들은 종종 보호자들이 누그러지게 하는 결과를 가져오는데, 이는 내담자가 조망을 얻게끔 도와준다는 사실을 기억한다.
7. 대화를 다른 방식으로 하도록 격려한다. ***“그 대화를 다시 한 번 시도해 보시겠어요?”***

치료사를 위한 조언

때로는 실험이 실패하거나, 커플에게 영향을 미치지 못하거나, 불화를 더 많이 일으키기도 한다. 만약 그러한 일이 생긴다면, 스스로에게 아래의 질문들을 해본다.

1. **안전함**을 먼저 확립하지 않은 상태에서 그 체험이 시작되었는가?
2. 진실로 **안전함**이 확보된 상태였는가?
3. 내담자가 충분한 흥미를 갖고서 참여하고 있었는가?
4. 내면으로 들어가기에는 한쪽 또는 양쪽 파트너의 보호자들이 지나치게 반사적으로 행동하고 지나치게 저항적이었나?(Fisher, 2002년)

요약

이번 장에서는 IFIO 치료자가 사용할 수 있는 많은 체험 실습들 중 단지 두 가지에 대해서만 설명하였다. 체험 실습은 단지 몇 분 정도만 걸릴 정도로 아주 간단할 수도 있고, 한 회기 전체가 필요할 정도로 보다 더 복잡할 수도 있다. 어느 경우든 체험 작업은 커플이 탈섞임하는 것, 신경계를 비활성화하는 것, 그리고 참나 에너지를 지니는 것에 대한 느낌을 얻을 수 있는 아주 좋은 방식이 될 수 있는데, 이러한 조망에서 커플은 더 훌륭한 통찰을 얻게 되고, 자신이나 서로를 비난하지 않는 가운데 자신들의 행동에 대하여 더욱 기꺼이 책임지고자 한다. 체험에 대하여 *이야기하*는 것에서 체험을 *해보*는 것으로 이동하는 것은 커플로서는 용기를, 그리고 치료자로서는 창의성과 민감성을 필요로 하지만, 충분히 투자할 가치가 있는 것이다.

진행 방법

1. 커플과의 신뢰를 점진적으로 형성해간다.
2. 이와 같은 실험을 통하여 치료가 깊어질 수도 있는 지점들에 대하여 주의를 기울이도록 스스로 도전해본다.
3. 창의성, 호기심 그리고 자신감을 갖고서 체험 실습을 설계한다. 실습은 움직임, 그림 그리기, 터치하기(예: 두 손가락 터치하기)를 포함할 수도 있지만, 여기에 국한되지 않는다. 어떤 부분의 느낌, 그러고 나서 참나 에너지를 표현하기 위하여 눈을 사용할 수도 있다. 또한, 새로운 행동이나 언어를 시도해 볼 수도 있고, 어떤 갈등을 재구성하고 다시 고쳐서 해 볼 수도 있다.
4. 어떠한 경우이든, 두 파트너로부터 진행에 대한 허락을 얻도록 하고, 치료자의 의제를 절대로 강요하지 않도록 한다.
5. 당신이 진행하고자 하는 실험과 그 목적에 대하여 설명한 다음에 내담자에게 참여를 요청한다.
6. 보호행동과 취약함이 짝을 이루는 방식들에 대하여 알려준다.
7. 취약함과 누그러짐의 순간들을 탐색하고, 진정시킨 다음 심화 작업을 한다.

8. 커플의 분화 정도에 따라 4장에 소개된 제대로 말하고 듣기 기술들을 복습할 수도 있다.
9. 그들이 충분히 탈섞임하여 존중하는 마음과 호기심을 갖고서 말하고 들을 수 있을 정도가 되면, 그들의 갈등에 대해 다시 대화해보도록 돕는다.

이러한 교정적인 체험은 각 파트너가 자신의 자율신경계를 조절하고(Porges, 2007), 변연계의 공명에 참여하는(Lewis et al., 2000) 역량을 강화시켜 준다. 이는 안전감, 연결감 그리고 친밀감을 촉진한다.

11장

어려운 사례를 어렵게 만드는 것은 무엇인가?

어려운 무언가를 판단하는 과정은 주관적이기 때문에 이번 장은 어려운 사례의 자료를 묘사하기보다는 다음과 같은 질문에 우리 모두를 초대하고자 한다. *사례를 어렵게 만드는 것은 무엇인가?* 치료에서 우리의 부분들이 커플의 이슈와 역동에 반사적으로 행동할 경우, 우리는 탈섞임을 하고 귀를 기울임으로써 이러한 질문에 대하여 답할 수 있다. 이러한 이슈들은 흔하거나 유별나게, 폭발적이거나 통렬하게 우리에게 타격을 가할 수도 있다. 여기에는 커플의 대가족과의 관계, 양육 철학, 금전, 성, 혼외정사, 폭력, 별거, 이혼, 질병 등등, 누구에게나 – 치료사를 포함하여 – 중대하게 여겨질 수 있는 모든 주제들이 포함된다.

이 책 전반에 걸쳐서 우리는 내담자가 생리적 각성을 조절하도록 돕기 위한 전략들에 대해 논의한다. 우리 역시 내담자들과 똑같기 때문에 – 우리의 부분들은 우리의 경험에 따라서 반사적으로 행동한다 – 우리는 자기조절에도 초점을 둔다. 우리의 부분들이 내담자를 지나치게 많이 또는 너무 적게 공감하고, 판단하며, 겁을 먹거나 화가 나거나 거절당한 느낌 때문에 섞인 상태가 되면, 현존과 가용한 상태에 머무는 우리의 능력을 방해하게 된다. 이러한 반사적 행동들 중 어떤 것이든 – 그러한 행동이 무엇이 되었든지 간에 – 유발하는 내용은 어려운 것이라고 할 수 있다. 어려움은 개인적으로 내성법内省法, introspection을 적용해보고 지속적으로 학습을 해나갈 문제이다. 이 책의 2단계에서 개략적으로 설명된 기법들은 모든 가능한 시나리오들에 대해서 – 그것이 당신에게 쉽거나 어렵거나 – 적용된다.

치료사 부분들 대 치료사의 부분들

IFIO 트레이너인 파멜라 가이브Pamela Geib는 커플들에 대하여 공통적으로 활성화하는 두 종류의 부분들 사이의 차이점을 훈련생들이 탐색해보도록 초대한다. 첫 번째 종류는 *치료사 부분들therapist parts*이다. 고도로 훈련된 이러한 파트들은 전문성을 갖춘 본보기를 보이게 되고, 종종 치료사의 역할에 대해서뿐만 아니라 관계를 좋게 만드는 요소들에 대하여 강력한 신념을 지니고 있다. 우리는 치료사 부분들을 존중하고, 인정하며, 이들에게 요청하길 바라기도 하지만, 그들이 분화하고 탈섞임해서 우리가 내담자들과 함께 협력적인 과정에 머무를 수 있도록 해주기를 바란다. 우리가 섞여 있게 되면, 무엇이 건강하고 정상적인 것인가에 대하여 우리의 파트들이 갖고 있는 의견이 내담자의 다른 관점들에 대하여 열려 있지 못하게 된다. 따라서 이 모델에서 우리는 치료사 파트들에 대하여 작업을 하여 전문가로 존재하는 것을 떠나보내고, 치료를 위하여 커플의 신념과 목표를 탐색하도록 한다.

치료사 부분들의 사례

- 치료에 대해 특화한 모델들에서 고도의 역량을 갖추었다.
- 무엇이 건강한 것인가에 대한 특정한 생각에 붙들려 있다.
- 전문가로서 존재하는 것에 집착한다.
- 커플의 참나 에너지를 신뢰하지 못한다.

가이브가 훈련생들과 함께 탐색하는 두 번째 종류의 부분들은 *치료사의 부분들*parts of therapist이다. 역전이에 대해 6장에서 논의하였듯이 이러한 부분들은 커플의 부분들에 의해 활성화하게 되는, 치료자의 아동기에서 유래하는 부분들(추방자 및 보호자 둘 다)이다.

치료사의 부분들의 사례

- 갈등을 두려워한다.
- 부모 또는 초기 양육자들에 의해 삼각관계에 놓였다.

- 자신의 아동기 양육자를 파트너 한쪽 또는 양쪽 모두에게 투사한다.
- 무능한 느낌에 대해 수치스러워한다.
- 내담자를 통해 욕구가 충족되기를 바란다.
- 정동 또는 정서적 결핍에 의하여 쉽사리 압도감을 느낀다.

당신 자신의 관계 이슈가 커플의 갈등에서 어떻게 반영되고 있는지를 알아차리는 것이 자신의 부분들을 알아차리는 것의 목표가 된다.

다음에 소개하는 실습들은 *치료사 부분*들 또는 *치료사의 부분*들이 활성화하여 사례 자체나 커플의 역동, 또는 자료가 너무 어려워서 다룰 수 없다고 느끼게 되고 마는 상황들을 치료사들이 탐색할 수 있도록 만든 것이다.

탐구 1: "이 사례는 너무 어려워"라고 누가 말하고 있는가?

곤경에 빠진 느낌이나 압도감 또는 좌절감을 느끼는 치료자는 유턴을 해서 치료자의 작업이나 커플의 부분들을 판단하는 부분(들)에게 귀를 기울여볼 수 있다(아래 「로드맵 A」 참조). "무엇을 해야 할지 모르겠군"

이라는 말을 당신 스스로 하고 있다면 그것이 첫 단서가 될 수도 있다.

로드맵 A: 경청할 시간을 갖는다

▌1단계: 주의 깊게 경청하는 시간을 갖는다. 그리고 당신의 혼란스러워하는 부분이 자신의 얘기를 당신이 들어주고 이해해준다고 느낄 때까지 이 부분이 소통할 수 있도록 허용한다. 이 부분이 판단적인 보호자인지, 두려움을 느끼는 취약한 부분인지 알아차리도록 한다.

▌2단계: 만약 이 부분이 어려 보인다면, 이 부분이 지닌 두려움에 귀를 기울이고 이 부분의 역사를 더 많이 들려달라고 권유한다. 당신은 이 부분을 이해하고 이 부분이 짐에서 벗어날 수 있도록 나중에 다시 이 부분에게로 돌아와야 할 수도 있다.

▌3단계: 만약 이 부분이 보호자라면, 매우 주의 깊게 경청하도록 한다. 이 부분이 왜 그러한 식으로 느끼는지 질문하여 그 이유를 명확히 알아본다. 파트는 지혜를 지니고 있다. 우리가 탈섞임하여 그들의 극단적이지 않은 메시지를(참나 상태에서) 경청하게 되면, 내면에서 그리고 커플과 관련하여 일반적으로 통찰을 얻게 된다.

4단계: 당신의 부분들이 필요로 하는 것들이 무엇인지 질문하여 그들이 당신을 믿을 수 있게끔 한다. 이는 부분들이 탈섞임 상태에 머물도록 해주기 때문에 당신은 그들의 지혜뿐만 아니라 참나의 지혜에도 접속할 수 있게 된다.

예: 섞여 있는 파트는 감독하는 태도로 행동할 수도 있는데, 그 이유는 이 파트가 커플을 진정시켜야 한다고 느낄 수 있기 때문이다. 아이러니하지만 동일한 개입이 참나 에너지와 함께 실행된다면 매우 유익하게 작용했을 것이다.

탐구 2: 내담자와 치료자 사이의 부정적인 사이클 평가하기

3장에서 우리는 커플의 부정적인 사이클을 추적하고, 그들을 반사적으로 행동하게끔 몰아가는 취약한 느낌들을 그들이 알아차리도록 함으로써 파트너들 사이의 갈등을 평가하는 방법을 기술하고 있다. 매우 유사한 과정으로서 우리는 당신이 진행하고 있는 사례와 관련하여 자신의 어떤 부분들이 활성화하는지 주목할 것을 요청한다. 당신의 충동은 무엇인가? 이 커플에게 뭐라고 말할 것인가? 또는 어떤 작업을 할 것인가? 무엇이 당신의 반사적인 행동을 불러일으키는가?

"저는 이 커플과 도대체 어떻게 작업해야 할지 더 이상은 모르겠어요." 조는 슈퍼비전 회기에서 나에게 말했다. "이 남자는 입을 다물고 있지를 못해요! 저는 모든 걸 시도해봤어요."

"좌절감을 느끼나요?" 나는 물었다.

"아주 많이 그래요." 그녀가 대답했다.

"이 남자와의 관계에서 그리고 이 커플과의 관계에서 어떤 일이 일어나고 있는지 탐색해볼 마음이 있나요?" 나는 물어보았다.

"물론이에요."

"잠시 그들을 당신의 마음의 눈으로 데려와 보세요. 그런 다음 당신을 분투하게 만드는 그 역동에 그들이 관여하고 있는 모습을 관찰해 보세요."

그녀는 눈을 감고 잠시 조용히 있었다.

"그들을 바라볼 때 당신에게 어떤 일이 일어나고 있나요?" 나는 물었다.

"배가 꽉 조여요."

"어떤 충동이 먼저 느껴지나요?"

"그 남자에게 소릴 지르고 싶어요."

"그리고 당신은 무엇을 하고 있나요?" 나는 물었다.

"오!" 그녀는 한숨을 쉬었다. "제가 그를 통제하려고 애쓰고 있어요. 엄격하게 대하고 있어요."

"그러면 당신이 통제적으로 행동할 때 그는 어떤 반응을 보이나요?"

"음, 그의 아내는 그렇게 하는 걸 좋아합니다."

"그럼 남편은요?"

"그는 저보고 가만히 있으라고 말합니다."

"그러면 당신 안에서는 어떤 일이 일어나나요?" 나는 물었다.

"저는 차갑게 행동하게 되고, 개방적인 척하지만 실제로는 무너지고 있습니다."

"우리 함께 그 부분들에 대해서 점검을 해볼까요?" 나는 물었다.

이후에 진행된 작업에서 조는 그녀의 반사적인 보호자가 자신의 역할과 보호하고 있는 대상에 대해 이야기하도록 설득하였다. 그녀는 어린 시절 학교에서 괴롭힘을 당한 경험이 있었는데, 이 커플 사이에서 자신이 *역동을 통제하는 힘*power over dynamic이라고 부르는 것을 알아차리게 되었다. 그 남편에게 비슷한 전술을 시도하는 것이라고 그녀의 보호자는 대답하였다. 이러한 전술이 효과가 없게 되자, 그녀는 마비된 듯 느꼈고 치료실에서 침묵하게 되었다. 그녀는 이러한 부분들과 작업하여 분리하게 되자 대안을 떠올리기 시작하였고, 그 남편과 함께 다양한 선택지들을 고안해내기 시작하였다. 그 결과 그는 자신이 말이 많고, 통제적인 부분 또한 괴롭힘을 당한 어린 추방자를 보호하고 있음을 발견하게 되었다.

우리가 기억해야 할 좌우명은 IFIO 작업에서 뭔가 막혔다고 느낄 때, 유턴을 해서 내면을 들여다보라는 것이다. 내담자들에 대한 우리의 사이클은 치료적 장애물들을 극복하는 데 매우 귀중한 안내가 되어준다. 「로드맵 B」(아래)는 당신의 내적 세계가 커플의 역동이나 내용과 어떻게 관련되어 있는지를 이해할 수 있도록 고안된 것이다. 연필과 종이를 준비해서 당신이 스스로에 대하여 알게 된 것들을 써보거나 그려보도록 한다.

로드맵 B

▍1단계: 사이클을 이해하기

어려운 커플을 떠올려본다. 그들을 당신의 마음의 눈으로 데려온다. 힘들게 보이는 그들의 대화 내용이나 관계 역동을 생각해본다.

- 자신의 몸에서 무슨 일이 일어나고 있는가?
- 커플에 대해서, 자신에 대해서 그리고 그들과 자신의 관계에 대해서 당신이 스스로에게 말하고 있는 것은 무엇인가?
- 당신은 그들에 대해 어떻게 말하고 행동하는가? 그리고 어떠한 반응이 돌아오는가?
- 당신의 부분들은 어떻게 반응하는가?

자신의 부분들과 커플 사이의 사이클을 알아차린다.

- 이 사이클에서의 당신의 역할에 책임감 있게 대처할 수 있는가? 그리고 자신의 부분들에게 연민의 마음을 지닐 수 있는가?

중심 잡은 상태에서 당신의 부분들에 대해 탐구하는 것으로 실험을 시작한다. 다음의 질문들을 하면서 호기심을 유지한다.

- "이 커플에 대해 심란해지는 것은 무엇 때문인가?"
- "나는 그들에게 어떠한 도움을 주기를 바라는가?"
- "지금 내가 잠시 긴장을 풀게 되면 어떤 일이 일어날까 봐 걱정하고 있는가?"
- "나의 어떤 파트들이 이 커플과 진퇴양난 상태에 빠져 있는가?"

2단계: 분리하기

회기 시작 전에 분리하는 전략들

- 이 커플의 현존하는 역동에 의해 당신의 어떤 부분이 활성화되는지에 대하여 회기를 시작하기 몇 분 전에 미리 준비하여 기억을 떠올려본다.
- 당신의 보호자 그리고 그가 반사적으로 대응하는 취약성(추방자) 사이의 관련성에 대해 잘 알아차리도록 한다.

회기 내에서

- 자신의 자율신경계를 조절하는 방법을 배우기.
- 자신의 몸에 대하여 알아차림을 한다.
- 자신의 부분들에게 말을 건넨다. 그들은 귀를 기울일 것이다.
- 안도감과 자애로움loving kindness은 긍정적인 영향을 가져올 것이다.
- 물어본다. "나를 신뢰하기 위하여 네가 필요로 하는 것은 무엇이니?"
- 분리되지 않는 부분들에 대해서는 회기 직후에 작업하도록 계획을 세운다.

3단계: 적정한 시점에 자신의 부분들을 대변하기

- "당신과 함께하지 못하도록 방해한 나의 파트를 나는 알아차립니다…."

탐구 3: 내가 그들을 도울 수 없다면 어떻게 될까?

당신이 해낼 수 없다면 어떻게 되는 것일까? 당신의 부분들이 얼마나 기꺼이 분리하려고 애를 쓰는지 관계없이, 또는 당신이 얼마나 착실하게 자문을 받든지 관계없이, 당신이 바라는 방식으로 커플에게 영향을 줄 수 없는 경우들이 있다. 당신이 자기연민*self-compassion을 잃지 않고 스스로나 내담자를 비난하지만 않는다면, 문제는 없다!

내 경험상 치료사 부분들은 무엇에든 성공해야 한다는 압박을 느낀다. 나는 치료사들의 트레이너로서 자문 과정에서 치료사들이 커플에게 영향을 충분히 미치지 못하는 자신에 대해 수치스럽게 여긴다는 얘기를 무수히 많이 들어왔다. 커플이 역동을 바꿀 수 없거나 바꾸지 않으려고 할 때, 우리는 스스로를 재빠르게 비난하게 된다. 그러나 아무리 많은 노력을 기울이고 아무리 충실하게 적용한다 하더라도, 그저 기술만으로는 성공적인 커플치료를 위한 레시피의 전부를 채울 수 없다. 커플의 완전한 참여 또한 필수적인 요소이며, 이는 당신이 통제할 수 없는 요소이다. 당신이 할 수 있는 일은 그저 초대하는 것뿐이다. 막다른 골목에 처해 있는 동안 수치심을 주는 비난자가 활동을 개시하면서 자신의 분노를 당신이나 커플을 향하여 쏟아낼 때, 그 자신은 뭔가 도움이 되기를 바라는 것이지만 정작 그의 비난은 당신이나 내담자(들)에 대한 정직한 탐색을 하지 못하게 방해한다.

더 이상 수치심을 겪게 되는 상황을 피하기 위하여 수치심을 주는

---

* '자기자비'나 '자기동정'으로도 번역될 수 있다(역자 주).

부분과 함께 현존하는 것에는 용기가 필요하기 때문에, 이러한 부분들에게는 여러 해 동안 내면과 외부에서 혐오의 대상이 되었던 것에서 연유하는 사연들, 상처와 짐이 있다는 사실을 상기하는 것이 내게는 도움이 된다. IFS는 극단적이었던 보호적인 부분들이 존중받고 인정받는다고 느끼게 되면, 마음을 누그러뜨리게 된다는 사실을 우리에게 가르쳐준다(Schwartz, 1995). 하지만 이렇게 수치심을 주는 부분들이 섞여 있을 경우에는 불안정해지고 접촉하기 어려울 수 있다. 그들은 진정성 있는 호기심으로 대접받을 때만 탈섞임하게 될 것이다(아래의 「로드맵 C」 참조). 우리의 부분들을 수용하고 존중하며 사랑하는 법을 배우는 것은, 우리의 내담자들을 위한 치료 목표임과 동시에 우리를 위한 치료 목표이기도 하다. 또한, IFIO에서 우리는 수치심 주는 파트들에게 강점과 재능이 있으며, 이들이 치유되고 시스템 안으로 다시 복귀하여 환영받을 때만 이러한 강점과 재능에 접근할 수 있게 된다는 사실을 강조하고 있다. 우리의 취약한 측면들vulnerabilites과 평화를 이루기 전까지는 우리가 실패했다는 느낌을 결코 넘어설 수 없다(Kaufman, 1980).

로드맵 C: 내면의 수치심 주는 부분에 대해 작업하기

▌**1단계:** 당신 몸의 감각에 초점을 맞춘 가운데 그 부분을 몸 안이나 주위에서 찾아 당신의 능력을 최대한 발휘하여 탈섞임하도록 한다.

• 당신의 몸 안에서 무슨 일이 일어나고 있는가? 그리고 당신 스스로 뭐라고 말하고 있 는가?

▌2단계: 수치심 주는 부분에 대하여 어떤 느낌이 드는가? 호기심을 느낄 때까지 그리고 가능하다면 친절과 연민을 느낄 때까지 분리하는 작업을 멈추지 않는다.

▌3단계: 그 부분이 당신을 위하여 무엇을 바라는지 또는 어떠한 의도를 갖고 있는지 물어본다.

▌4단계: 당신의 수치심 주는 부분들과 수치심을 느끼는 부분들 사이의 관계에 대하여 깊이 생각해본다.

• 수치심 주는 부분들이 취약한 부분들을 보호하고 있는가?
• 이 둘 사이의 관계를 보거나 느끼거나 알아챌 수 있는가?

▌5단계: 수치심 주는 부분에 대하여 작업한다. 만약 당신이 탈섞임 상태를 유지할 수 있다면, 수치심 주는 부분을 보다 잘 이해하기 위하여 다음과 같은 질문들을 해본다.

• *"네가 이 일을 시작했을 때는 몇 살이었니?"*
• *"어떤 상황에서 이러한 일을 하게 되었니?"*

- *"돌이켜보면 그 일을 하던 때가 네게는 어떠했니? 너의 이야기를 들려줄 수 있겠니?"*
- *"지금 나와 이야기하는 게 어떻게 느껴지니?"*
- *"네가 만약 안전감과 자신감을 느낄 수 있는 다른 방법이 있어서 지금 하는 일을 그 만둘 수 있다면, 다른 어떤 일을 하고 싶니?"*

요약

내담자들은 아이들, 양육, 대가족과의 관계, 질환, 금전, 성, 외도 등을 포함한 온갖 종류의 문제들에 대하여 분투하는 가운데 커플치료를 시작하게 된다. 우리는 그들의 관심사와 감정에 대하여 우리 자신의 개인사에 따라 대응하게 된다. 만약 우리의 부분들이 – 우리의 치료사 부분들을 포함하여 – 압도감을 느끼거나 너무 적게 자극된다면 우리의 작업은 보다 어려워진다. 그대 자신을 알라, 그러면 주어진 사례가 왜 어려운지 이해하게 될 것이다.

한 가지 확실한 사실은 우리 모두가 불완전하며, 우리 모두에게 어떤 커플은 매우 어렵게 느껴진다는 것을 발견하게 된다는 것이다. 우리가 오도 가도 못 하게 되었을 때, 수치심 주는 부분들과 수치심을 느끼는 부분들은 우리의 많은 선택지들을 – 여기에는 우리의 경험을 대변하기, 커플을 리퍼refer하기, 모든 커플이 치료할 준비가 되어 있는 것은 아니라는 사실을 인정하기, 또는 명료한 마음과 가슴으로 다시 시작하기가 포함된다 - 불분명하게 만드는 경향이 있다. 어떠한 경우가 되었든 실수를 인정하고 다시 복구하는 것은 아주 중요한 역할 모델링이 된다. 아울러 때로는 전술을 바꾸거나 자문을 더 많이 받거나 훈련을 더 받을 필요가 있다. 당신이 어떠한 방침을 선택하든, 만약 당신이 수치심 주는 비난자가 섞여서 당신을 비난하거나 내담자를 병리적으로 판단한다면, 어려운 사례를 분명 더욱 어렵게 만들게 되리라는 사실을 기억해야만 한다. 아울러 스스로 탈섞임 작업을 하고 스스로를 사랑으로 보살핌으로써 어려운 순간들을 통과하도록 한다.

3단계

후기

12장

갈등 관계에서 회복하기

이번 장에서는 친밀한 관계에서의 사과, 복구repair, 용서에 대해서 논의한다. 모든 커플은 때때로 배신을 둘러싼 감정과 관련하여 갈등을 경험하게 된다. 어떤 배신은 사소한 것으로서, 제대로 조율되지 못한 데서 오는 일상적인 잘못들이다. 또 어떤 배신은 거짓말이나 혼외정사와 같이 큰 잘못들이다. 많은 사람들이 제대로 사과하거나 용서하지 못하기 때문에, 우리는 사과에 대한 신념들과 회복을 진정성 있게 느끼게 해주는 것들이 무엇인지에 대해 탐색하고자 한다. 우리는 IFIO 전반에서 수치심을 느끼는 부분들과 수치심을 주는 부분들을 작업에 초대하는데, 커플은 서로를 *상처 주는 사람* 또는 *구원자*로서 보기보다는 하나의 자원으로서 바라볼 수 있을 때 드디어 복구에 참여할 준비가 되었다고 볼

* 본서에서는 'repair'를 복구, 보수 또는 회복으로 번역하였다(역자 주).

수 있다. 우리는 그러한 관점에서 용서와 자기용서에 대한 대화를 시작할 수 있다. 용서와 자기용서는 궁극적으로 각 파트너가 크고 작게 상처를 주었던 행동들에 대하여 책임을 지기 시작하는 출발점이 될 것이다.

회복 가능한 연결들

갈등은 친밀한 관계에서 정상적인 것이다. 그리고 갈등의 원인, 각자가 갈등을 경험하는 방식, 그리고 갈등을 해결할 수 있는 방법에 대하여 진정성 있는 대화로 이끌어간다면 갈등은 유용하다. 요약하면, 갈등은 상호 간의 성장과 이해를 위한 기회가 된다. 우리는 관계에서 완벽한 조화의 필요성을 옹호하고 있는 것이 아니다. *하지만 파열이 수용되지 못하고 분노를 해결하지 못한 채로 남겨둔다면, 이는 손상을 가져오고 말 것이다.* 커플은 갈등이 일어났을 때 안정된 연결감을 회복시킬 기술이 필요하다. 이제 우리는 사과를 가로막는 장애물들과 진정한 복구를 촉진할 방법을 탐색하고자 한다.

사과하기 어렵게 만드는 것은 무엇인가?

많은 사람들에게는 – 치료사들을 포함하여 – 그저 사과나 용서를 언급하는 것만으로도 일련의 어떤 부분들을 불러일으킬 수 있다. 내담자들에게는 종종 사과하거나 용서하는 것을 비난을 받아들이거나 아주 취약해지는 상태와 연관 짓는 부분들이 있다. 이들은 다음과 같이 말한다. "사과한다는 건 내가 틀렸다는 것을 뜻해." 또는 "이건 나중에 내게 불리하게 쓰일 거야." 또는 "내가 모든 책임을 지게 되면 그를 놓아주는 꼴이 되어 버려. 그럼 아무것도 바뀌지 않을 거고, 난 또 다시 상처를 입게 될 거야." 그리고 나의 훈련 프로그램에 오는 치료자들에게는 종종 다음과 같이 말하는 부분들이 있다. "사과나 용서에는 종교적인 함의가 있어." 또는 "학대를 당한 사람들이 용서하도록 만들어서는 안 돼." 또는 "용서받을 자격이 없는 사람들이 있어." 모든 보호자들과 마찬가지로 이러한 부분들의 염려는 타당하다. 여기서 내가 제안하고 싶은 것은, 어떠한 주제에 대해서든 부분들이 제기하는 의미에 대하여 주의 깊게 귀를 기울이도록 하자는 것이다.

IFIO에서 우리는 파트너들과 치료자들이 안전하고 존중하는 방식으로 사과와 용서를 탐색하도록 초대한다. 모든 부분들에게 귀를 기울이고 그들에게 목소리를 부여한다. 관계에서 한 사람이 모든 갈등을 불러일으키는 것이 결코 아니라는 가정에 대해 우리는 면밀히 작업한다. 각 파트너는 과실이 있는 것으로 보이길 원하지 않는 보호적인 부분들을 갖고 있다. 그리고 이들 각각은 어떤 점(잘못했다는 것)을 시인하는 것이 "내게 뭔가 문제가 있어"를 의미한다는 신념에 따라 반응할 가능성이 크다. 아울러 어느 파트너이든 아동기에 좋은 관계의 예시를 경험하지 못했다면, 통제력과 안정감과 안전을 상실하지 않으면서도 사과와 용서를 해낼 수 있다는 것을 배울 수 없었을 것이다.

복구는 중요하다

커플들은 대개 그들의 갈등을 끝내면 더 이상 상처받는 느낌을 겪지 않아도 되리라는 희망을 품고서 치료에 참여하게 된다. 그들은 부정적인 감정들을 우회하면서 복구를 하지 않고 지나감으로써 친밀감을 다시 회복하려고 시도해왔을 수도 있다. 하지만 이는 그들의 보호자들에게 경계 태세를 유지하게 하고, 그들의 아동기에 짐이 지워지고 추방되었던 부분들이 이미 지고 있는 짐에다 현재의 상처가 주는 무게를 더하는 결과를 가져왔다. 또는 똑같이 회피적인 시나리오에서, 그들은 갈등에서 벗어나기 위하여 바람직하지 못한 방식으로 사과를 함으로써 복구 과정을 건너뛰려는 시도를 했을 수도 있다. 자신의 행동을 정당화하려는 시도에서 상대방의 무감각함에 대해 비난하거나, 부정직하게 자기비하적인 태도를 보이는 것이다. 이러한 책략들은 도움을 제공하려고 애쓰는 부분들에게서 나온다. 하지만 불화[파열]rupture에서 회복하는 것이 친밀감을 유지하는 효과적인 접근이기에, 우리는 그들에 대해 연민 어린 마음으로 도전한다.

어떻게 복구할 것인가

진지하고 마음에서 우러나오는 복구 작업을 하는 방법들이 많기 때문에, 각 커플과 사례가 다르게 보일 수 있다. 그렇지만 나는 커플이 통과하는 회복 과정을 일곱 단계로 제시할 수 있다. 여기에는 그들이 제대로 말하고 듣기, 상처 입은 파트너의 고통에 대해 공감하기, 그리고 해를 끼친 행동들에 대하여 책임지는 조치를 할 수 있도록 돕는 것이 포함된다. 일곱 단계는 모든 수준의 파열에 대하여 – 외도와 같은 심각한 배신에서부터 관계에서의 일상적인 아픔과 고통들까지 – 적절하게 적용될 수 있다. 이러한 단계들을 통과하는 것은 빠를 수도 있고 오랜 시간이 걸릴 수도 있다.

복구 과정은 종종 양쪽 파트너에게 수치심을 불러일으키기 때문에, 그 과정에서 많은 부분들에게 주의를 기울여야 할 필요가 있다. 또한, 용서와 자기용서는 점진적으로 일어나는 과정이기 때문에, 아래에 기술된 복구 단계들은 실제로는 선형적이라기보다는 순환적이라고 할 수 있다. 다음의 사례는 한쪽이 외도를 한 다음 어려움을 겪고 있는 커플과 오랜 기간에 걸쳐 진행하였던 작업을 묘사하고 있다.

벤과 질

"한 주 동안 어떻게 지내셨나요?" 내가 시작하였다.

"질이 5년 전에 외도를 했다고 제게 말했습니다. 그녀가 고백을 했는데 저는 지금 미칠 것 같습니다!" 벤은 두 손을 허공에 휘둘렀다. "제가 어떻게 느껴야 할지 어떻게 해야 할지 모르겠습니다."

질이 벤에게 손을 뻗었다. "그때는 좋지 않은 시기였어요. 우리 대화 좀 할 수 있을까요?"

벤이 재빨리 뒤로 물러났다. "좋지 않은 시기? 바로 지금 내가 겪고 있는 것과 같은 시기를 말하는 거요?" 그는 벌떡 일어서더니 문 쪽을 향해 성큼성큼 걸어갔다.

“잠깐만요!” 내가 외쳤고, 질은 울음을 터뜨렸다. 하지만 그는 걸어 나가서는 문을 큰 소리가 나게 닫았다. 나는 심호흡을 하였다. ‘괜찮아!’ 겁을 먹은 나의 부분들에게 말했다. 마음이 안정되면서 나는 가까이서 훌쩍이고 있는 질과 작업을 시작할 것인지, 아니면 밖에서 담장에 기대고 있는 벤과 시작할 것인지 깊이 생각해보았다.

1단계: 양쪽 파트너를 위한 안전감 확보하기

나는 호흡을 회복하려고 가슴을 들썩이고 있는 질을 향해서 앉았다. 그녀에게 휴지를 건네고서 침묵 속에서 지켜보았다.

“그에게 말해야만 했어요.” 그녀가 말했다. “그게 저를 못 견디게 만들고 있었거든요. 우리는 여기까지 해왔고 상황이 상당히 많이 좋아졌거든요. 저는 벤에게 빚을 졌다고 느껴요.”

“벤이 지금 뛰쳐나간 행동이 이해가 되세요?” 나는 물어보았다.

“물론이에요.” 그녀가 대답하였다.

“그걸 지금 꺼내놓는 건 용기가 필요한 일이죠. **저의 도움을 받으면서 이러한 일이 벤에게 어떻게 느껴질지 그의 얘기를 들어보실 수 있겠어요? 그게 아무리 힘든 일일지라도 말이죠.”**

“네, 해볼게요.” 그녀가 말했다. “저만의 상처가 있어요. 그게 제가 그런 일을 저질렀던 이유의 일부이기도 해요.”

“이런 일에 어떤 역사가 있다는 사실을 저도 잘 압니다.” 나는 말했다. "제가 벤에게 가서 말해볼게요."

벤을 향해 걸어갔을 때 나는 그의 몸짓언어를 알아차렸다. 그는 펜스에 기대고서 손은 자신의 주머니에 넣고 있었고, 분노와 상처와 굴욕감을 내뿜는 자세로 땅바닥을 내려다보고 있었다. *'하지만'*, 나의 관찰자 파트가 예상하였다. *'분노가 먼저일 거야!'*

"안으로 들어가시겠어요?" 내가 물었다.

"화가 납니다!" 벤이 외쳤다. "이 시점에서 그녀가 도대체 지금 뭘 말할 수 있다는 거죠? 젠장! 그냥 가야겠어요."

"그게 당신이 해야만 할 일이라면 가실 수 있고말고요. **아무도 당신을 여기에 붙잡아두지 못할 겁니다.**" 나는 잠시 눈 맞춤을 똑바로 유지하면서 기다렸다. "정말로, **만약에요. 다른 한편으로, 당신이 머물러보길 원한다면 이번 일이 당신에게 어떻게 느껴질지 질이 당신의 말을 경청하도록 제가 도와드릴게요.** 당신이 이 문제를 잘 다루도록 도와드릴게요. **당신은 선택하실 수 있습니다.**"

벤은 치료실로 돌아가는 것을 선택하였다. 그는 질의 맞은편에 앉았는데, 턱을 앙다물고 손을 꽉 쥐고 있었다.

그가 말했다. "내가 도대체 여기 왜 앉아있는지 모르겠소. 아무 할 말이 떠오르질 않소. 이건 정말 믿을 수 없구먼! 나를 벌주기 위해서 당신이 할 수 있었던 그 모든 것들 중에서 말이야!"

"당신을 벌준다고요?" 질이 말했다. 걱정하던 표정이 사라졌다. "당신을 벌주고 있었던 게 아니에요! 저 자신을 돌보고 있었어요. 당신은 일과 포르노에 완전히 빠져 있었잖아요! 그래서 *저에게* 정말로 관심 있어 하는 누군가를 발견하게 되었죠."

"웃기고 있구만… 당신은 일과 포르노를 외도와 똑같이 취급하고 있는 거요?"

"두 분 잠깐만요." 내가 말했다. "잠시 멈춰볼까요. 지난 15분간 여기서 많은 일들이 일어났습니다. 두 분이 서로에게 비난을 퍼붓지 않으면서도 나눠야 할 얘기를 나눌 수 있도록 제가 무엇을 도와드려야 할지 알고 싶군요."

질을 향해서 내가 말했다. "당신은 5년 전에 있었던 외도 사건을 이제 막 드러냈어요." 벤을 향해서 내가 말했다. "당신이 충격을 받고 화가 난 게 느껴져요. 그것은 이해할 만합니다." 질을 바라보며 나는 계속했다. "그리고 당신이 누군가와 관계를 갖기로 선택하였을 당시에 상처받고 화가 나 있었던 것 또한 느껴져요."

나는 이러한 방식으로 양측을 모두 타당화하였고, 다음과 같은 메시지를 전달하였다. '당신들이 발언해야 할 것들과 이 순간에 어떻게 느끼고 있는지 모두 중요합니다. 그리고 우리는 두 분 모두 발언할 여유 공간을 만들 수 있습니다.' 이렇게 하기 위하여 나는 압도감을 느끼는 나의 부분들에게 한 걸음 물러나 달라고 요청해야 했다. 외도가 나를 두렵게 하거나 판단적으로 되었다고 느껴서가 아니라, 보호자들이 열을 받고 재빨리 끼어들게 되면 나는 압도당하는 경향이 있기 때문이다.

나는 계속해서 말했다. "여러분은 이제 저의 도움을 받아 발언할 시간을 가지면서 바로 지금 여러분 안에서 무슨 일이 일어나고 있는지에 대하여 서로에게 귀를 기울여보셨으면 합니다. 그건 어려운 일일 수도 있겠지만, **여러분이 자신의 부분들을 내다 버리거나 감정들을 밀어제쳐놓는 것이 아니라 자신의 부분들을 대변할 수 있도록 제가 도와드릴 겁**

니다. 하지만 파트가 섞여서 공격하기 시작한다면, 제가 타임아웃을 요청하겠습니다. 아시겠죠? 어느 분이 먼저 시작하시겠어요?"

"당신이 먼저 하는 게 좋겠어요." 질이 벤에게 말했다.

벤은 나를 바라봤다. "저는 도움이 필요합니다. 제가 꼭지가 돌지 않고 말할 수 있을지 저도 모르겠거든요."

"고마워요, 벤! 그러한 파트를 대변할 수 있다니 훌륭합니다. 제가 도와드릴 겁니다."

2단계: 발언 및 경청

치료자는 커플이 부분들을 위하여 발언하고 참나 상태에서 경청하도록 돕는 것(4장에서 기술됨)으로 회기를 시작하였다. 한쪽 파트너가 상처 입은 추방자들을 보호하면서 분노하고 복수하려는 부분들을 대변하거나 추방자 자체를 대변하도록 권유를 받게 될 때, 다른 파트너는 지원을 제대로 받아야 한다. 자신의 행동이 끼친 영향을 경청하는 것은 커다란 도전이 될 수 있다. 당신이 도움을 주기 위해 그곳에 있다는 사실 그리고 청취자의 부분들이 압도된다면 당신이 상황을 진정시킬 것이라는 사실을 그녀(위반자)에게 재확인시켜주는 것이 당신의 할 일이다.

치료사를 위한 조언

안전은 양쪽 파트너를 위하여 매우 중요하다. 따라서 시간을 들여 자주 점검해보도록 한다.

한 개인이 상처를 깊게 입거나 심한 배신을 당했다고 느끼는 경우, 탈섞임하는 것은 직관에 반反하는 것으로 여겨질 수 있고, 보호적인 많은 부분들은 섞여 있는 상태가 취약한 상태보다 안전하다고 그 사람을 설득하려 할 것이다. 아울러 수치심을 느끼는 부분들 및 그들의 보호자들과 과다각성hyper-arousal 또는 과소각성hypo-arousal의 지점까지 섞여 있는 파트너는 효과적으로 청취할 수 없게 될 것이다. 치료사가 양쪽 파트너 모두를 타당화해주고 그들과 함께 현존하는 것은 커플이 안전감을 확보하는 데 핵심이 되고, 이러한 과정은 탈섞임의 위험을 감수할만한 가치가 있으리라는 사실에 대해 보호자들을 설득할 수 있게 해준다.

그럼에도 불구하고 보호자들은 탈섞임에의 초대를 잘못 해석할 수 있는데, 그 이유는 치료자가 고통스럽거나 힘든 감정들을 추방하려는 의도를 갖고 있다고 그들이 믿고 있기 때문이다. 나의 의도는 실제로는 모든 부분들을 위한 공간을 만들어서 커플이 대화에 머무를 수 있도록 돕기 위한 것이기 때문에, 부분을 대변하는 것이 강렬한 부정적 감정들을 억누르기 위하여 위장한 접근방식이 아니라는 것을 명시적으로 설명한다.

"그럼" 나는 벤에게 말했다. "호흡을 하는 것으로 시작해보시죠. 잠시만 호흡을 해보세요. 서두르실 필요 없습니다… 잘하셨어요. 천천히 하세요. **당신이 화난 부분을 대변하기 위하여, 그리고 이 부분이 당신이 알아줬으면 하는 것들을 경청하기 위하여 여기에 있다는 사실을 이 부분에게 알려주세요.**"

"분노가 치미는군!" 벤이 질을 바라보며 말했다. "당신을 한 대 치고 싶지만, 물론 그렇게 하지는 않을 거요. 당신이 그 사실을 왜 지금 내게 말하는지 모르겠소. 당신 스스로 사면하려고 시도하는 거요?" 그는 머리를 흔들었다. "이 얼마나 모욕적인지! 도대체 누가 알겠나?"

"자신의 감정이 당신에게 이해가 되나요?" 나는 그가 탈섞임하도록 도와주려는 의도에서 물어보았다.

"그런 것 같습니다." 그가 말했다.

나는 질을 향하였다. **"당신이 이 얘기를 들으면서 내면에서 무슨 일이 일어나고 있나요?"**

"가슴이 찢어지는 거 같아요. 한편으론 제가 저지른 일이 잘못이라는 걸 알고 있어요. 다른 한편으론 그 당시에 일어나고 있던 일들에 대해 엄청난 분노와 수치심을 느끼게 되면서 저 자신을 방어하고 싶어져요."

"충분히 이해가 갑니다." 나는 말했다. **"당신의 과거 상처들을 다시 방문해서 치유하는 것이 또한 이 프로세스의 핵심이라는 사실을 아는 것이 당신의 부분들에게 도움이 될까요?"**

그녀는 확신 없이 고개를 끄덕였다.

"잠깐만요!" 벤이 끼어들었다. "그녀가 모면하도록 만들려는 건가요?"

"당신 말은 그녀의 상처를 바라보는 것이 우리가 그녀의 행동을 눈

감아주도록 하는 게 아닐까 염려된다는 말씀인가요?" 나는 물었다.

"맞습니다! 정확히 그런 뜻입니다." 그가 답했다.

"그건 중요한 질문이군요. 무엇보다 먼저 제가 두 분 그 누구에게도 용서하거나 유죄 선고를 내리려는 것이 아니라는 말씀을 드리고 싶습니다. 오늘 남은 시간 동안 제가 진행하고자 하는 것은 두 분이 서로의 말을 경청하고 자신의 감정들에 대해 말씀하시는 걸 도와드리고자 하는 것입니다. 그 지점에서 우리는 시작할 것이고 이어서 어떤 일이 일어날 필요가 있는지 알아볼 겁니다. 하지만 제 경험상 어떠한 경우이든 우리의 과정은 결국 두 분 모두의 어떤 역사로 거슬러 올라가게 될 것입니다."

"네, 그건 그녀의 선택이었어요." 그는 내게서 질로 향했다. "당신의 고뇌를 외도하는 식으로 다룬 것은 당신의 선택이었지! 당신은 나를 비난하지 못할 거요."

"그 점에 대해 나는 알고 있어요." 질이 말했다. "외도를 선택했던 것에 대해 나 자신이 정말 미워요. 할 수 있다면 바로잡고 싶어요."

벤은 처음으로 가만히 앉아 있었다. "당신이 자신을 그렇게 미워한다는 얘길 들으니 정말 기분이 좋구먼. 바로 지금 나도 당신이 정말로 밉단 말이오!"

이번 회기는 그들이 정리하고 나누어야 할 대화가 매우 많다는 사실을 상호 인정하면서 마쳤다. 벤은 자신들의 관계를 유지할 마음이 전혀 없다고 주장하였지만, 질은 수치심을 통절하게 느끼는 동시에 그가 떠날 수 있다는 것에 겁을 먹었다는 사실을 인정하였다. 나는 치료 회기가 훨씬 산뜻하게 그리고 부분들이 안전함을 느끼고 파트너들이 연결감을 느끼며 끝나길 바라기는 하지만, 그 반대의 사태도 분명 일어날 수 있다. 때때로 사람들은 무망감이나 분노나 복수심을 가진 파트들과 섞인 상태에서 나의 치료실을 나간다.

3단계: 자기탐색 및 자기용서

진정한 복구를 위해서는 경청하는 파트너(위반자)가 자기 행동의 동기가 무엇인지 발견하기 위하여 유턴 작업을 하는 것이 필요하다. 따라서 일단 상처 입은 부분들을 대변하게 되면, 우리는 경청하는 파트너가 사과를 시도하기 전에, 위반한 자신의 부분들을 이해하고 용서하도록 격려한다. 자기용서는 좋은 복구를 위한 핵심 요소이지만 나쁜 행동을 용서하는 것을 의미하지 않는다. 그것은 보호자가 왜 행동할 필요성을 느꼈는지를 이해하는 것, 그 부분의 동기가 이타적이었다는 사실을 깨닫는 것, 그리고 그 부분이 내면 체계에서 새로운 역할을 선택하도록 초대하는 것과 연관된다. 부분들이 존재한다(부분은 전체가 아니다)는 사실 그리고 그들은 돕고자 하는 동기를 갖고 있다는 사실을 내담자들이 이해하게 되면, 사과는 더욱 실현 가능한 것이 된다. "나쁘게 행동했던 나의 그 부분이 잘못된 길로 갔던 거야. 나는 그 부분을 도와줄 수 있어. 내가 나쁜 사람인 건 아니야."

온전한 용서를 성취하기 위해서 우리는 해로운 행동을 할 수 있는 우리의 부분들, 특히 다른 파트들과 사람들을 가혹하게 심판하는 우리의 비판자들을 수용하고 사랑해야만 한다. 이는 물론 치료실에 있는 모든 이에게 무척 어려운 일이다. 상처 입은 사람은 때때로 분노를 느끼지만, 위반자는 수세에 몰리고 창피해한다. 그러한 가운데 치료자는 무척 많은 강렬한 감정들에 휘말리게 될 수도 있다. 상처를 입히고 수치심을 주는 부분들은 특히 내면 체계에서 소모적이며 불명예스러운 위치에 처해 있기 때문에 이들에게 접근하는 것은 조절장애dysregulating를 일으킬 수 있다. 따라서 그들에게는 추방자 못지않게 참나와 부분의 연결Self-to-part connection이 필요하다.

다음에 이어지는 네 번의 회기에 걸쳐서 질은 혼자 나타났다. 벤은 친구 집으로 이사했고, 치료에 복귀할지 여부는 확실하지 않았다. 나는 그에게 전화를 해서 그가 올 수 있다고 느낄 때 돌아와도 기꺼이 환영한다는 것을 확실히 해두었다. 나는 또한 그가 지지를 받을 수 있도록 개인치료에 리퍼하였다. 그러한 가운데 질과 나는 치료작업을 계속 진행하면서 그녀의 양극화를 관찰하였고, 벤과의 관계에서 생동감 없는 자신의 느낌을 다루기 위하여 외도를 선택하였던 부분을 탐색하였다.

"저는 수치심과 분노를 떼어놓을 수 없어요." 한 회기에서 그녀가 말했다. "제가 저지른 일에 대해 나쁜 느낌이 들자마자 저는 화가 치솟아요. 제가 누굴 더 미워하는지 모르겠어요. 나인지 벤인지 말이죠. 누군가 비난할 사람을 찾아야 할 필요가 있는 거 같아요."

"그 부분에게 귀를 기울여볼까요?" 나는 요청하였다.

질은 내면으로 들어가서 비난하는 부분만이 아니라 부적절감과 쓸모없음을 느끼는 부분들의 얘기 또한 들었다. 벤과의 관계에서 자신이 부족하다는(또는 수치스럽다는) 느낌은, 특히 그것이 성과 관련된 것일 경우 청소년 시절 자신의 몸무게에 대해 남자아이들에게 조롱과 창피를 당했던 경험으로 되돌아가게 만들었다. 질에게는 못생기고 바보 같다고 느꼈던 오랜 역사가 있다는 사실이 밝혀졌다. 또한, 그녀는 자신의 수치심 보호자들의 행동을 변명하지는 않았지만, 무가치감을 느꼈던 추방자를 돌보기 위한 시도로서 그들의 충동을 이해하게 되었다.

"정말 슬퍼요!" 그녀가 말했다. "그 뚱뚱했던 소녀는 구원받기를 바랬어요. 아마도 저는 벤을 벌주려고 애쓰고 *있었나 봐요*. 그래서 저 자신에 대해 더 좋게 느끼려고요. 제가 뭔가 가치 있는 존재라는 걸 증명하려고 즐겁지 않은 섹스를 이용했어요."

"이제 그 슬픈 소녀와 그녀의 보호자들을 향하여 어떤 마음이 드나요?"

"누그러졌어요."

4단계: 진정한 사과

가장 효과적인 사과는 공감과 진정한 후회를 통해 이루어지는데, 다른 사람의 고통이 이해가 된다면 이러한 일은 자연스럽게 일어난다. 화급함, 특히 서둘러 해치워버리려는 충동이야말로 사과에 있어서는 절대 금물이다. 그리고 고백은 그저 다른 형태의 생물과도 같다. "고백할 때 당신은 잘못을 인정하는 것이고, 사과할 때 당신은 후회의 마음을 표현하는 것이다."(Abrahms Spring, 2004, p. 152.) IFIO 접근에서 사과의 첫 단계는 청취자(위반자)가 자신이 끼친 영향에 대해 공감하고 이해하는 것이다. 치료자는 우선 옳고 그름에 대한 생각에 사로잡혀 심판적일 수 있는 부분들을 분리시킴으로써, 참여하고 있는 모든 이의 참나 에너지를 함께 모은다. 그런 다음 청취자(위반자)로 하여금 현재 발언자(상처 입은 자)의 취약한 부분에게 자신이 미친 영향이 어떠했는지를 이해하도록 돕는다. 사과의 목적이 자기가치감을 다루는 것이 아니라 자신이 미친 영향에 대해서 인정하는 것임을 커플이 이해하고 있을 때, 이러한 치료작업은 더욱 원활하게 진행된다. 만약 청취자(위반자)가 외적으로 뿐만 아니라 내면적으로 자기가치감이 의문시되는 상황에서 보호를 받게 된다면, 이러한 과정에서 그녀가 책임을 받아들일 수 있게 될 가능성이 훨씬 더 커진다.

우리는 또한 발언자(상처 입은 자)가 듣고 싶어 할 수도 있는 것들에 대해서 청취자가 숙고하고 호기심을 가질 수 있도록 도와줄 수 있다. 어떤 사람들은 "내가 미안해"라는 말만으로도 충분할 수 있지만, 어떤 사람들은 "내가 한 행동(또는 말)에 비추어 볼 때 당신이 그렇게 느끼는 것도 이해가 가"라거나, "나도 내가 다르게 했더라면 하는 마음이 들어" 또는 "내 행동을 바꾸려고 노력해볼게"라는 구체적인 말을 선호하기도 한다. 발언자가 이해를 받았다고 느끼고 또 고통을 준 사실에 대한 청취자의 사과가 진정성이 있다고 믿게 되면, 그때의 복구는 의미를 갖게 될 것이다.

치료사를 위한 조언

- 당신의 파트들에 대해서 주의한다.

- 치료사의 부분들이 파트너 중 한 사람을 판단하거나 수치심을 불러일으키면, 참나 에너지를 막게 되고 보호자들을 촉발하는 결과를 가져온다.

청취자(위반자)가 노력은 기울이지만 책임을 받아들이지 못하거나 진정한 사과를 해낼 수 없을 때, 이때야말로 그녀의 보호자들이 사과를 어떻게 바라보고 있는지에 대하여 탐색할 때이다. 상처를 입었다고 느끼는 파트너는 청취자가 복구해낼 수 없는 것 때문에 놀라거나 고통스러워할 수도 있지만, 이는 책임을 지고 복구를 시작하는 – 이러한 것들 없이는 진정한 진전은 가능하지 않다 – 것과 관련된 경험과 신념을 탐색할 수 있는 좋은 기회가 된다. 따라서 청취자가 막다른 골목에 갇히게 되면 우리는 그것을 중요한 작업의 기점이자 기회로 삼아야 한다. 질에게 이러한 문제가 일어나지는 않았는데, 왜냐하면 질은 벤의 말을 진정으로 경청하였고 후회의 느낌이 담긴 진솔한 사과를 벤에게 할 수 있는 능력이 있었기 때문이다.

"나는 당신의 말을 들을 준비가 되어 있어요." 질은 벤에게 말했다. "그런데 우리가 거의 한 달 전에 치료실을 나선 이후로 당신은 나에게 말을 한마디도 하지 않았어요."

"초대를 해주시니 고맙습니다." 나는 질에게 말했다. 이 시점에서 벤이 아무런 감사의 말도 하지 않을 것임을 알았기 때문이다. "벤, 질의 외도 때문에 당신이 받은 충격에 대해서 질에게 얘기할 준비가 되어 있나요?"

나는 여기서 다시 한번 부분들을 대변해주고 참나 상태에서 경청한다는 원칙(4장 참조)에 대해서 파트너 모두에게 상기시켰고, 나의 역할은 그들에게 필요한 만큼 무장해제를 하도록 돕는 것임을 다시 한번 확인시켜주었다.

"내가 무슨 말을 할 수 있다고 생각해요? 이건 당신이 내게 저지를 수 있는 최악의 일이었으니까." 그가 말했다.

질은 나와 한 달간 치료회기를 갖는 동안 자신의 부분들에게 있는 상처 입은 느낌에 대해서 이야기를 들어왔기 때문에, 이제는 탈섞임 상태를 유지하면서 진정성 있는 후회의 마음을 표현할 수 있게 되었고, 벤에게 단순한 고백의 느낌보다는 진실한 회한을 담아 사과하였다.

"당신에게 상처를 줬다는 걸 알아요." 그녀는 말했다. "그리고 내가 사과를 했지만, 당신은 여전히 상처받은 느낌이 있고 분노를 느끼는 것도 알고 있어요. 하지만 나는 이걸 바로잡고 싶어요. 나는 겁쟁이였어요. 나의 감정에 대해서 당신에게 말하지도 않았고 당신에게 기회를 주지도 않았어요. 나 역시 화가 나서 당신에게 말을 하는 대신 외도를 저지르고 말았어요. 내가 당신을 그런 방식으로 대했다는 것에 대해서 나도 끔찍하게 느낀다는 걸 당신에게 말해주고 싶어요."

"당신이 진실하게 말하고 있다는 것을 알아요." 벤은 부드럽게 말했다. "하지만 나는 모욕을 당한 느낌이 들어요. 나는 당신을 신뢰할 수가 없어요."

"상황을 바로잡기 위해서 내가 어떻게 했으면 좋겠어요?" 질이 말했다.

"사과와 용서는 일회성 이벤트가 될 수 없어요." 나는 벤이 아직 그러한 논의를 할 만한 준비가 되어 있지 않다고 예상하면서 이와 같이 개입하였다. "벤, 당신에겐 질을 신뢰하지 못하는 어떤 부분들이 있다는 걸 알겠어요. **저는 그 누구도 준비가 되기 전에는 용서하도록 강요하지 않아요, 절대로요.** 하지만 아마도 질에 대한 신뢰가 지금 가장 중요한 문제는 아닌 것 같습니다. 당신 자신을 믿고 있는지 물어봐도 될까요?"

"무슨 말씀이신지요?"

"당신 자신에 대해서 뭐라고 말하고 있는지 들리시나요?"

"내가 어떻게 그렇게 바보 같을 수가 있었지?"

"당신에게는 자신이 어리석어서 속았다고 믿는 파트가 있군요."

"네, 맞아요."

"너무 믿는 파트와 당신이 섞여 있었기 때문이라는 거군요."

"네, 맞아요."

"우리가 이러한 부분들을 도울 수 있을까요, 벤?"

그는 머리를 흔들었다. "그들은 '아니오'라고 말하고 있네요. 이 문제는 저에 관한 것이 되어서는 안 됩니다. 부정한 행동을 한 건 질이니까요."

"질에 대해 보다 많은 감정과 보다 많은 요구사항들이 있군요."

그는 고개를 끄덕였다.

"이해가 갑니다. 하지만 어느 시점에선가 당신의 부분들이 준비가 된다면, 시간을 좀 내서 당신의 내면에서 일어나고 있는 일들에 대해 돕고 싶군요."

5단계: 의도를 세우기

다음 단계는 진정으로 사과 작업을 하려는 청취자(위반자)가 상처를 입힌 파트를 알아차리고, 이해하고, 치유하고자 하는 의도를 세우도록 돕는 일인데, 이를 통해 그 부분은 같은 행동을 다시 반복하지 않게 될 것이다(Schwartz, 2008). 이러한 과정에서 우리는 발언자(상처 입은 당사자)가 *비난하*는 언어에서 벗어나 청취자가 책임감을 갖도록 그녀에게 요청하는 언어로 전환할 수 있도록 도울 수 있다. 이러한 접근은 발언자에게 힘을 실어주고 청취자에게는 수치심에서 벗어나게 함으로써 복구를 향하여 나아갈 수 있도록 해준다.

"질, 당신은 외도를 왜 하게 되었는지 스스로 이해하고 있나요?" 나는 물었다.

"네, 알아요." 질은 벤을 쳐다보았다. "우리의 관계에서뿐만 아니라 아주 오래전에 상처받았던 어떤 파트들을 돌보려고 하는 잘못된 시도였어요. 나는 여기에 대해서 계속 작업을 해보려고 해요. 왜냐하면 그러한 방식으로 문제를 다루는 것이 실제로 문제를 해결해주지는 않으니까요. 그리고 나는 결코 다시는 당신에게 의도적으로 상처를 주고 싶지도 않고요."

6단계: 용서

용서는 두 파트너 모두에게서 연민과 이해를 요구한다. 그리고 상황에 따라 어려울 수도 있고 그렇지 않을 수도 있다. 이러한 단계는 우선 발언자(상처 입은 자)가 상처를 입었거나 슬프거나 두려워하는 부분들을 인정하도록 도움으로써 시작된다. 이러한 부분들을 무시하거나 옆으로 제쳐두어서는 안 된다. 그와 동시에, 자신이 희생되었다고 느끼거나 청취자를 비난하는 데 몰두하는 발언자의 부분들에 대해서 모두 알아차려야 한다. 왜냐하면 이러한 부분들은 탈섞임을 위한 도움이 필요하기 때문이다.

나의 경험상 발언자가 청취자의 사과를 받아들이기를 거부할 때, 그는 다음과 같은 그릇된 생각들을 일부 또는 전부 갖고 있을 가능성이 있다. 사과를 받아들이기를 거부하면 자신을 더 많은 상처로부터 보호해줄 것이다, 용서는 승인해주는 것이나 마찬가지이다, 또는 용서는 굴복의 한 형태이다. 이러한 보호적인 입장과는 반대로, 우리는 한 사람의 위반 행동을 나무라면서도 그 사람을 용서할 수 있다는 사실, 그리고 이런 행동이 다시 발생하게 된다고 해도 지금 하는 용서가 향후의 어떤 자기주장을 가로막지는 못한다는 사실을 두 파트너가 이해하기를 바란다. 보호자들과 섞여 있는 상태를 유지하는 방식은 복구와 재연결을 가로막게 되는데, 이는 치료에서 커플의 목표를 완전히 비생산적인 것으로 만들게 된다.

IFIO 작업에서 우리는 화가 났거나 두려워하는 부분들을 참나의 연민을 통해 받아들이고 사랑하며 돌볼 수 있으며, 다른 이들과의 연결감을 잃지 않고도 우리 자신을 매우 잘 돌볼 수 있다. 우리 대부분은 인생의 어느 시점에서 용서할 수 없을 것 같은 침해를 경험하게 된다. 우리의 보호자들은 용서를 거부함으로써 힘을 과시하는 기분을 느낄 수 있으며, 잠깐이지만 힘이 솟는다고 느낄 수도 있다. 그러나 우리의 보호자들은 착각하고 있는 것이다. 실제로는 상처 입은 사람의 비수용적 태도는 위반 행동을 저지른 사람에게 계속해서 묶여 있는 상태로 만들며, 다시 파트너에 의해서 상처받게 되지는 않을까 하는 위험에 대해 보호자들이 더 강하게 고착되도록 만든다(Abrahms Spring, 2004). 그리고 더 나아가 그러한 태도는 문제(추방자의 느낌들)를 해결되지 않은 상태로 있게 만든다. 우리가 상처받았다고 느낄 때 용서할 수 있다는 것은 실제로는 자기연민self-compassion이 담긴 용기 있고도 현명한 행동이다.

"나는 아직 당신을 용서할 준비가 되어 있지 않아요." 벤은 자신이 시작한 메시지를 반복하여 말하였다. "당신은 용서받을 자격이 없어요. 나는 당신을 그 책임에서 벗어나도록 허용하지 않을 거요. 아마도 영원히…."

우리는 질이 벤의 질문에 답변을 하고 자신의 행동에 대해서 책임을 지는 한편, 벤에게 있어서는 그가 상처받았다는 느낌을 풀어내는 데 이미 많은 회기를 보냈기 때문에, 나로서는 지금이야말로 벤이 자신이 가지고 있는 용서에 대한 믿음을 탐색하도록 적극적으로 도울 때라고 결정하였다.

"저는 당신이 결코 질을 그 책임에서 벗어나도록 허용하지 않을 것이라는 말을 들었습니다. 그 말씀이 무슨 의미인지 저에게 말씀해주실 수 있나요?" 나는 물었다.

"질은 결코 자신이 한 짓이 괜찮다고 느낄 수 있어선 안 됩니다." 벤은 대답했다.

"그렇다면." 나는 물었다. **"만약 당신이 질을 용서한다면 당신은 그**

녀가 한 행동이 '괜찮아'라고 말하는 것으로 생각한다는 말씀이시죠?"

"그렇고말고요." 그는 대답했다.

"저는 절대로 당신한테 질을 용서하라고 압력을 가하지 않을 겁니다. 그것은 온전히 당신에게 달린 문제이니까요. 그러나 저는 용서에 대한 당신의 이해방식에 놀랐습니다. 용서를 그런 방식으로 생각하는 것을 어디서 배우게 되셨나요?" 나는 물었다.

벤은 잠시 멈추었다.

질이 갑작스레 끼어들었다. "당신은 결코 나를 용서하지 않을 수도 있어요. 하지만 나도 더 이상 무엇을 더 할 수 있을지 모르겠어요. 만약 당신이 나를 다시 믿어줄 수 없거나 용서할 수 없다면, 우리의 관계가 계속될 수 있을지 모르겠군요."

"누가 말하고 있는 거죠?" 나는 그녀에게 물었다.

"저예요." 질은 말했다. "나는 이 상황을 해결하고 싶어요. 그리고 이 일이 일어나기 전에도 좋지 않았던 우리의 관계를 더 좋게 만들고 싶어요. 우리에겐 그럴 기회가 있으니까요."

"나는 걱정스럽군요." 벤은 말했다.

"고마워요, 벤" 나는 말했다. "더 하실 말씀이 있나요?"

"저는 이러한 일을 다시는 겪고 싶지 않습니다."

"무엇을 다시 겪는다고요?"

"제 말이 논리적이지 않다는 걸 알아요. 하지만 저에게는 질이 또 다른 외도를 할 수도 있지 않을까 걱정하는 파트가 있어요." 이 말을 하면서 벤은 질이 아닌 나를 바라보았다.

"좋아요. 그 파트가 하는 말을 같이 들어볼까요?"

“제 생각이 바로 그거예요. 그 파트는 또 다른 배신을 막고 싶어 해요. 그 파트는 저의 마음heart을 보호해요.”

“당신의 마음을 보호하는 것이 중요하군요.” 나는 말했다. **“그 파트에게 멀리 가라고 요청할 필요는 없지만, 약간 좀 물러나서 잠시 좀 누그러질 수 있을까요?”**

그는 눈을 감고 숨을 쉬었다. “저는 화가 난 채로 그냥 있고 싶어요. 그렇게 하는 게 모욕감을 느끼는 것보다 더 힘 있게 느껴져요.”

“당신에겐 모욕감을 느끼는 부분이 있군요.” 나는 말했다.

“네.” 그는 말했다.

“우리가 그 부분을 도와줄 수 있다면 어떨까요?”

“네?” 벤이 눈을 뜨며 말했다.

“우리는 지난 몇 개월 동안 이 부분에 대해서 작업을 해왔어요. 그런데 여전히 그 부분은 상처받고 수치심을 느끼는 것에 대하여 커다란 두려움을 가지고 있는 것 같아요.” 나는 말했다.

“맞는 말씀 같아요.” 그는 동의했다.

“좋아요. 오늘은 거의 회기를 마칠 시간이니까 수치심을 느끼는 파트를 돕는 일은 다음 주에 하도록 하죠. 우리는 그 파트의 역사를 알고 있지만 아마도 거기엔 무언가가 더 있다는 생각이 들어요.” 그런 다음 나는 계속해서 말했다. “여러분이 여기를 떠나면서 제가 여러분에게 바라는 게 있어요. **여기를 나선 뒤에도 계속 자신의 상처받은 부분들과 연결된 상태로 머물러 계시도록 하세요. 우리의 목표는 여기서 무슨 일이 일어났건 간에 그 부분들이 여러분 안에 머물면서 괜찮다는 믿음을 갖도록 하는 것입니다.”**

"좋은 말씀인데요, 하지만 만약 질이 다시 저를 배신한다면 제가 중대한 결정을 내릴 수밖에 없을 것 같네요." 그는 말했다.

"나는 또 다시 외도할 생각이 없어요." 질은 대답했다. "하지만 내가 당신에게 때때로 상처를 줄 거라는 건 분명해요. 그리고 당신도 나에게 상처를 줄 거고요."

"당신이 한 번만 더 외도를 하면 난 떠나겠어요." 벤이 말했다.

"당신이 그러리라고 생각해요."

"벤." 나는 말했다. "당신의 충직한 보호자 파트에게 잠깐만 누그러지도록 요청해 보세요. 그러면 질이 말하는 것을 더 잘 들을 수 있을 거예요."

벤은 숨을 깊게 쉬더니 질을 향해 약간 움직이면서 말했다. "좋습니다."

"내가 미안해한다는 걸 그리고 당신에게 상처준 걸 후회하고 있다는 것을 당신이 믿어줬으면 좋겠어요." 질이 눈물을 흘리며 말했다. "나는 당신이 나를 용서해주길 간절히 바래요."

이 커플의 상호작용 과정에서 처음으로 벤은 질을 바라보았다. "나에겐 시간이 필요해요." 그는 분노가 사라진 목소리로 말했다. "하지만 당신이 그걸 진심으로 바란다는 걸 나도 알겠어요."

만약 발언자(상처 입은 이)가 사과를 받아들이길 힘겨워하거나 아주 강력하게 거부한다면, 치료자는 그에게 청취자(위반자)가 보이는 후회의 감정을 아주 조금이나마 받아들일 수 있는지 물어본다. 더 나아가 청취자가 이러한 사과와 관련하여 그전과는 다른 무언가 두려운 것을 시도하고 있다는 사실을 치료자가 발언자에게 상기시켜준다면, 발언자는 이러한 사과에 진정성이 담겼다는 것을 적어도 인정하고자 할 수도 있다. 어느 경우든지 발언자는 수용하거나 용서할 준비가 되기 전에 자신의 느낌들을 탐색할 충분한 시간을 가져야 할 수도 있다. 용서는 점진적으로 일어나는 과정이며, 사과한다는 것은 비록 그것이 반드시 용서를 가져온다는 보장이 없다 하더라도 옳은 방향으로 가는 하나의 단계이다.

7단계: 책임을 공유하기

갈등은 결코 일방적이지 않으며 손상도 그러하다. 발언자(상처 입은 이)도 결국에는 어떤 패턴화한 갈등에서 자신의 역할이 있었음을 탐색하고 인정해야 할 필요가 있다. 이것은 청취자(위반자)와 치료자 모두에게서 인내심을 요구하는 아주 섬세한 과정이다. 커플들이 이 문제를 다루어 가는 과정을 지켜본 경험에 따르면, 상처 입은 이는 종종 매우 많은 차원에서 엄청난 충격을 받았기에 – 파트너가 진성성 있고 진심 어린 사과를 하고 자신의 행동을 바꾸고 난 후에는 아마도 그 또한 조금 더 자신의 책임을 공유하고자 하는 마음이 들 수도 있겠지만 – 보호자들은 옆으로 비켜서서 그 어떤 책임이든 공유하도록 허용하는 것을 몹시 싫어한다.

우리의 목표는 관계라는 것이 협력적인 창조물이라는 사실 그리고 책임을 공유하는 것이 새로운 시작을 위한 견고한 기반이 된다는 사실을 커플이 점진적으로 이해하도록 하는 것이다. 벤과 질은 나와 함께 작업을 계속해나갔으며, 서로의 관계적인 욕구들에 대해 보다 능숙하게 듣고, 이야기하고, 탐색하는 작업을 하였으며, 아울러 각자의 내면 작업을 서로가 목격하는 과정을 함께하였다. 그들은 배신, 버려짐에 대한 두려움, 그리고 수치심을 느끼는 것과 관련된 어린 시절의 문제들을 탐색하였다. 그리고 그들은 자신들의 결혼 생활에서 어떻게 상처와 단절감으로 인해 그들이 극단적인 행동을 하게 되었는지에 대해서 호기심이 생기게 되었다. 마침내 벤은 비록 *외도*라는 말을 쓰기를 주저하였지만, 일과 포르노물이 자신에게는 탈출 전략이었음을 인정하게 되었다. 이 용기 있는 커플은 함께 사는 것을 선택하였다. 그들은 또한 질의 외도에서 생겨난 낙진을 그들의 관계를 변용transform시키는 재료로써 활용하였다.

요약

갈등은 가까운 사이에서는 일상적인 일이지만, 많은 성인들이 진정한 사과를 할 수 있는 능력을 지닌 롤 모델을 경험하지 못했다. 그들은 깊은 배신은커녕 오해조차도 회복하는 데 필요한 게 무엇인지를 알지 못한다. 내 생각에 두 사람에게 회복이 어려운 이유는 더 고통스럽지는 않을까, 더 모욕당하지는 않을까 하는 두려움 때문이다. 커플이 참나 에너지를 찾아내서 이러한 두려움을 감내하게 되고, 사과하고 용서하며, 책임을 공유하는 과정을 진행해 나가게 되면, 커플은 그러한 과정의 결과가 여러 갈래의 길 중에서 비록 헤어지는 과정임을 자각하게 되더라도 그 과정이 변용적임을 알게 된다.

여기서 개괄한 일곱 단계는 심각한 배신의 경우에도 또는 작은 파열이 일어났을 경우에도 활용 가능하다. 마음과 마음이 통하는 연결감을 통하여 갈등과 단절감의 사이클을 종식시키는 데에는 한순간이 필요할 수도 있고, 여러 달이나 또 여러 해가 필요할 수도 있다. 어느 경우든 용서는 – 자기용서에서부터 시작하는데 – 수치심을 주는 부분들과 수치심을 느끼는 부분들에게 그들이 갈망하던 참나 대 부분들의 연결을 가져다주는 과정이 종착점에 이르렀음을 보여준다. 그 결과 각 개인이 자신의 행동에 대하여 온전한 책임을 질 수 있게끔 해준다.

진정한 회복을 위한 일곱 단계

▌1단계: 두 파트너를 위한 안전감 확보하기

- 판단을 멈추고 다음과 같은 메시지를 보낸다.
  - **"저는 두 분을 도와드릴 수 있습니다. 그리고 두 분 모두와 두 분이 지닌 모든 감정(분노, 상처, 배신감, 공포, 수치심 등)을 품을 수 있습니다."**

▌2단계: 발언과 경청

- 두 파트너가 탈섞임하도록 도와서 그들이 부분들을 대변하여 말할 수 있도록 하며 참나 상태에서 들을 수 있도록 한다.
- 올바르게 말하고 듣는 습관을 확립함으로써 각 파트너가 수치심을 주거나 수치심을 느끼지 않도록 보호한다(4장 참조).

- "당신은 상처를 주지 않으면서 진정성 있게 발언할 수 있나요? 수치심이나 방어하는 방식으로 무너지지 않고 잘 경청할 수 있나요?"

▌3단계: 자기탐색과 자기용서

- 상처를 입힌 파트너가 안전하게 유턴하도록 도와서 상처를 주는 부분들에 대한 탐색을 시작한다.
- 다음과 같은 메시지를 보낸다.
- "길을 잘못 찾은 당신의 그 부분이 이러한 행동을 했는데, 비록 이러한 행동이 나쁜 것이었을지라도 당신 자체가 나쁜 것은 아닙니다. 우리는 이 부분을 알아가고 이해하며 도울 수 있게 됩니다."
- "당신의 행동에 대해서 온전한 책임을 지고 또 당신 자신을 온전히 용서하는 것은 가능한 일입니다."

▌4단계: 진정한 사과

- 청취자가 자신의 행동이 미친 영향에 대해서 이해하도록 돕고 공감과 회한에 접근하고 표현하도록 돕는다.
- 수치심이 가미된 사과는 진솔하지 않게 들릴 수 있어서 거부당하기 쉽다.
- 사과하는 사람이 자기용서의 작업과 수치심 어린 파트들을 치유하는 작업을 계속 진행하도록 돕는다(9장).

- 청취자(위반자)는 자신의 행동이 불러일으킨 유해한 충격에 대해 스스로 더 잘 알게 될 때 더 잘 공감할 수 있게 될 것이다.
- 수치심 파트와 방어 파트로부터 분리하는 것이 중요하다.
  - **"당신의 파트너는 이해받았다고 느끼기 위하여 그리고 당신의 사과를 받아들이기 위하여 어떤 말을 듣기를 원하나요?"**

▌5단계: 의도를 세우기

- 청취자(위반자)로 하여금 자신의 부분과 작업을 할 계획이 있으며 습관적인 행동을 중지할 의도가 있다는 것을 자신의 파트너에게 확신시키도록 돕는다.
  - **"이러한 행동을 하는 부분을 알아가는 데 관심이 있으신가요?"**

▌6단계: 용서하기

- 어느 누구도 용서하도록 떠밀리거나 압력을 받아서는 안 된다.
- 용서는 누군가에게 책임에서 벗어나 자유롭게 해주는 것이 아니다. 그것은 분노와 원망의 마음을 내려놓겠다고 선택하는 것이다.
- 용서는 치유적일 수 있으며, 자신과 타인을 위한 연민을 요구한다.
- 용서에 대해 개인마다 많은 의미를 갖고 있을 수도 있다. 예를 들면,

- "만약 내가 마음을 계속 닫아놓고 있으면, 나는 더욱 힘을 얻게 되고 스스로를 보호할 수 있을 거라고 느껴져."

• 용서에 대해서 어떠한 신념을 갖고 있는 파트들을 탐색하도록 돕는다. 이때 다음과 같은 하나의 가능성을 제시해도 좋다.

• "용서한다는 것은 열린 마음으로 사는 것을 의미한다. 당신은 그 행동을 사면해주는 것이 아니다."

• 누군가 자신이 결코 용서할 수 없을 것이라고 믿는다면, 이것이야말로 탐색을 시작할 좋은 지점이 된다.

• 누군가 용서하기를 거절한다면 그의 파트너는 자신이 자비를 영원히 구걸해야만 한다고 느낄 수도 있다. 그가 유턴을 하여 스스로에게 힘을 싣도록 격려한다.

▌7단계: 책임을 공유하기

• 한 커플이 갈등 문제에 대해 책임을 함께 진다는 생각은 상처 입은 이에게는 힘든 일이 될 수도 있다. 이 단계에서 충분한 시간을 갖도록 한다. 만약 치료과정 내에서 다른 단계들이 성공적이었다면 이번 단계는 자연스럽게 진전될 수도 있다.

• 극단적인 행동들은 과거에 뿌리를 두고 있을 수도 있다.

치료가 진행되는 과정에서 우리의 목표는 커플들이 그들 자신의 관계를 협력적으로 창조해낼 수 있으며, 그들이 더 단단해진 기반 위에서 그것을 재창조해낼 수 있음을 이해하도록 하는 것이다.

결론

IFIO 커플치료는 당신 스스로 탈섞임을 하고 참나 에너지를 채움으로써 자신의 파트들을 단호하면서도 부드럽게 조절하는 가운데, 당신의 내담자들이 파트들과 분리하고 새로운 무언가를 체험하도록 하는 것은 치료자 당신의 능력에 달려 있다. 그 새로운 경험이란 서로 분리가 되어 있으면서도 연결되어 있고, 다르면서도 수용할 수 있으며, 지지적이지만 자립적이고, 각자 독특하면서도 함께하는 커플의 상태를 말한다. 우리의 청사진은 어떤 유일한 길이나 미리 정해진 시간표를 특정해서 제시하지 않는다. 하지만 우리는 진정 당신이 치료를 진행해 감에 따라 편안하게 쓸 수 있는 어떤 도구들을 지니게 되기를 제안한다. 그러한 도구들은 내면과 외부의 관계적 역동들을 추적하고, 부분들을 대변하면서 참나 상태에서 경청하고, 커플치료의 일부로서 깊은 개인내적 작업에 좀 더 편안해지고, 역전이를 더 잘 알아차리며, 치료실 내에 있는 모든 사람을 위하여 계속해서 탈섞임하고 탈섞임하고 탈섞임하는 것이다. 현존하는 가운데 스스로를 받아들인다는 것은 내면과 외부에서 가용하면서도 마음이 열려있는 상태임을 의미한다. 이러한 지점에서부터 우리는 커플들이 그들 스스로에 대해 그리고 서로들 간에 동일한 작업을 해낼 수 있도록 도와줄 수 있다.

부록 1

분리/탈섞임/언블렌딩

우리는 IFS와 IFIO에서 블렌딩(섞임)이라는 용어를 어떻게 파트들이 의식적인 마음을 장악하는지를 묘사하기 위하여 사용하고 있다. 블렌딩은, 섞임 안에서 그리고 섞임 그것 자체로 좋거나 나쁜 것은 아니며, 그것은 참나와 파트들의 자연적인 관계를 말해줄 뿐이다. 우리가 삶 속에서 어려움을 만났을 때, 파트들은 극단적인 감정이나 믿음을 발달시키고 내적으로 장악하여 내적 시스템을 혼란에 빠뜨리며, 참나를 막고, 명료함을 흐리게 하며 우리를 정서적으로 압도한다. 수치심은 특별하게도 극단적인 보호자들을 불러내는 경향이 있는데, 그들은 반사적으로 혼합되고 서로 간에 단단히 얽혀 있다. 그들은 수많은 분리하기 작업을 필요로 한다.

우리가 의미하는 섞임과 분리하기에 대해 이해하려면, 경험이 가장 좋은 안내가 된다. 느낌, 감각 그리고 당신 자신 안에 있는 현상을 관찰하는 것. 당신이 당신의 파트들에 주의를 두고 주목하면(즉, 그 부분들에게서 분리하면), 당신의 의식적인 알아차림(당신의 참나)은 아마도 공간적인 성질spatial quality을 취할지도 모른다. 참나는 파트들과 이 공간에서 함께 있을 수 있다. 그러나 또한 파트들은, 밀물처럼 이 공간으로 밀려들어와서, 부드럽게 하거나 혹은 완력으로, 둘 중 어느 쪽을 사용하든지, 들어와 내면을 장악할 수 있다. 조수가 물러나면(썰물이 되면), 참나의 현존과 공간감은 돌아오게 되는데, 그것의 유지는 또 다른 파트가 와서 섞이고 장악하기 전까지이다. 섞임은, 섞여있는 것이나 섞임 자체로, 문제인 것은 아니다. 우리의 환경에 솜씨 좋게 반응함으로 제 기능을 하기 위해서는, 우리는 우리의 파트들이 유연성을 갖고 흘러갈 수 있도록 그들에게 힘을 제공해주고 참나의 내적 자원에 기댈 수 있도록 할 필요가 있다. 그러나 극단적인 파트들이 장악하고 참나를 막을 때, 문제는 발달하기 시작한다.

우리가 보살핌이 있고 비판단적인 참나에서 부분들로Self-to-parts의 치유적인 관계를 한번 형성하고 나면, 부분들은 더 이상 분리하기를 두려워하지 않는다는 것을 우리는 안다. 문제는 경계하는 보호자들이 분리를 시도해 보도록 그들을 설득해야 한다는 것이다. 우리는 이 일을 인내심을 가지고 그들이 분화(*이완* 또는 *분리*와 같은 단어를 사용하여)하도록 초대하고, 그래서 그들이 참나와의 연결감을 느낄 수 있도록 하는 것이다. 우리의 목표는 짐을 짊어진 파트들이 - 그들의 섞임이 문제가 되어왔는데 - 참나와의 강하고, 영속적이며, 치유적인 애착관계를 형성하고, 짐 내려놓기를 하고, 그들이 지니고 있는 특별한 자원들이 내적 공동체 안에서 환영받는다는 것을 발견하도록 하는 것이다.

부록 2

짐 내려놓기

*짐 내려놓기*라는 단어는 과정을 묘사하는데, 늘 그런 것은 아니더라도 자주 의식ritual에 의해서 틀이 형성되었다. 이러한 과정에서 한 파트는 안전하게 참나에게 애착되어 있다고 느끼게 되어, 과거 힘들었거나 트라우마적인 경험을 겪는 동안 발달되었던 극단적인 신념과 감정, 고통을 놓아버리게 된다. 이것이 성공적으로 이루어지게 되면, 짐 내려놓기는 참된 자기사랑과 연민에 공간을 내어줄 수 있게 된다(schwartz, 1995).

IFS를 처음 접한 임상가들은, 한 파트가 그것의 발병적인 신념들pathogenic beliefs을 내려놓은 후에 감정과 행동에 오는 극적인 변화라는 생각으로 인해 믿기 어려울 수 있고, 과도한 낙관론으로 인하여 내담자를 잘못 안내하고 실망시킬 것에 대한 염려를 한다. 우리의 입장에서는 한 파트가 짐을 내려놓을 때 나타나는 어떠한 극적인 변화는, 치료과정 전체를 통해 발생해온 점진적인 변화의 과정에서 오는 결과라고 본다. 결혼식이 구애wooing 이후에 오는 기념할만한 새로운 현상인 것과 마찬가지로 짐 내려놓기의 의식ritual은 참나가 보호자를 구애하는 것과 추방자와 합류하는 일을 성공적으로 이룬 후에 오는 새로운 현상을 나타내 보이는 것이다. 물론, 모든 파트들이 의식ceremony에 의존하는 것은 아니다. 어떤 파트들은 참나에서 참나로의the Self-to-Self 연결을 경험하는 즉시 짐을 내려놓는다. 커플치료에서 이러한 일이 일어나는 걸 가리켜 우리는 관계적 짐 내려놓기relational unburdening라고 부른다.

어느 쪽으로 하든지 – 의식과 함께 혹은 의식 없이 – 왜곡된 신념과 한물간 정서적 반응성*을 포기하는 능력은 발달적으로 중요한 단계이며, 우리는 내담자가 그들의 기억을 더듬어 내는 일에 함께 참여하여 우리가 할 수 있는 어떤 방법으로든 확실히 지지하고자 한다.

* 과거 경험이나 생각으로부터 나온 현재에 유용하지 않은 반사적 반응(역자 주).

용어 사전

파트들은 자율적이고 그들의 행동은 동기화되어 있다고 여겨짐에도 불구하고, IFS 내의 자연관on the nature에서나 정신적 다양성psychic multiplicity의 기원에서 볼 때도 경험에 의거한 견해empirical view는 없으며, 임상적 사용자들 사이에서도 파트가 무엇인지에 대해 합의된 바가 없다. 그런 까닭에, 독립적으로 동기화된 파트들이라고 하는 IFS에서의 파트에 대한 묘사는, 현재 시점에서 리처드 슈워츠와 여타의 IFS 임상적 사용자들에 의해서 유지되고 있는데, 그러한 문제가 해결된 것처럼 행동하는 위험을 감수하는 이유는 그렇게 하는 것이 임상적으로 효과가 있기 때문이다.

▌참나SELF

우리는 각자 우리 내면에 타고난 존재innate presence를 가지고 있는데, 그 존재는 균형, 치유, 연민 그리고 다른 비판단적이고 변형시키는 힘이 있는 성질(아래의 8C)을 내면 체계로 가져온다. 파트들이 참나와 섞이는(압도되고 모호해지는) 수가 있지만, 그럼에도 참나는 계속해서 존재하며 파트들이 분리되자마자 접근할 만해진다.

참나의 성질: 8가지 C

1. 호기심Curiosity
2. 자신감Confidence
3. 창조성Creativity
4. 용기Courage
5. 평정심Calmness
6. 연결감Connectedness
7. 명료함Clarity
8. 자비/연민Compassion

▍참나 리더십Self-Leadership

참나 리더십은 개인이 들을 수 있고, 이해할 수 있고, 현존할 수 있고, 모든 파트들과의 관계 속에 있을 수 있고, 다른 사람들과의 관계 속에서 그리고 내적 체계 안에서 그들의 역할의 진가를 알아볼 수 있고 인식할 수 있는 능력이 있을 때 나타난다.

▍파트들(부분들)Parts

내적 독립체들, 혹은 하위인격들은 독립적으로 기능을 하며 폭넓은 감정, 생각, 신념과 감각들을 가지고 있다. 이들 독립체들은, 그들이 이해받고 인정받는다고 느낄 때에는 그들 자신의 참나 에너지를 가지며, 외모, 나이, 성별, 특기나 흥미 면에서 다양하다. 그들은 내적 시스템 안에서 다양한 역할을 취하며 존재한다. 추방되지 않았을 때나, 추방된 파트들을 향한 보호하려는 의도로 인해 서로 간에 갈등을 일으키지 않을 때는, 그들은 효율적으로 기능하며 우리의 전반적인 웰빙에 다양한 방식으로 기여한다.

▌세 가지 타입의 파트들Three Types Of Parts

IFS는 파트들을 세 개의 큰 카테고리로 분류하는데 그들이 상호 간 관계에 어떻게 기능하느냐에 따라서 나눈다. 상처받은 파트, 혹은 *추방자*는 취약하기도 하면서 주요한 영향을 미치는데, 다른 파트들의 행동에 미치는 그의 영향이 주된 것이다. 추방자 주위를 도는 보호자 파트들은 두 가지 범주로 나뉜다. 상황을 주도하는(사전반응) 보호자the proactive protector는 *관리자manager*라고 불리는데, 이 관리자는 추방자가 무엇을 느끼든 상관없이 개인의 기능을 유지시키는 역할을 가진다. 반작용적인 반응을 보이는 보호자the reactive protector는 *소방수a firefighter*라고 불리는데, 소방수는 매니저의 최선의 노력에도 불구하고 추방자가 뚫고 나타날 때에 추방자 파트의 정서적 고통이 나타나지 않도록 억누르는 역할을 한다.

1. 취약한 파트들: *추방자들*Vulnerable Parts: *Exiles*

추방자는 감정, 신념, 감각과 행동으로 나타나는데, 이들 파트들은 수치를 당해왔고, 거부당했고, 학대당하거나 방치된 어린 시절의 경험을 가지고 있다. 이어서 그들이 정서적 고통으로 내적 시스템을 압도하는 것을 막기 위해 또한 그들 자신의 안전을 위해 보호자들에 의해 추방되었다. 매우 많은 양의 내적 에너지가 추방자들을 의식하는 것을 막아내기 위해 소비된다.

2. 보호적인 파트들: *관리자들*Protective Parts: *Managers*

사전 반응적proactive인 도우미인 관리자들은 학습하기, 기능하기, 준비되고 안전감 있는 상태로 있기, 그리고 그렇게 함으로써 추방자가 정서적으로 내적 시스템을 압도하는 것을 막기 위해 부지런히 노력한다. 그 결과로써, 그들은 자주 다양하게 엄격한 전략을 사용하는데, 적지 않게 지속적으로 비난하거나 수치심을 주면서, 우리가 과제 중심이 되도록 그리고 감정에 영향 받지 않도록 통제한다.

3. 보호적인 파트들: 소방수들Protective Parts: *Firefighters*

반작용적reactive인 보호자들은 취약하고 상처 입은 파트들을 추방시키는 목적을 관리자들과 공유하고 있으며 또한 추방자들의 정서적 고통을 없애버리는 일을 한다. 소방수는 추방자의 기억과 정서가 관리자의 억압에도 불구하고 뚫고 나타날 때 활성화된다. 그들은 관리자가 혐오하는 사납고 극단적인 방법을 사용하는 경향이 있는데, 알코올과 약물남용과 같은 것, 폭식, 과도한 쇼핑, 난잡한 성행위, 손목 긋기, 자살과 살인조차 한다.

▌섞인/혼합된Blended

파트가 참나로부터 분화되지 않았을 때를 말한다.

▌분리된, 탈섞임한Unblended

어떤 파트(그것은 감정, 생각, 감각 혹은 신념)도 참나를 압도하지 않은 그러한 존재 상태를 말한다. 분리된 파트들이 현재에 머물고 접근 가능할 때, 하지만 우위에 서려고 경쟁하지 않을 때, 우리는 참나의 성질에 접근할 수 있다. 분리된 존재 상태는 자주 내적으로 공간이 넓은 느낌으로 경험된다.

▌목표 파트Target Part

탐색을 시작하려고 할 때 내담자가 선택하는 파트이다. 우리는 내담자가 이 파트와의 접촉을 유지하도록 돕는데, 다른 파트들이 이것을 유지하는데 너무 어렵게 만들지 않는 한도에서 그렇게 한다. 이러한 일이 일어나면 우리는 목표 파트를 바꾸기 위하여 계약을 맺으며, 그 회기에서의 목표는 변한다. 하지만 우리는 처음의 목표 파트에 대한 알아차림을 유지하면서 가능한 한 빨리 돌아오고자 노력한다(그것은 아마도 또 다른 회기가 될 수도 있다).

▌양극화Polarization

어떻게 욕구 충족을 할지에 대한 갈등 속에 있는 두 파트들 간의 적대적인 관계를 말한다. 시간이 지나면서, 그들의 반대하는 입장은 점차 극단적으로 되어가는 경향이 있고 이에 따라서 희생이 크다. 그런데, 내담자의 참나가 각 파트의 긍정적인 의향과 기여한 바를 인식하게 될 때, 그들은 일반적으로 참나 리더십을 기꺼이 더욱 허용하고자 한다. 양극화는 양쪽 파트너들 각자의 내면에서뿐만 아니라 커플 사이에서도 드러난다.

▌직접 접근Direct Access

파트들이 분리할 수 없거나 기꺼이 분리하려는 마음이 없을 때, 치료사가 내담자의 파트들에게 직접 말하는 방식이다. 직접 접근에서 치료사는 파트에게 *명시적*으로 말할 수 있다(예를 들어, 제가 그 파트에게 직접 말해도 될까요?). 혹은, 내담자가 파트에 대한 아이디어를 거절하거나, "그것은 파트가 아니고, 저예요"라고 한다면, 치료사는 그것에게 암묵적으로 말할 수 있는데, 그것을 파트로 간주하지 않고서 말하는 것이다.

▌짐을 진Burdened

파트들이 자신에 대한 고통스러운 믿음과 감정의 원인이 외부로부터 온다고 믿을 때 그리고 짐을 벗어놓을 때까지 안도하지 못할 때를 말한다.

▌목격하기Witnessing

어떤 파트가 내담자의 참나에게 자신의 경험에 대하여 보여주거나/말해주는 과정을 말하며, 이해받고, 수용 받으며, 자기수용을 한다고 느낄 때까지 이루어지는 과정을 말한다.

▌짐 내려놓기Unburdening

의식적인 과정을 말하는데, 이 과정으로 인해 추방된 파트의 고통스러운 정서와 혹독한 자기비판에서 풀려나고, 5가지 요소들(빛, 땅, 공기, 물, 불) 중의 하나가 포함되는 이미지를 사용하거나 무엇이든지 그 파트가 선택하는 방법을 사용하는 것이다. 짐 내려놓기를 한 후에, 파트는 자신이 선택하는 특성들을 초대하여 짐으로 점거되었던 그 공간을 새로이 채울 수 있다.

참고문헌

Abrahms Spring, J. (2004). *How can I forgive you? The courage to forgive, the freedom not to.* New York, NY: Harper Collins. 양은모 역. (2007). 용서의 기술. [개정판] 서울: 메가트렌드. / 양은모 역. (2004). 어떻게 당신을 용서할 수 있을까. 서울: 문이당.

Assagioli, R. (1975). *Psychosynthesis: A manual of principles and techniques.* London: Turnstone Press. (Original work published 1965). 김민예숙 역. (2003). 정신통합: 원리와 기법에 대한 편람. 울산: 춘해대학출판부.

Badenoch, B. (2008). *Being a brain – wise therapist, a practical guide to interpersonal neurobiology.* New York, NY: Norton.

Bowen, M. (1978). *Family therapy in clinical practice.* New York, NY: Jason Aronson.

Bowlby, J.M. (1969). *Attachment and loss: Vol. 1. Attachment.* New York, NY: Basic Books.

Bradshaw, J. (1988). *Healing the shame that binds you.* Deerfield, FL: Health Communications. 김홍찬, 고영주 공역. (2002). 수치심의 치유. 서울: 한국기독교상담연구원.

Coan, J.A., Schaefer, H.S. & Davidson, R.J. (2006) Lending a hand: Social regulation of the neural response to threat. *Psychological Science, 17,* 1032 – 1039.

Cozolino, L.J. (2002). *The neuroscience of psychotherapy, building and rebuilding the human brain.* New York, NY: Norton. 강철민, 이영호 공역. (2014[2판]/2018[3판]). 정신치료의 신경과학: 사회적인 뇌 치유하기. 서울: 학지사.

Cozolino, L.J. (2006). *The neuroscience of human relationships, attachment and the developing social brain.* New York, NY: Norton.

Cozolino, L.J. (2008). It's a jungle in there. *Psychotherapy Networker,* September/October, 20 – 27.

Ecker, B., Ticic, R. & Hulley, L. (2012). *Unlocking the emotional brain, eliminating symptoms at their roots using memory reconsolidation.* New York, NY: Routledge. 김유미, 이혜미, 황예린 공역. (2017). 뉴로사이코테라피: 기억의 재구성을 통하여 정신질환 제거하기. 서울: 학지사.

Fisher, R. (2002). *Experiential psychotherapy with couples, a guide for the creative pragmatist.* Phoenix, AZ: Zeig, Tucker and Theisen Inc.

Freud, S. (1961). The ego and the id. In J. Strachey(Ed. and Trans.), *The standard edition of the complete psychological works of Sigmund Freud*(Vol. 19, pp. 19–27). London: Hogarth Press. (Original work published 1923).

Hendrix, H. (1988). *Getting the love you want.* New York, NY: Henry Holt and Company. 서민아 역. (2004). 연애할 땐 Yes 결혼하면 no가 되는 이유. 서울: 프리미엄북스.

Johnson, S.M. (2004). *The practice of emotionally focused couple therapy: Creating connection.* New York, NY: Brunner–Routledge.

Johnson, S.M. (2013). *Love sense: The revolutionary new science of romantic relationships.* New York, NY: Little, Brown & Co. 박성덕, 김성은 공역. (2015). 우리는 사랑에 대해 얼마나 알고 있을까: 사랑을 지키기 위해 알아야 할 관계 심리학. 서울: 지식너머.

Jung, C.G. (1969). *The collected works of C.G. Jung(2nd ed.): Vol. 8. The structure and dynamics of the psyche*(H. Read, M. Fordham, & G. Adler, Eds.; R.F.C. Hull, Trans.). Princeton, NJ: Princeton University Press.

Kabat–Zinn, J. (1990). *Full catastrophe living: Using the wisdom of your body and mind to face stress, pain and illness.* New York, NY: Dell Publishing. 장현갑, 김교헌 공역. (1998). 명상과 자기치유 상 · 하. 서울: 학지사. / 장현갑, 김교헌, 장주영 공역. (2005). 마음챙김 명상과 자기치유 上 · 下. 서울: 학지사. / 김교헌, 김정호, 장현갑 공역. (2017). 마음챙김 명상과 자기치유: 삶의 재난을 몸과 마음의 지혜로 마주하기 상 · 하. [개정판] 서울: 학지사.

Kaufman, G. (1980). *Shame, the power of caring.* Rochester, Vermont: Schenkman Books Inc.

Lewis, H.B. (1987). *The role of shame in symptom formation.* Hillsdale, NJ: Psychology Press.

Lewis, T., Amini, F. & Lannon, R. (2000). *A general theory of love.* New York, NY: Random House. 김한영 역. (2001). 사랑을 위한 과학. 서울: 사이언스북스.

Lind–Kyle, P. (2009). *Heal your mind, rewire your brain.* Santa Rosa, CA: Energy Psychology Press.

McCarthy, B., & McCarthy, E. (2003). *Rekindling desire, a step–by–step program to help low sex and no sex marriages.* New York, NY: Routledge.

McConnell, S. (2013). Embodying the internal family. In M. Sweezy & E. Ziskind(Eds.), *Internal family systems therapy: New dimensions.* (pp. 90–106). New York, NY: Routledge.

Michael, R., Gagnon, J., Laumann, E. & Kalota, G. (1994). *Sex in America*. Boston, MA: Little, Brown.

Minuchin, S., & Fishman, H. (1981). *Techniques of family therapy*. Cambridge, MA: Harvard University Press.

Neff, K.D. (2011). Self-compassion, self-esteem, and well-being. *Social and Personality Psychology Compass, 5*, 1-12.

Notarius, C. & Buongiorno, I. (1992). Unpublished study cited in John M. Gottman, James D. Murray, Catherine C. Swanson, Rebecca Tyson, & Kristin R. Swanson, *The mathematics of marriage: Dynamic nonlinear models*. Cambridge, MA: MIT Press,(1999), 34.

Porges, S.W. (2007). The polyvagal perspective. *Biological Psychology, 74*, 116-143.

Rogers, C. (1951). *Client-centered therapy: Its current practice, implications and theory*. London: Constable.

Schwartz, R.C. (1995). *Internal family systems therapy*. New York, NY: Guilford Press. 김춘경, 변외진 공역. (2010). 내면가족체계치료. 서울: 학지사. / [2판, 2021]

Schwartz, R.C. (2008). *You are the one you've been waiting for: Bringing courageous love to intimate relationships*. Oak Park, IL: Trailhead.

Schwartz R.C. (2013). The therapist-client relationship and the transformative power of self. In M. Sweezy & E. Ziskind(Eds.), *Internal family systems therapy: New dimensions*(pp. 1-23). New York, NY: Routledge.

Siegel, D.J. (2003). *Parenting from the inside out. How a deeper understanding can help you raise children who thrive*. New York, NY: Putnam.

Siegel, D.J. (2007). *The mindful brain: Reflection and attunement in the cultivation of well-being*. New York, NY: Norton. 백양숙, 김지선 공역. (2019). 마인드풀 브레인: 하이퍼-지니어스(hyper-genius)를 위한 첫 단계: 소통과 조율을 위한 똑똑한 뇌 만들기. 용인: 메타포커스.

Sweezy, M. (2013). Emotional cannibalism: Shame in action. In M. Sweezy & E. Ziskind(Eds.), *Internal family systems therapy: New dimensions*(pp. 24-34). New York, NY: Routledge.

Watkins, H.H., & Watkins, J.G. (1997). *Ego states: Theory and therapy*. New York, NY: W.W. Norton.

찾아보기

한글

(ㄹ)

(ㅁ)

(ㅂ)

(ㅅ)

(ㅇ)

(ㅈ)

(ㅊ)

(ㅋ)

(ㅌ)

(ㅍ)

(ㅎ)

인명

(A)

(B)

(C)

(E)

(F)

저자 소개

토니 허바인-블랭크

토니 허바인-블랭크는 셀프리더십 센터의 시니어 트레이너이며 커플 및 부부치료(IFIO)와 내면가족체계치료(IFS)[Intimacy from the Inside Out]의 단독 개발자이다. 그녀는 전국적 국제적으로 트레이닝, 리트릿[retreat], 워크숍을 진행하고 있으며 콜로라도 두랑고[Durango]에 개인 심리상담소를 가지고 있다.

도나 커플맨

도나 커플맨은 학생, 교사 그리고 치료사로서 10년 이상을 내면가족체계[IFS]에 푹 몰입되어왔다. 그녀는 커플치료사들을 위한 IFIO 훈련과정에 조력하는 것뿐만 아니라 커플을 위한 IFIO 리트릿을 수차례 조직하고 촉진해왔다. 그녀는 또한 관계와 IFS에 대한 그녀의 지식을 법조계로 가져와서 납중독을 겪는 아이들을 대표하기도 했다.

마사 스위지

마사 스위지는 매사추세츠 노샘프턴[Northampton] 치료사와 컨설턴트로 활동해왔다. 그녀는 케임브리지 헬스 얼라이언스에서 임상수퍼바이저, 하버드 의학전문대학원[Medical School] 정신의학 강사로, IFS 트레이닝에서 도우미로, 그리고 수치심 주제의 워크숍에서의 공동리더로 활약해왔다. 그녀는 IFS에 대한 몇 가지의 글을 썼고, 다음과 같은 타이틀의 IFS에 대한 두 권의 책을 엘렌 지스킨드[Ellen Ziskind]와 공동 편집하였다.『내면가족체계치료에서의 혁신과 발전, Innovations and Elaborations on Internal Family Systems Therapy』(국내 미발간) 그리고『내면가족체계치료: 새로운 지평, Internal Family Systems Therapy: New Dimensions』(국내 미발간).

더 자세한 정보를 위한 주소: marthasweezy.com

역자 소개

김아신

심리학 학사, 상담심리학 석사, 상담심리학 박사수료. 마음자리 심리상담 센터(수원 영통구 광교 소재) 소장. 18년째 부부 및 가족상담, 아동청소년, 커플, 직장인 대상으로 상담을 해오고 있다. 교직원 공제회 교원상담, 기아자동차, 국민은행 등 EAP상담, 교육청 지원 운동선수 대상 스포츠 상담, 가습기살균제 피해자 거점센터로 피해자 상담지원, 감정원 등 공기업 지원상담, 경찰청, 법무부 직원 협약상담을 해오고 있다. 서울가정법원, 수원가정법원 가사상담위원, 자녀양육안내 위원으로 봉사해왔고, 전 소명여중, 시흥고교 전문상담교사, 중독 관련 상담, 집단상담 및 강의경력이 있다. 최근 10여 년간 피터 레빈의 SE, EMDR, Ego state therapy, MBSR, MSC, CCT, IFS 훈련을 받았고 명상집단과 트라우마 치료를 해오고 있다.

센터지원 심리프로그램으로는 IFS 및 ACT를 활용한 집단상담 프로그램, 스포츠 선수 대상 심리상담 프로그램, 가습기 살균제 피해자 심리상담 프로그램, 경기도 일자리재단 직업상담사 마음챙김 자존감 향상 프로그램, 요가와 명상을 심리상담에 결합한 소그룹 이완명상지도, 1:1 요가치료를 하고 있다. 주요 자격증으로는 한국 상담심리학회 상담심리전문가(주 수련수퍼바이저), 부부 및 가족상담 전문가, 명상지도전문가, 비니요가 지도자, 1:1 요가 테라피스트 자격이 있다.

이메일 주소: maumcounsel@naver.com

역서: 요가와 심리치료(학지사), 아동과 함께하는 내면가족체계치료(하나의학사), 내면가족체계IFS 기반 커플 및 부부치료IFIO(하나의학사)

신인수

상담심리 석사 졸업, 박사수료. 심리상담 온마음 대표. 한국심리학회, 한국상담심리학회, 한국인지행동치료학회, 동기면담훈련가네트워크MINT 등 정회원으로 활동하고 있다. 내면가족체계치료[IFS], 감각운동심리치료[SP], 인지행동치료[CBT] 등의 훈련을 받았다. 역서로는 『최고의 나를 찾는 심리전략 35: 트라우마와 중독을 넘어 치유와 성장으로』, 『내면가족체계[IFS] 치료모델(IFS Skills Training Manual)』, 『아동과 함께하는 내면가족체계치료』, 『내 안의 치유자를 찾아서: 하버드 심리학자의 개인 커플 가족 사회 지구의 치유를 위한 새로운 비전 — 내면가족체계[IFS] 모델(No Bad Parts)』(가제, 근간), 『온라인 상담의 이론과 실제』(근간) 등을 공역하였다.

이메일 주소: integralhnc@hanmail.net

내면가족체계IFS 기반 커플 및 부부치료IFIO

초판 1쇄 발행 2021년 8월 13일
초판 2쇄 발행 2023년 1월 25일

지은이 | 토니 허바인-블랭크, 도나 커플맨, 마사 스위지
옮긴이 | 김아신, 신인수
펴낸이 | 소정영

펴낸곳 | 도서출판 하나의학사
출판신고 | 1988년 4월 1일 제2022-000082호

주소 | 서울특별시 송파구 동남로 159, 302호(한흥빌딩)
전화 | 02-730-2555, 2556 **팩스** | 02-730-2557
이메일 | hanampc1@naver.com
홈페이지 | www.hanampc.co.kr

ISBN 979-11-91658-00-2 93180